Manfred Rohde · Abschied von den Killing Fields

Manfred Rohde

Abschied
von den Killing Fields

Kambodschas langer Weg
in die Normalität

1999

BOUVIER VERLAG · BONN

Die Deutsche Bibliothek – CIP-Einheitsaufnahme

Rohde, Manfred:
Abschied von den Killing Fields :
Kambodschas langer Weg in die Normalität /
Manfred Rohde. -
Bonn : Bouvier, 1999

ISBN 3-416-02887-2

Inhaltsverzeichnis

Begegnung mit dem Grauen

Ein persönlicher Rückblick als Vorwort

Das Grauen hat einen Namen: Choeung Ek.

Die Regenzeit geht zu Ende. Dann sind die Wolken nicht mehr so dunkel wie sonst an den Nachmittagen, und sie wirken auch nicht länger bedrohlich. Auf den Reisfeldern leuchten zart die jungen Pflanzen, über dem Grün ragen Zuckerpalmen, die für Kambodscha typisch sind – lange, schlanke Stämme, ganz oben wie eine Kugel das Blätterdach. In der Ferne sind Hütten auszumachen, die auf Pfählen stehen, wie es den Zwängen der Natur gehorchend hier Tradition ist. Idylle pur, so sieht eine Landschaft fürs Fotoalbum aus.

Eine typische kambodschanische Landschaft – Idylle pur mit Reisfeldern und Zuckerpalmen. Bauern bei der Vorbereitung nach der Regenzeit (Foto: Manfred Rohde)

Aber dann löst sich der Blick vom schönen Bild, erfaßt Gruben, die vom Gras überwuchert sind, bleibt schließlich an einem Holzgestell hängen.

Choeung Ek ist ein scheußlicher Ort, die Schädelstätte, wie gesagt wird. Choeung Ek – das steht für 8.985 Menschen, die ermordet und hier in Massengräbern verscharrt wurden; das steht für ein Regime voller Menschenverachtung, voller brutaler Rücksichtslosigkeit, das unter seinem Führer Pol Pot zwischen April 1975 und Januar 1979 für den Tod von nahezu zwei Millionen Kambodschanern verantwortlich war; damals machte das Wort von den „Killing Fields" die Runde und die sogenannten Roten Khmer verbreiteten Angst und Schrecken.

Die Schädelstätte von Choeung Ek im Jahre 1985; viele tausend Mordopfer der Pol Potschen Schreckensherrschaft wurden hier in Massengräbern gefunden (Foto: Manfred Rohde)

Auf dem Holzgestell sind gebleichte Schädel geschichtet, viele Hunderte aus insgesamt 86 Gruben, dazu Knochenreste, die in den Jahren seit 1980 ausgebuddelt wurden. In einem der Massengräber seien es 166 Leichen ohne Kopf gewesen, wird aufgelistet, in einem anderen über 100 Frauen, überwiegend nackt und mit den Schädeln von Babys neben sich; das größte Grab habe 450 Körper enthalten. Und immer noch, so heißt es, werden weitere Überreste von Toten gefunden und in den Gestellen abgeladen. Mahnung sollen sie sein, Mahnung an eine Zeit unsäglicher Grausamkeiten, die Kambodschas jüngste Geschichte nachhaltig geprägt haben und die bis heute nachwirken.

8

Begegnung mit dem Grauen. Sie fand im November 1985 statt. Damals nannte sich das Land, nachdem die vietnamesische Armee der Schreckensherrschaft der Roten Khmer und Pol Pots 1979 ein Ende bereitet hatte, „Volksrepublik Kampuchea" („People's Republic of Kampuchea", PRK) und ein Genosse namens Hun Sen war gerade deren Ministerpräsident geworden.

Ich hatte nach langen Bemühungen endlich die Genehmigung bekommen, eine Fernseh-Dokumentation über Kambodscha zu machen. Natürlich waren viele Drehorte vorgegeben, auch ein Abstecher zur Schädelstätte Choeung Ek gehörte zum Pflichtprogramm. Chhay Song Heng, der offizielle Begleiter aus dem Außenministerium, hatte angedeutet, was mich dort erwartete, als wir von Phnom Penh die knapp 20 Kilometer nach Choeung Ek im Distrikt Dangkor hinausfuhren – unvermittelt waren die Hauser und Hütten der Stadt zurückgeblieben und wir in die weiten Reisfelder mit ihren Zuckerpalmen eingetaucht.

Was mich erwartete ... Wer hat derart viel trübe Phantasie, sich auszumalen, was in diesem Vernichtungslager Choeung Ek Realität gewesen ist? Ich erinnere mich, daß ich sprechen wollte, aber nichts hervorbrachte; daß die Bilder verschwammen, wodurch die Schädel mit ihren leeren Augenhöhlen noch mehr zu Fratzen wurden; daß ich Halt suchte, aber nur die Gestelle als Stütze hatte.

Wie waren die Untaten, die sich hier manifestierten, zu erklären? Sicher nicht mit der regierungsoffiziellen Propaganda-Version jener Zeit, die mir Chhay Song Heng anbot, daß Chinas Expansions-Politik und Hegemonie-Streben hinter den Greueln steckten und Pol Pot der willfährige Handlanger gewesen sei. Irgendwie wollte ich nicht wahrhaben, was ich sah. War das das Gesicht des Landes, das ich zum erstenmal besuchte und das doch ein Land des Lächelns sein sollte? Und wenn nicht, welche waren dann die wirklichen Gesichter

Irgendwo auf dem Gelände, dort wo die Aufnahme-Baracke des Lagers, „Der Wartesaal des Todes" gestanden hat, wie zu erfahren war, entdeckte ich ein Schild mit einem Versprechen der Regierung: „Wir sind unbedingt entschlossen, nicht zuzulassen, daß dieses Völkermord-Regime noch einmal in Kambodscha die Macht übernimmt.

Im Dorf Choeung Ek, das gleich hinter der Schädelstätte in den Reisfeldern liegt, findet an diesem Tag eine Feier statt. Da hat der Bauer Mean Man mit seiner Frau Van Sy die Nachbarn ins Haus geladen, um mit ihnen die sogenannte Opferzeremonie zu begehen, die Mean Man jedes Jahr für seine Eltern ausrichtet – sie haben Pol Pots Holocaust nicht überlebt.

Eine Holzhütte, die auf Pfählen thront, in die eine brüchige Treppe hinaufführt; Mönche in safranfarbenen Roben, die am Boden kauern; vor ihnen die Dorfbewohner, einfache Bauern von den Reisfeldern wie der Hausherr selbst. Viele sind Mitglieder von Solidaritäts-Gruppen, die zur Zeit unter Oberaufsicht der Administration des Distrikts Dangkor in gemeinsamen Einsätzen Straßen bauen oder bei der Ernte helfen: *Samaki*, Solidarität heißt das entsprechende Programm der Regierung.

Es ist eng geworden im Haus. Der Sprechgesang der Mönche, eintönig und doch treibend, wird von Instrumenten begleitet, die wie Trommeln sind oder Zimbeln. Sie folgen den alten buddhistischen Ritualen, die bei Pol Pot als staatszersetzend galten und bei Todesstrafe untersagt waren. Jetzt dürfen sie wieder praktiziert werden. Und die Familien sitzen beisammen, was ihnen damals auch nicht erlaubt war. Unter dem Haus zwischen den Pfählen toben Kinder.

„Willkommen im Haus derer, die überlebt haben", begrüßt mich der Bauer Mean Man. Ich bin eingeladen, an der Zeremonie für die toten Eltern teilzunehmen, wie die anderen, die Mönche, die Männer und ihre Frauen. Ich schaue in Gesicht r, in die sich die Schrecken vieler Jahre eingegraben haben, in denen zu lesen ist, daß das, was an Unbegreiflichem geschehen ist, nicht vergessen werden kann und darf. Manchmal wagt sich schon wieder ein Lächeln vor, wenn auch nur flüchtig; es ist, als schämten sie sich dessen.

Denn noch immer haben sie keine Ruhe und Sicherheit, noch immer können sie nicht wirklich in Frieden leben. Wenn jetzt die Regenzeit, die von August bis in den November dauert, zu Ende geht, wird von Dezember bis April die Trockenzeit folgen, und die ist, das wissen sie aus jahrelanger Erfahrung, die Saison der kriegerischen Auseinandersetzungen: Sobald das Wasser versickert ist und der Boden hart, werden die Offensiven starten. Und der Ablauf ist vorgezeichnet, wie in jedem Jahr.

Der Bauer Mean Man begleitet mich zum Auto, das mich nach Phnom Penh zurückbringen wird. Am Weg, der das Dorf mit der Schädelstätte verbindet, stehen riesige Schautafeln: Darstellungen von

Greueltaten, wie sie hier in Choeung Ek und überall im Land von den Roten Khmer verübt wurden. Die Schriftzeichen der einen Tafel sind wie Knochen gestaltet. „So ist es gewesen", sagt Mean Man. In schwarz m Drillich sind die Mörder zu sehen, Äxte und Schaufeln schwingend, wie sie Mönche und Frauen, Kinder und alte Männer quälen und massakrieren; ein Säugling wird an einem Baumstamm zerschmettert. „Es war noch viel schlimmer", sagt Mean Man nac einer Weile.

Die Angst bleibt

Kambodscha heute, eine Zustandsbeschreibung

Dreizehn Jahre später. Wieder in Phnom Penh. Es ist der 23. Oktober 1998.

Am Wat Phnom, im Tempel auf dem Hügel fällt grelles buntes Licht auf die Buddha-Figur. Gläubige knien davor und beten, seit sie das wieder ohne Gefahr für Leib und Leben tun können: für ihr eigenes bescheidenes Glück, für Frieden und Aussöhnung im Land. Doch die Angst bleibt. Weil da immer noch vieles durcheinanderläuft, weil gestritten und gekämpft und auch getötet wird wie in all den vergangenen Jahren – sie können es jeden Tag neu erleben.

Der Tempel auf dem Hügel ist das Herz der Stadt. Jeder kennt hier die Legende: wie eine fromme und obendrein auch noch reiche Frau mit dem Namen Penh in einem im nahen Fluß treibenden verdorrten Baum vier kleine Bildnisse Buddhas entdeckte und in Demut und Verehrung einen Hügel aufschütten und darauf einen Tempel für den Gott errichten ließ. Phnom gleich Hügel, so sei die Stadt Phnom Penh zu ihrem Namen gekommen. Man schrieb das Jahr 1372.

Neben dem Haupttempel ist zu Ehren von Madame Penh inzwischen eine eigene kleine Gebetsstätte entstanden, die gut besucht ist. Die Gebäude haben ein frisches Make-up erhalten, und zur Zeit wird auf dem Hügel auch an einem weiteren Tempel gebaut, mit dem sie aber nicht so recht vorwärtskommen. Er soll einen Knochen, eine Reliquie Buddhas beherbergen. Auch sonst hat sich hier einiges verändert. Vor dreizehn Jahren gab es am Wat Phnom das Waisenhaus Nr. 1 (405 Vollwaisen, Opfer Pol Pots: ihre Eltern wurden ermordet, verschleppt, zu Tode gefoltert), und vom Militärkrankenhaus der Stadt humpelten regelmäßig die Krüppel an ihren Krücken herüber in den Park am Fuße des Hügels. Jetzt fällt vor allem das Sunway Hotel auf, das neueste Vier-Sterne-Hotel Phnom Penhs: protzige Fassade, strahlende Lichter am Abend, elegantes Publikum .Nur Sam Bo, der Elefant, dreht nach wie vor mit *Mahout* Soy Sarin seine Runden, seit 1985, seit 13 Jahren. Die Preise hat er allerdings erhöht: Ausländische Touristen zahlen stolze fünf US-

Dollar pro Hügel- und Tempel-Umrundung, Einheimische immer noch 3.500 Riel, das entspricht ungefähr einem Dollar.

An diesem 23. Oktober 1998 ist das Viertel am Wat Phnom besonders bevölkert. Auch an der Uferpromenade am Sisowath Quai, von wo aus es den Blick auf den berühmten Zusammenfluß des Tonle Sap mit dem Mekong gibt, drängen sich die Men chen. Im Hintergrund sind die Prachtbauten des Königlichen Palasts zu sehen, der ab 1866 entstand und nach dem Wat Phnom das zweite Wahrzeichen der Stadt ist.

Hierher kommen die Bewohner von Phnom Penh besonders gern an den Wochenenden oder an Feiertagen, wenn sie abschalten wollen, einfach am Fluß oder im Park sitzen, dösen, Karten spielen oder dem *toit sey* zuschauen, jenem akrobatischen Zeitvertreib, bei dem die Teilnehmer im Kreis stehen und einander eine Art Federball mit den Füßen zukicken. Am liebsten aber wird erzählt. Kambodschaner sind kommunikativ, und je länger sie reden, umso lauter werden sie manchmal, wenn sie Scherze und derbe Sprüche einstreuen und ihre Geschichten phantasievoll ausschmücken. Da müssen die Details nicht immer den Tatsachen entsprechen.

Kleine Händler, Fotografen, Zukunftsdeuter. Buden mit kalten Getränken und Obst, Krabbenbällchen am Spieß, getrockneter Tintenfisch. Zigaretten natürlich, die früher nur „Befreiung" oder „Sieg" hießen – in letzter Zeit sind „Luxury" oder „Alain Delon" dazugekommen. Und alles ist fein sonntäglich aufgeputzt.

Der 23. Oktober ist Feiertag im Land. Am 23. Oktober 1991 wurd in Paris die „Internationale Konferenz über Kambodscha" abgeschlossen und ein „Abkommen über eine umfassende politische Lösung des Kambodscha-Konflikts" („Agreement on a Comprehensive Political Settlement of the Cambodia Conflict") unterzeichnet. Frankreichs damaliger Staatspräsident François Mitterand stellte bei dieser Gelegenheit fest, daß „ein neues Kapitel in der kambodschanischen Geschichte" begonnen habe, weil Kambodscha dank des Abkommens ab sofort „sein Schicksal in die eigenen Hände nehmen" könne. Als Vertreter Kambodschas war Seine Königliche Hoheit Prinz Norodom Sihanouk bei der Konferenz zugegen: Die Pariser Dokumente böten dem kambodschanischen Volk, so ließ er damals in seiner Ansprache zuversichtlich wissen, ein solides Papier, das „uns in eine Zukunft voller Frieden, Gerechtigkeit und wahrhaftiger Demokratie führt", wenn es denn gelänge, lautete die Einschränkung, diesen Vertrag „loyal und gewissenhaft" in Taten umzusetzen.

Daß sich die Hoffnungen des Festredners in den sieben Jahren danach nur bedingt und wenn, dann meist knirschend erfüllt haben und die hehren Vokabeln Frieden, Gerechtigkeit, Demokratie vielfach nur Worthülsen im Sprachgebrauch kambodschanischer Politiker blieben, ist eine bedauernswerte Tatsache. Mehr noch: die Nation präsentiert sich nach wie vor unversöhnt, wenn nicht gar gespalten, das heißt, nicht viel anders als vor dem Pariser Abkommen, als in Kambodscha der Bürgerkrieg tobte und auf der einen Seite die mit Hilfe der Vietnamesen amtierende Regierung der „Volksrepublik Kampuchea" unter ihrem Ministerpräsidenten Hun Sen kämpfte und auf der anderen Seite die Rebellen-Koalition des Prinzen Sihanouk unter Einbeziehung der berüchtigten Roten Khmer, die Hun Sen entmachten und selbst die Herrschaft im Land übernehmen wollte.

Dieser Hun Sen ist immer noch im Amt, und immer noch wollen seine ewigen Widersacher ihn in die Wüste schicken. Er hat soeben auf die Pariser Verträge zurückblickend zugegeben, daß in den sieben Jahren danach nicht alles „glatt und gut" gelaufen sei und es beträchtliche Schwierigkeiten gebe.

Eine davon ist diese: Da gibt es heute zwei Lager – die, die geblieben, und die, die gegangen sind, als die Vietnamesen 1979 in Kambodscha einrückten, oder genauer gesagt, die, die im Lande aushielten und unter den gegebenen schwierigen Umständen weitermachten, wie auch immer, und die, die sich damals ins Ausland absetzten oder in den Untergrund abtauchten oder in den Flüchtlingslagern in Thailand zu überleben suchten. Nach Paris 1991 waren alle wieder in der Heimat vereint, aber es herrschte fortan Mißtrauen und Mißgunst zwischen den Lagern. Daran hat sich bis heute kaum etwas geändert – zum Nachteil der Nation, die zur Zeit nicht nur politische Probleme hat.

In den Feiertagstrubel vor dem Königspalast schieben sich später am Nachmittag Menschen, die offensichtlich nichts mit dem lockeren Zusammensein zu tun haben. 200, 300, vielleicht mehr bewegen sich über den Platz. Sie sind ärmlich gekleidet, sie sehen ungesund aus, wirken müde. Die Frauen tragen Kinder mit sich; ihr Blick geht

Teilansicht eines Pavillons im Königlichen Palast von Phnom Penh, der eines der Wahrzeichen der kambodschanischen Hauptstadt ist. (Foto: Manfred Rohde)

irgendwohin. So sehen Menschen aus, die verzweifelt sind und keine Hoffnung mehr haben. Kein Wort ist von ihnen zu hören, und doch weiß jeder auf dem Platz Bescheid. Denn es ist nicht das erstemal, daß solche Hundertschaften vor die Tore des Palasts ziehen, schweigend niedersitzen, warten.

Eine alte Frau in Phnom Penh; Gesichter, in denen das g„nze Leid der Bevölkerung sichtbar wird (Foto: Manfred Rohde)

Es sind Reisbauern mit ihren Familien, sie kommen aus den Ost-Provinzen Kambodschas, aus Svay Rieng, Prey Veng, Kampong Speu. Sie wollen auf sich aufmerksam machen, sagen, daß sie nicht mehr weiterwissen und Hilfe brauchen. Wie ein Aufschrei ist das, aber nichts ist zu hören.

Ausnahmsweise kann das, was sich so ins Bewußtsein einer grö-ßeren Öffentlichkeit drängt (die UNESCO-Büros liegen gleich neben dem Palast, und um die Ecke im FCCC, dem Foreign Correspondents Club of Cambodia sind alle ausländischen Journalisten wie zuhause), nicht nur auf Unzulänglichkeiten der Regierung geschoben werden. *El Niño* wird von Experten ins Spiel gebracht, nicht einmal vor dem gebeutelten Kambodscha mache er halt. Aber die Katastrophe kann einfacher begründet werden: Es ist in den genannten Provinzen, und in einigen anderen auch, während der diesjährigen

16

Regenzeit so gut wie kein Regen gefallen, wodurch die Reis-Pflänzlinge eingingen und die Ernte gleich Null sein wird. Schlimmer noch: Auch in den vergangenen zwei Jahren haben sie nichts ernten können; nur gab es da zuviel Regen und alle Felder waren überflutet und die Ernte brachte nichts.

Fast bis zu einer Million Menschen sind diesmal in den verschiedenen Provinzen vom neuerlichen Unheil betroffen. Um nicht zu verhungern, ernähren sie sich von Kräutern und Wurzeln, selbst wenn diese giftig sind. Und Horror-Meldungen machen die Runde und werden bestätigt: Mütter versuchen, ihre Kinder zu verkaufen, für 30.000 Riel, das sind nicht einmal neun US-Dollar. Viele verlassen ihre Dörfer, um anderswo Hilfe zu finden, in den Provinzhauptstädten, in Phnom Penh. Auch über die Grenze nach Vietnam sind sie gezogen, wie Bettler.

In Phnom Penh erhoffen sie, ja erwarten sie sogar Hilfe vor allem vom König, der sich bevorzugt als sorgender „Vater der Nation" darstellt und seinen Untertanen stets suggeriert, daß sie alle seine „Kinder" seien. Da nehmen sie ihren *Samdech Euv*, den „Monseigneur Papa", wie Norodom Sihanouk manchmal von der Bevölkerung genannt wird, gern beim Wort. Der Aufmarsch der Hungernden vor dem Palast ist automatische Folge solch einer Konstellation. Aber auch der König weiß nicht mehr weiter. „Jede Woche helfe ich Hunderten von Verhungernden", hat Norodom Sihanouk über die Pressestelle des Hofes verlautbaren lassen, was durchaus der Wahrheit entspricht: Immer sonntags ist er mit Königin Monique unterwegs; beim letztenmal hat er Moskitonetze und Büchsenfisch und jede Menge Reis in der Not-Provinz Kampong Speu eigenhändig verteilt. Aber: „Es ist mir auf Dauer nicht möglich, alle hungernden Menschen in Kambodscha zu füttern", bedauert der König, „weil deren Zahl jeden Tag größer wird." Schätzungen haben ergeben, daß etwa 40 Prozent der kambodschanischen Bevölkerung unter der Armutsgrenze leben.

Die Hundertschaften draußen vor den Toren seines Palasts sind leer ausgegangen. Kein Reis, auch kein Geld, um sich Reis kaufen zu können – ohne Reis geht in Kambodscha nichts. Eine Zeitlang haben sie noch in der Nähe herumgesessen, dann sind sie ohne Widerred eweitergetrottet, müde und verzweifelt wie sie waren. Aber wohin?

Kambodscha, mit 182.000 Quadratkilometern etwa halb so groß wie die Bundesrepublik Deutschland, ernährt sich nahezu ausschließlich von Reis. Zweimal im Jahr kann geerntet werden, in der Trockenzeit und am Ende der Regenzeit; die zweite ist gemeinhin die ertragreichere Ernte. In normalen Jahren wird häufig sogar ausreichend Reis produziert, so daß Exporte möglich sind, in der Hauptsache nach Thailand und Vietnam.

1997 war solch ein Jahr, wenn man von Schwierigkeiten in einigen Ost-Provinzen absieht. Sie konnten sogar einen Überschuß erwirtschaften: 3,6 Millionen Tonnen Reis wurden geerntet, das lag nahe an der Zahl der Rekordernte 1969 mit ihren 3,8 Millionen Tonnen, der letzten vor den Kriegen und Bürgerkriegen, in denen die Lebensmittel regelmäßig knapp waren. Allerdings darf bei der Gegenüberstellung 1969 und 1997 nicht vergessen werden, daß in Kambodscha 1969 nu sechs Millionen Menschen zu ernähren waren, während die Bevölkerung 1997 schon nahezu elf Millionen betrug, für die weit meh Nahrungsmittel, sprich Reis benötigt wurden.

Aber Überschwemmungen und Dürreperioden sind nicht die einzigen Auslöser für die wiederkehrenden Miseren oder gar partiellen Hungerkatastrophen. Viele Schwachpunkte im Bereich der Landwirtschaft gehen auf die langen Kriegsjahre zurück, in denen die Entwicklung in den ländlichen Lebensbereichen aufgrund häufiger Kampfhandlungen und fehlender Finanzierungsmöglichkeiten stagnierte oder vernachlässigt wurde. Vor allem die Reis-Produktion hat darunter gelitten und sich bis heute nicht davon erholt

Moderne Anbau-Methoden sind auf dem Land kaum verbreitet; künstliche Düngung gibt es nur selten oder wird unsachgemäß betrieben; es fehlt das, was als Wasser-Management zu bezeichnen ist: Bewässerungskanäle, Wehre oder Schleusen sind häufig gar nicht oder nur unzureichend vorhanden, weil sie während der Kriegswirren zerstört wurden oder in den Jahren danach verrotteten. Um sie wieder herzurichten oder neu zu bauen, fehlten und fehlen imme r noch die finanziellen Mittel. Und ein weiteres Manko: 500.000 Hektar kultivierbares Land ist nicht mehr benutzbar und vorerst für die Reis-Produktion verloren, weil dort Landminen und nicht explodierte Granaten liegen.

Für die Menschen in den ländlichen Gebieten, die in der Hauptsache vom Reis abhängig sind, ist das Leben vielfach aussichtslos ge-

Reispflanzer bei ihrer schweren Arbeit; eine häufige Begegnung bei einer Fahrt über Land (Foto: Manfred Rohde)

worden, weil sie längst in dem alten gefürchteten Teufelskreis stecken: Wer arm ist, wird noch ärmer, denn um seine Felder bestellen zu können, um Saatgut zu kaufen (von der Nahrung für die Familie ganz zu schweigen), braucht er Geld, das er aber nicht hat und das er sich deshalb beim nächsten Geldverleiher holt; das geliehene·Geld muß er zurückzahlen, sobald er geerntet hat, und 100 Prozent Zinsen dazu, und wenn die Ernte nichts bringt, siehe die Dürren oder die Überschwemmungen, ist der erneute Besuch beim Geldverleiher fällig – und so weiter. So mancher der verzweifelten Bauern vor dem Königspalast in Phnom Penh hat eine ähnliche Geschichte erzählt.

Das „Cambodia Development Resource Institute", eine Nicht-Regierungsorganisation (Non-Government-Organization, NGO) hat in einer Studie auf eine weitere gefährliche Fehlentwicklung i Agrarbereich während der letzten drei Jahre aufmerksam gemacht Arme Bauern haben immer geringeren Zugang zu Land, trotz einer kürzlich erfolgten Landreform, weil immer mehr Land an einfluß-reiche Geschäftemacher verpachtet oder verkauft wird. Zehn Prozent der wohlhabenderen dörflichen Familien besitzen laut Studie bereits 33 Prozent des Grund und Bodens, während den unteren ärmsten Schichten, die 20 Prozent der ländlichen Bevölkerung stellen, weniger als vier Prozent des vorhandenen Bodens gehören. Das hat zur Folge, daß mehr und mehr von ihnen vorwiegend Sammler und Jäger werden, wie das einst bei primitiven Kulturen der Fall war.

Um der aktuellen Krise entgegensteuern zu können, hat das Landwirtschaftsministerium wie üblich „An die Internationale Gemeinschaft und an Nicht-Regierungsorganisationen" appelliert, „soviel Reis wie möglich zu spenden, damit den notleidenden Menschen geholfen werden kann". Mindestens 250.000 Tonnen würden benötigt, soll das größte Elend in den betroffenen Provinzen gelindert werden. Die japanische Regierung hat schon reagiert und schickte 16.000 Tonnen. Das „World Food Program" der Vereinten Nationen (WFP) kündigte eine Spende von 38.000 Tonnen Reis als Sofort-Maßnahme an. Seit Jahren schon ist WFP im Rahmen des Projekts Food for Work, „Nahrung für Arbeit", eine jener ausländischen Organisationen, die sich vornehmlich um die unterentwickelte verarmte ländliche Bevölkerung in Kambodscha kümmern. 17 Millionen US-Dollar standen WFP im vergangenen Jahr zur Verfügung, diesmal werden es mehr sein müssen angesichts der immer bedrohlicher werdenden Situation. Humanitäre Hilfe wird immer wichtiger.

In der Liste der ärmsten Länder der Welt, so heißt es im neuesten Bericht des „United Nations Development Program" (UNDP), nimmt Kambodscha unter 171 aufgeführten Ländern Rang 140 ein. Auch sonst ist das Bild nicht erfreulich, wie Auszüge aus der Bevölkerungsstatistik zeigen: Die 40 Prozent unter der Armutsgrenze Lebenden, also 4,5 Millionen Kambodschaner, sind schon erwähnt worden; das Bruttoinlandsprodukt (BIP) beträgt zur Zeit pro Kopf ganze 273 US-Dollar (in Deutschland etwa 24.000 US-Dollar); von den 11,4 Millionen Bewohnern sind 46 Prozent jünger als 14 Jahre; die Säuglingssterblichkeit liegt bei 18,1 Prozent; 55 Prozent der Kinder unter fünf weisen mehr oder weniger schwere körperliche Schädigungen auf; die Lebenserwartung wird für Männer auf 50 Jahre und für Frauen auf 58 Jahre geschätzt (in Deutschland 73/79); die Geburtenrate beträgt 4,4 Prozent, wobei auf eine Frau 5,8 Geburten kommen; in den Städten Kambodschas haben 20 Prozent Zugang zu reinem Wasser, in den ländlichen Gebieten nur zwölf Prozent;

außerdem ist auf die geringste Kalorienaufnahme pro Kopf in Asien hinzuweisen.

Daß der Kampf gegen die Armut ohne Saft und Kraft ist und bisher deshalb auch ohne Erfolg, führt der UNDP-Bericht auf die politischen Krisen im Land zurück. Diese hat es in Kambodscha seit dem erwartungsfrohen Aufbruch zu Frieden, Gerechtigkeit und Demokratie im Oktober 1991 zur Genüge gegeben. Zwar war zwischen Juli 1993 und Juli 1997, das heißt zwischen den ersten Nachkriegswahlen in Kambodscha und dem blutigen Crash der damaligen Koalitionsregierung ein wohltuender Aufschwung zu verzeichnen gewesen, der sogar ein durchschnittliches Wirtschaftswachstum von sechs Prozent brachte, aber dann waren die politischen Wirren wieder über das Land gekommen wie die Heuschrecken-Schwärme über die Felder und hatten die gehegten Hoffnungen seither weitgehend wieder verkümmern lassen, trotz neuerlicher demokratischer Wahlen im Juli 1998

Wenn das unselige Manövrieren der Politiker aller großen Parteien um die beste Ausgangsposition im Gerangel um die Macht nicht bald ein Ende hat, dann wird es schlimm für Kambodscha ausgehen, lautete im Oktober 1998 die düstere Voraussage sogar aus dem Wirtschafts- und Finanzministerium: Die internationale Hilfe wird versiegen. Investoren werden das Land verlassen oder ganz meiden. Der Riel, die kambodschanische Währung, wird zusammenbrechen. Inflation wird herrschen. Die Kassen der Regierung werden leer sein und Soldaten und Polizisten deshalb keinen Lohn mehr bekommen, wodurch die Kriminalität steigen wird, die sich wiederum negativ auf den Tourismus auswirkt. Apocalypse now!

Auf der Grünfläche vor dem Königlichen Palast und der Thronhalle, deren Dach die Bundesrepublik Deutschland mit rund 95.000 US-Dollar restauriert hat, ist das Feiertagspublikum wieder unter sich. Die Hungernden haben sich von dannen gemacht, alles wirkt wieder unverkrampft, als gebe es keine Sorgen im Land. Gleich zweifach schaut Seine Majestät König Norodom Sihanouk von Transparenten auf seine Untertanen herab. Die Fotos schmeicheln ihm, zeichnen weich. Immerhin begeht der Monarch in der kommenden Woche, am 31. Oktober seinen 76. Geburtstag. Feiern wie sonst, mit Glanz und großem Gelage, will er ihn diesmal allerdings nicht. Die Armut im Land verbietet das wohl. Und auch sonst ist die politische Situation nicht ganz danach.

Am selben Morgen hatten in der Nähe des Unabhängigkeitsdenkmals, dem dritten Wahrzeichen Phnom Penhs, Militärpolizisten di Straßen gesperrt: Uniformen, Stahlhelme, Schnellfeuergewehre Typ AK-47, die Hand am Abzug. Erinnerungen an meinen ersten Besuch in Phnom Penh kamen auf. Als Ergänzung oder Verstärkung bewaffnete Zivilisten in dunkelblauem Tuch, sichernd, argwöhnisch den Verkehr beäugend. Sie seien Bodyguards, Leibwächter, wurde bedeutet – von wem? Der fuhr kurze Zeit später im schwarzen Mercedes vorbei, hinter getönten Scheiben *Samdech* Hun Sen, der sogenannte Zweite Ministerpräsident der Königlichen Regierung seit den Wahlen 1993, der jetzt nach den Wahlen 1998 Erster Ministerpräsident werden will, das heißt alleiniger Machthaber im Land. Das jedoch wollen die zwei Oppositionsparteien und deren Vorsitzende Prinz Norodom Ranariddh, Sihanouks Sohn, und der Rechtsanwalt Sam Rainsy, die die Wahlen im Juli verloren haben, auf jeden Fall verhindern

Der entscheidende Punkt ist jedoch: Solange sich die Gegner, die sogar Feinde sind, nicht auf eine Regierung unter Hun Sen einigen können, solange auch die Nationalversammlung von der Opposition blockiert wird, kann es in Kambodscha nicht weiter- und erst recht nicht aufwärtsgehen, politisch nicht und wirtschaftlich nicht. Selbst die so dringend notwendige Bekämpfung der Armut ist nur noch Thema am Rande.

Das allerdings ist typisch Kambodscha, könnte festgestellt und bewiesen werden: Die Geschichte des Landes bietet bis weit zurück zahlreiche Beispiele. Wenn es um die Macht und um Einfluß geht, schreckt keiner hierzulande vor Tricks, vor zweifelhaften Manövern und ni ht einmal vor Gewalt zurück.

E t auch diesmal schon, 1997/1998, Tote beim Fingerhakeln um die Macht gegeben, genauer gesagt Morde, Exekutionen, wie das Menschenrechts-Zentrum der Vereinten Nationen (UNCHR) in Phnom Penh in seinem letzten Report auflistete, und es hat auch gleich den Namen des alleinigen Schurken, so wie das UNCHR es sieht, mitgeliefert: Hun Sen soll es gewesen sein – Anstifter, Auftraggeber, Nutznießer.

Aber Hun Sen schießt mit gleichem Kaliber zurück und beschuldigt die andere Seite, Ranariddh und Rainsy, ähnlich böse Taten begangen zu haben, was wiederum verneint wird und zurückgegeben. Und alle haben ein sauberes Gewissen.

22

Auch das gehört in Kambodscha zum politischen Brauchtum: Es geht nicht um Argumente, politische Beweisführung, sondern in erster Linie um das letzte und womöglich schrillere Wort, um welchen Preis auch immer – wenn zum Beispiel der Parteivorsitzende Sam Rainsy die „Asian Development Bank" (ADB) und gleich die gesamte internationale Geber-Gemeinschaft auffordert, sämtliche Hilfe für Kambodscha einzustellen, weil man nur so Hun Sen in die Knie, will heißen zum Abdanken zwingen und, natürlich, nebenbei selbst die Macht im Staat übernehmen könne. Daß ein Total-Verlust ausländischer Hilfe zwangsläufig die Bekämpfung der Armut auf Dauer lahmlegen würde, falls die Angesprochenen in vollem Umfang auf die böse Aufforderung reagierten, scheint dem blindwütigen Streiter nur eine *quantité négligeable* gewesen zu sein.

Da gäbe es zwar noch den König, von dem in seiner Eigenschaft als Staatsoberhaupt in Zeiten der Wirren ein Machtwort erwartet werden könnte, aber der beschränkt sich vornehmlich darauf, sich selbst leid zu tun und zu bejammern, daß ihm die Verfassung keine Vollmachten oder andere Möglichkeiten böte, so zu agieren, wie er es gern möchte.

Es sind aufgrund der unsicheren politischen Lage während der letzten Monate, vor allem seit der blutigen Parteien-Fehde im Juli 1997 und sicher ohne Zutun des Sam Rainsy ohnehin schon zahlreiche humanitäre Hilfsprogramme für die notleidende Bevölkerung auf Eis gelegt oder gar eingestellt worden. Eine der potentesten Dachorganisationen in Sachen Hilfe, die „United States Agency for International Development" (USAID), hat zum Beispiel von ihrem 38 Millionen-Dollar-Hilfspaket zwei Drittel, d. h. 25 Millionen US-Dollar zurückbehalten; betroffen waren dadurch bereits angelaufene Erziehungsprojekte (durch die Nicht-Regierungsorganisation CAPE), Straßenbau-Projekte (durch CARE) oder Umwelt-Projekte (durch PACT). Andere Geldgeber hielten sich ebenfalls vorerst bedeckt. Auch die Bundesrepublik Deutschland gehört dazu: 18 Millionen US-Dollar (31 Millionen DM) bilateraler Hilfe wurden nicht ausbezahlt oder für Projekte verwandt. Die Devise hieß *wait and see*, abwarten, wie sich die Politik in Kambodscha entwickelt.

Die wirtschaftliche Lage ist in der Tat alles andere als rosig. Der Tourismus hat zuletzt nicht das gehalten, was sich das Land von ihm aufgrund guter Ergebnisse und Umsätze in den vorherigen Jahren erhoffte. Vor allem Siem Reap, das anzufliegen hat, wer die berühmten Tempelanlagen von Angkor Wat besichtigen will, beklagt Einbußen, weil weniger Besucher gekommen sind. Das gilt ähnlich auch für Phnom Penh, wo die Hotels ebenfalls nur zu 10 bis 30 Prozent belegt sind. Selbst das bisherige Vorzeige-Objekt Sofitel Cambodiana am Sisowath Quai nicht weit vom Königspalast sei nicht ganz verschont geblieben, wird kolportiert; rechtzeitig zum Ansturm der ausländischen Gäste anläßlich der Wahlen 1993 war es fertiggeworden, nachdem es fast zehn Jahre lang als Bauruine das Flußufer verschandelte, weil sich keine Investoren fanden.

Gegenüber vom Cambodiana dümpelt auf dem Fluß das Boot von Naga Resorts, ein Floating Casino, das zur Zeit noch das einzige offizielle Spielkasino in Phnom Penh ist; hier haben Malaysier und Singapurianer investiert, heißt es. Schleppender Geschäftsgang ist angesagt. Selbst die anderen, weniger edlen Etablissements der Vergnügungsbranche, die Glücksspielschuppen oder Hurenhäuser oder Trink tuben, sollen unzureichend frequentiert sein – ich habe es selbst nicht nachgeprüft.

Wie auch immer: Schuld an der Wirtschaftsflaute soll die augenblickliche Regierung unter Ministerpräsident Hun Sen sein, sagen zumindest die Oppositionsparteien, und viele Beobachter nicken dazu.

Aber in Kambodscha ist immer auch das andere Extrem richtig. „Wenn Huh Sen das Land führt, ist das gut fürs Geschäft", hat ein Kevin Whitcraft, der Generalmanager des kambodschanischen Handelshauses RM Asia, der englischsprachigen Zeitung *Phnom Penh Post* gesteckt; „Hun Sen wird genügend Macht haben, dem Land wieder Stabilität zu bringen – mehr braucht es nicht, um in Kambodscha zu investieren."

Und auch dieser Mann steht mit seiner Einschätzung nicht allein. Selbst we tlich Diplomaten haben Ähnliches formuliert und dabei nicht nur auf die Wirtschaft abgehoben. Tatsache ist, daß es zur Zeit an Hun Sen vorbei keinen Weg gibt, so sehr es seine Gegner auch versuchen. Hun Sen hat mit seiner „Kambodschanischen Volkspartei" („Cambodian People's Party", CPP) die Wahl im Juli 1998 gewonnen ,wie auch immer. Er ist eindeutig der starke Mann im Staat, und es sieht nicht so aus, als ob er es nicht bliebe. Es muß im politischen Geschäft und erst recht in Kambodscha nicht immer die weiße Weste sein.

Es kann investiert werden. Besonders emsig und schnell sind die Chinesen, beide Chinas. *Quick in and quick out* wird ihr Arbeitsstil in Phnom Penh umschrieben. Mehr als 100 chinesische Firmen sind laut Auskunft der Chinesischen Botschaft zur Zeit in Kambodscha engagiert, vor allem in der Landwirtschaft und in der verarbeitenden Industrie. Kleinklein oder im großen Stil: In den Monaten August und September hat die Regierung, so ließ der „Cambodian Investment Board" (CIB) wissen, Investmentprojekte im Umfang von 351 Millionen US-Dollar gebilligt, darunter eine Industriezone für Kambodschas Hafen Kampong Som (Sihanoukville) für 215 Millionen, die ein taiwanesisch-kambodschanisches Konsortium bauen will, nachdem sich Malaysia zurückgezogen hat. Die chinesische Firma Cambodia Huadin Diesel Power Plant Company errichtet ein Kraftwerk. Zwei Zigarettenfabriken und 16 Textilfabriken sind mit im Paket.

Ich bin auf Sightseeing-Tour in Phnom Penh. Die führt zwangsläufig über den Boulevard Monivong, der die Hauptader der Stadt ist. Das Durchkommen macht Mühe. Fahrräder und Cyclos, die Fahrrad-Rikschas, die einst das Straßenbild beherrschten, haben es

Der Boulevard Monivong, Phnom Penhs Hauptverkehrsader, in den achtziger Jahren; damals waren die Straßen der Hauptstadt noch nicht so überfüllt wie heute (Foto: Manfred Rohde)

schwer im dichten Verkehr. Immer mehr Motorräder, viele Jeep und Landcruiser, deren Aufschriften auf UN-Vertretungen oder internationale Hilfsorganisationen verweisen, und eine überraschend hohe Zahl hochwertiger importierter Limousinen, darunter gar nicht selten Mercedes und BMW. Der Auto-Boom wird durch eine besondere Regelung gefördert: Ausländische Investoren, Botschaftsangehörige, die NGOs sowie ausgewählte Regierungsbeamte und Militärs und natürlich auch die, die die richtigen Verbindungen haben, sind von der Importsteuer auf Kraftfahrzeuge befreit, die bei den teuren Fabrikaten 120 Prozent des Kaufpreises beträgt.

Auch die Straßen in der Stadt sind besser, solider geworden, es sei denn, man wagt sich in die Nebenstraßen oder aufs Land hinaus – da sieht es noch übel aus. Die Vielzahl der Tankstellen fällt auf: Shell, Caltex, Total. Zahlreiche neue Hotels und Restaurants sind entstanden, alle proper und nicht mehr so verschmuddelt wie vor 13 Jahren bei meinem ersten Besuch.

Im *Psar Soviet*, dem Russenmarkt, abseits des Mao Tse Tung-Boulevards, kann man immer noch die „garantiert antiquarischen" Buddha-Köpfe kaufen und im *Psar Tmey Thom*, dem „Großen Neuen Markt" nahe dem Monivong, der früher schlicht Zentralmarkt hieß, alles übrige: Gold und die „echten".Uhren, lebende Vögel, Schildkröten, Fleisch und Gemüse. Man taucht ein in das Labyrinth der Gassen, man schaut neugierig und wird weitergereicht, und alle sind freundlich und erzählen lange Geschichten, spannende Geschichten und sicherlich ganz wahre, aber damit muß man in Kambodscha nicht rechnen. Irgendwann ein Zupfen an meinem Hemd, *baba nyam* ist zu hören. Dem Mann, der das leise sagt, fehlt ein Bein – so sehen Minenopfer aus. *Baba nyam*, gib mir zu essen, Väterchen, ich habe Hunger.

Ich schlendere am alten Monorom-Hotel vorbei, in dem ich vor 13 Jahren gewohnt habe. Damals war der Eingang durch Sandsäcke abgesichert; immer mal wieder hat es Schießereien gegeben. Ich erinnere mich, daß ich einen kleinen Jungen fotografierte, der seine Beinprothese neben sich auf die Steinbank gelegt hatte. Das Monorom ist heute geschlossen, es wird umgebaut und veredelt. Leider habe ich vergessen zu fragen, wer hier investiert.

Das Hotel, in dem ich diesmal übernachte, liegt etwas weiter den Boulevard Monivong hinauf Richtung Französische Botschaft. Es hat

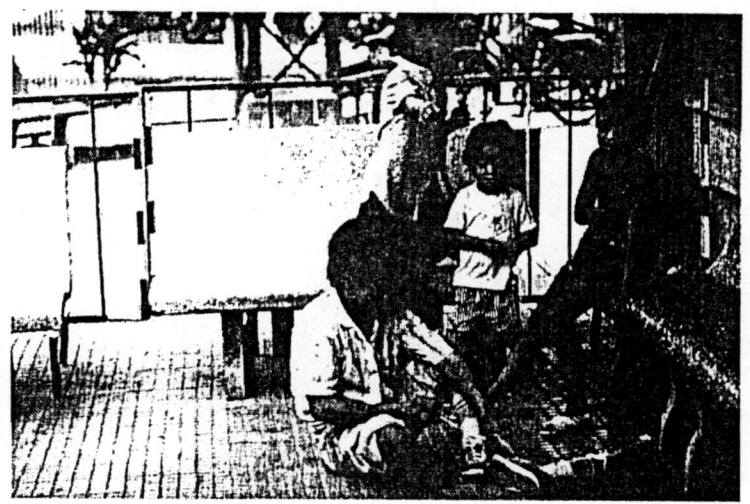

Die Spuren des Krieges: ein beinamputierter Junge mit Prothese vor dem Hotel Monorom (Foto: Manfred Rohde)

seit der Eröffnung Anfang der dreißiger Jahre mehrfach seinen Namen gewechselt: Le Royal, Le Phnom, Samaki und wieder Le Royal. Als blättere man in einem Buch über kambodschanische Geschichte.

Hotel Le Royal, 1941 bis 1970: Als Prinz Norodom Sihanouk den Thron bestieg, als er mit dem sogenannten Königlichen Kreuzzug der Kolonialmacht Frankreich die Unabhängigkeit für Kambodscha abtrotzte, als er als König abdankte und sich zum Staatschef wählen ließ, als er auf dem Höhepunkt seines Ansehens war. Damals galt Le Royal als erste Adresse im Land, hoch geschätzt wegen seines Ambientes zwischen französischem Charme und Sihanoukscher Extravaganz. Bis der Vietnam-Krieg um 1965 erste Schatten auf Kambodscha warf, Sihanouk durch eine repressive Politik immer mehr an Achtung verlor und schließlich 1970 von seinem Parlament und seiner Armee abgesetzt wurde. Damals schon war das Hotel ein beliebtes Quartier für Journalisten.

Hotel Le Phnom, 1970 bis 1975: Die Jahre des Putsch-Generals Lon Nol und seiner amerikanischen Verbündeten. Die internationale Presse war immer noch vor Ort, der Vietnam-Krieg ging in seine entscheidende Phase, und auch Kambodscha und das Hotel blieben nicht verschont: Le Phnom wurde Lazarett des Roten Kreuzes und Fluchtburg für alle, die außer Landes wollten, als im April 1975 die kommunistischen Roten Khmer Phnom Penh besetzten – die rettende Französische Botschaft lag nur ein paar hundert Meter vom Hotel entfernt. Im Film *The Killing Fields* waren die Ereignisse jener Tage noch einmal nachempfunden.

Hotel N. N., kein Name, 1975 bis 1979: Während der Schreckensherrschaft Pol Pots und seiner Roten Khmer waren Hotels in Kambodscha überflüssig, es gab auch keine Journalisten zu beherbergen. Der Hotel-Komplex verrottete.

Hotel Samaki, 1979 bis 1993: Als die Vietnamesen in Kambodscha einmarschierten und die Roten Khmer außer Landes trieben; als sich mit Rückendeckung Vietnams die „Volksrepublik Kampuchea" etablierte, deren Ministerpräsident 1985 Hun Sen wurde; als in Paris eine Art Friedens-Abkommen zwischen den verfeindeten Lagern zustandekam, nachdem sich die Vietnamesen 1989 aus Kambodscha zurückgezogen hatten, bis dann 1993 die ersten freien Wahlen stattfanden. Samaki, der damalige Name des Hotels, ist mit Solidarität oder Freundschaft zu übersetzen, gemeint war der Schulterschluß Kambodscha-Vietnam ab 1979. Das Hotel hatte zwar gelitten, aber die Journalisten waren bald wieder zurück, und es wurde zusätzlich (neben dem Hotel Monorom) Heim und Büro für die Mitarbeiter der internationalen Hilfsorganisationen, die seinerzeit schon in Kambodscha arbeiten durften. Ich erinnere mich: Als ich 1985 von einem Abend beim UNHCR, dem Flüchtlings-Komitee, die paar hundert Meter vom Samaki zum Monorom zurück wollte, wurde ich vorübergehend verhaftet – die Sperrstunde hatte längst begonnen

Und nun, 1998 nach komplettem Umbau, wieder Le Royal. Vor dem Eingang stehen zwei BMW der gehobenen Kategorie zum Transport der Gäste. Durch die Haupthalle geht es in die *Writers' Bar*, die in Erinnerung an die Journalisten so heißt, die hier all die vielen Jahre ihr Zuhause hatten. Den Swimmingpool, der von Anfang an Markenzeichen des Royal war, gibt es immer noch. Wo früher Bungalows standen, sind neue Zimmerfluchten und Restaurants entstanden.

In dieser Woche feiern sie im Hotel Le Royal, das Anfang des Jahres wiedereröffnet wurde, zünftig Oktoberfest: Paulaner Bier, Weißwürste oder Haxen zur Auswahl. Der bayrische Defiliermarsch ist zu hören und irgendwann ertönt sogar die deutsche Nationalhymne, warum auch immer. Morgens begrüßt Generalmanager Sunshine Wong seine Gäste beim Frühstück, er ist gerade aus Singapur eingetroffen. Le Royal 1998 gehört zur dortigen berühmten Raffles Group. Auch eine Investition, im Vorgriff wohl auf Kambodschas bessere Zukunft.

Eine glanzvolle Vergangenheit

Augenschein in Angkor

Der Empfang ist alles andere als einladend. Mürrisch schauen die Männer, die im Unterholz abseits der Piste kampieren, auf den *barang*, den Fremden. Sie tragen Uniformen in Dunkelgrün, dazu Gummi-Sandalen, sie haben Gewehre geschultert, es sind alte M-6 Sturmgewehre. An einer Hütte lehnt ein Granatwerfer B-40.

Eine unerwartete Begegnung: Soldaten der Roten Khmer. Wie oft hat man solche Gestalten auf Fotos gesehen – jetzt stehe ich ihnen gegenüber. Genauer gesagt: Es handelt sich um ehemalige Rote Khmer, die in voller Ausrüstung zu den Regierungstruppen übergelaufen sind. Wie lange das her ist, wollen sie nicht verraten. Immerhin hat es noch vor einem halben Jahr Kämpfe in dieser Gegend gegeben und die Zufahrtswege waren gesperrt.

Das spielt 50 Kilometer nordöstlich von Siem Reap, für die wir gut drei Stunden gebraucht haben. Ich bin mit meinen Freunden an einem Sonntag hier herausgefahren; sonntags sei es sicherer, hatte es geheißen, weil dann mehr Besucher unterwegs sind. Unser Ziel ist der Phnom Kulen, den die Einheimischen ehrfürchtig „Berg der Könige" nennen, zu dem sie wallfahren.

Aber unten am Berg sind Soldaten postiert und fordern, natürlich ohne Auftrag, Geld: vom *barang* 20 US-Dollar, von ihren Landsleuten 500 Riel, 15 amerikanische Cents. Dafür bekomme man zwei Mann Leibwache mit auf den Weg, „zum Schutz gegen Banditen". Handeln bringt nichts, eine Alternative gibt es sowieso nicht, siehe das M-6, und warum nicht den Teufel mit dem Beelzebub austreiben. Wie wir gehen müssen, werden sie uns wohl zeigen können

Es ist heiß und feucht. Der Weg führt durch Bananen-Pflanzungen, die vom heftigen Regen in der Nacht noch unter Wasser stehen. Von den Wäldern, die es hier früher gegeben hatte, sind nur vereinzelt Baumstümpfe übriggeblieben, alles andere ist abgeholzt. Acht Kilometer sind zu bewältigen, zum Teil steil bergan auf schmalen Trampelpfaden, vor uns und hinter uns die Männer der Roten Khmer. Auf halber Höhe machen wir an einer einfachen Gebetsstätte

Auf dem Weg zum „Heiligen Berg" Phnom Kulen; vor den Mönchen die bewaffnete Begleitung, ein ehemaliger Roter Khmer. Deutlich zu sehen sind die Umweltschäden durch Abholzung der Wälder (Foto: Manfred Rohde)

halt – über dem Altar eine Inschrift: *The suffering of Cambodia has been deep.* Was dieses Leiden bedeuten kann, ist schnell zu sehen. Gleich nebenan fließt eine Quelle, an der sich die Wallfahrer erfrischen wollen – aber „Achtung, Minengefahr", ein Schild. Wir haben es auf unserem Weg noch einige Male gefunden.

Nach zwei Stunden Marsch der höchste Punkt des Phnom Kulen, der sogar noch mit Wald bedeckt ist, wohl auch nur, weil der Abtransport der Hölzer von hier oben zu schwierig und zu kostspielig wäre.

Die Roten Khmer setzen sich abseits, die anderen umringen einen 17 Meter langen Liegenden Buddha. Sie zünden Räucherstäbchen an, breiten ihre Opfergaben aus, die sie den ganzen Weg heraufgeschleppt haben, und beten. 900 Jahre alt soll die Buddha-Statue sein.

Aber die Gedanken gehen noch weiter zurück, bis in das Jahr 802. Damals hat hier auf dem Phnom Kulen eine Festung gestanden, in der ein König lebte, Jayavarman II. Das ist historisch belegt und nicht nur flotte Legende – genauso wie die folgende Begebenheit. An einem vorbestimmten Tag dieses Jahres 802 berief jener König sein Gefolge in seinen Palast und ließ einen Priester, den Hof-Brahma

Der riesige Liegende Buddha auf dem Phnom Kulen – ein Heiligtum für kambodschanische Buddhisten (Foto: Manfred Rohde)

nen ein Ritual zelebrieren: Jayavarman II., zwar schon gekrönt, wurde mit allem Pomp als *Universal Monarch*, als „König aller Könige"
eingesetzt.

Mit diesem Staatsakt, gleichbedeutend mit dem Zusammen-
schluß aller damals existierenden kambodschanischen Fürstentümer
zu einem zentral gelenkten unabhängigen Königreich *Kambuja-desa*,
begann eine Epoche, die unter dem Stichwort Angkor berühmt geworden ist und von 802 bis 1431 dauerte. Nie zuvor und nie wieder
danach hatte Kambodscha solch eine Machtfülle und territoriale
Ausdehnung wie zeitweilig in jenen 600 Jahren.

Aber wer war Jayavarman II.? Woher kam er? Die spärlichen Informationen über sein Leben stammen von steinernen Schrifttafeln
aus der Angkor-Zeit: Er soll Sproß einer noblen Familie gewesen sein
und sich vor allem in kriegerischen Unternehmungen ausgezeichnet
haben. Er wird als gerissener, wenn auch nicht immer gewaltfreier
Taktierer beschrieben, der seine Macht durch Heirat oder andere
Allianze nmehrte, enge Beziehungen zu den einflußreichen Brahma-
nen pflegte und nach und nach alle rivalisierenden Klein-Staaten
unte r seine Kontrolle brachte. Und so König wurde und danach
„König aller Könige"

Doch damit nicht genug. Am selben Tag im Jahre 802 gab es auf dem Phnom Kulen noch ein Ritual, das bedeutender als das erste war, weil es eine neue religiöse und gesellschaftliche Formel für Kambodscha lieferte, den sogenannten *devaraja*-Kult: Jayavarman II. wurde zum „Gott-König" oder „König der Götter" ausgerufen.

Der Kult wurzelte in der hinduistischen Glaubenslehre, die damals im Land dominierte, und brachte den Hindu-Obergott Shiva als Bezugsfigur ins Spiel. Das heißt: dessen Eigenschaften und Verantwortlichkeiten, wie sie ihm im göttlichen Kodex zugeordnet waren, gingen auf die neue Institution Gott-König über. Der galt fortan als Abgesandter des Himmels auf Erden und war, wie Shiva, der Allmächtige, der zu allem Fähige, über allen Thronende, „Handelnder oberhalb der Gesellschaft", an deren Spitze er aufgrund von Verdiensten steht.

Mit Jayavarman II., der von 802 bis 850 regierte, nahm alles seinen Anfang: Was Macht bedeutet und Umgang mit Macht, wie sich das Verhältnis zwischen Herrscher und Untertan bzw. Regierenden und Regierten gestaltete, was die Verhaltensweisen in der kambodschanischen Gesellschaft bestimmte und, mit Abstrichen natürlich, bis heute immer noch bestimmt.

Gott-Königtum schloß aber nicht aus, und das war in den hinduistischen Helden- und Götter-Epen *Ramayana* und *Mahabharata* geradezu vorgegeben, daß der absolute Führer seine Führerschaft immer aufs neue beweisen mußte: Durch Erfolge im Krieg, die auf seine Tapferkeit schließen ließen, durch Überlegenheit in administrativen und privaten Belangen, wie sie in Reichtümern, Besitz von möglichst viel Land, einer großen Anzahl von Sklaven und sogar besonders üppiger sexueller Potenz sichtbar wurde, und schließlich durch seine Fähigkeit, seine Untertanen, wie auch immer, zu umsorgen und zu beschützen. Es ist darauf hinzuweisen, daß alle Angkor-Könige das Suffix *varman* in ihrem Namen führen, was in Sanskrit nichts anderes als Schild oder Schutz heißt – Schutz vor Feinden, im Innern wie von außen, war da wohl gemeint, aber auch Schutz vor den unheilvollen Kräften der Natur. Was nicht zufällig eine Rolle spielte.

Nach hinduistischem Weltbild ist Shiva in einem seiner vielen Aspekte der Gott bzw. das Symbol der Fruchtbarkeit, somit Patron der Landwirtschaft und davon ausgehend also auch, nach dem praktischen Verständnis der Bauern, der Verantwortliche für die reichliche oder angemessene Menge Wasser für die Felder und für eine zufriedenstellende Ernte.

Daß solch eine Konstellation für eine Agrargesellschaft wie die Kambodschas von besonderer Bedeutung war, ist in Anbetracht der magischen und manchmal desaströsen Wechselwirkung zwischen Jahreszeiten, Wasser, Reis, Subsistenzwirtschaft und Hunger nur natürlich. „Wo es Wasser hat, gibt es alles", heißt es in einem kambodschanischen Sprichwort.

Überliefert ist, daß die ländliche Bevölkerung der Vor-Angkor-Zeit ihren Reis nur in der Trockenzeit erntete, d. h. einmal im Jahr, und sich ansonsten davon ernährte, was sie sammelnd und jagend zusammentrug. Erst im vierten oder fünften Jahrhundert sei der Anbau von Reis während der Regenzeit, der sogenannte Naß-Reis eingeführt worden. In der Blütezeit Angkors habe es dann regelmäßig zwei, in günstigen Jahren sogar drei Reis-Ernten gegeben, die man wegen steigender Bevölkerungszahlen auch brauchte.

Soweit der Bericht über Jayavarman II. Nach ihm muß vom König Indravarman die Rede sein, denn er war der erste, der während seiner Regentschaft (877 bis 889) ein *baray* anlegen ließ, ein Reservoir, 300 Hektar groß, um Regenwasser aufzufangen, das dann die Reisfelder bewässern sollte. Auch wenn die Bauern bisher schon Wasser in Teichen gesammelt und vielleicht auch in ihre Felder geleitet hatten, könnte der Bau dieses *baray* durch Indravarman für Kambodscha als Einstieg in eine Art Wasser-Management gelten, wie es heutzutage heißt: Bewässerung großen Stils durch Kanäle, Deiche oder Dämme – als habe der König damit zeigen wollen, wie sehr er sich das Wohlergehen seiner Untertanen angelegen sein lasse, siehe Schutz vor den Kräften der Natur. Historiker sehen die Tat weniger volksbezogen: Der König habe damit nur den Nachweis seiner Größe und Allmacht liefern und sich seiner Nähe zu den Göttern rühmen wollen – seht her, ich, Indravarman, bin wie Shiva, der Gott der Fruchtbarkeit, der Wasser macht.

Das und die Mehrung seiner Verdienste, so ist den aus jener Zeit überkommenen Schrifttafeln zu entnehmen, waren die egomanischen Beweggründe Indravarmans. Wie zuerst beim Bau des Reservoirs, so auch später: Als er, zweitens, seine Vorfahren zu ehren, Eltern und verstorbene hohe Würdenträger in Statuen wiedererstehen ließ –

auch Jayavarman II. wurde nachgebildet, folgerichtig als Shiva; als er, drittens, sich selbst zum Ruhme, auf einem Hügel einen Tempel errichtete, als Heimstätte der Götter solange er lebte und danach als überdimensionalen königlichen Sarkophag – was dem berühmten mystischen Berg Meru im Himalaya, dem gedachten Mittelpunkt des Universums, nachempfunden war.

Und dreizehn Angkor-Könige, die nach Indravarman kamen, haben es ihm nachgemacht und ihn mehrfach sogar noch übertroffen. Einer von ihnen ist König Suryavarman I. (1002 bis 1050) gewesen, der besondere Macht erlangt und das Khmer-Reich bis nach Thailand hinein ausgedehnt haben soll. Berühmt ist er allerdings wegen seiner Zucht und Ordnung im Innern geworden. Die Begebenheit wird in den Inskriptionen der Steintafeln so erzählt: Vor dem Palast des Königs hatten di *tamvrac*, über 4.000 Hofbeamte anzutreten und ein Treue-Gelöbnis auf den Herrscher zu sprechen, das gleich mit einbezog, was jene zu gewärtigen hätten, die den Schwur nur als Lippenbekenntnis nahmen: „Wenn wir, die wir hier in Person anwesend sind, den Eid auf Seine Majestät, möge Er noch lange regieren, nicht halten, bitten wir, daß Er königliche Strafen aller Art über uns verhänge ... und wir in der 32. Hölle wiedergeboren werden." Für die, „die ihrem Herrn ergeben sind", sich dem Eid verpflichtet fühlten, und das werden den Umständen gehorchend wohl alle gewesen sein, für diese *tamvrac* werde königlich gesorgt; als „Belohnung", so die Inskription, könnten sie mit großzügigen Kontroll- und Nutzungsrechten über Ländereien des Königs rechnen. Das Prinzip des sogenannten Geschäfts auf Gegenseitigkeit, der erkauften Loyalität, wie es in der kambodschanischen Gesellschaft heute noch hochgehalten wird, nahm ebenfalls in Angkor seinen Anfang und wurde durch Suryavarman I. gar institutionalisiert.

Viele hat es damals in das gelobte Gebiet um Angkor gezogen, weit über hunderttausend Menschen. Zum erstenmal war es möglich, so merkten die Historiker an, von Angkor als Stadt zu reden.

Angkor, Hauptstadt des Khmer-Reichs, „Heilige Stadt", wenn man den Namen *angkor* auf *nagara* zurückführt, wie es in Sanskrit hieß – bei kambodschanischer Aussprache könnte sich *nagara* über *nokor* und *ongkor* bis zur heutigen Form entwickelt haben. Obwohl Angkor schon früher als Ort mit regem Betrieb bekannt war, wurde nicht von Anfang an von hier aus regiert, siehe Jayavarman II., der

Blick auf Angkor Wat Richtung Haupteingang (Foto: Manfred Rohde)

außer auf dem Phnom Kulen in noch drei anderen Orten residierte. Erst Yasovarman I. (889 bis 900) zog hierher und baute auf dem Phnom Bakheng, nannte die Stadt aber sich selbst zu Ehren, Yasodharapura. Endgültig war Angkor Metropole von *Kambuja* ab 944 und blieb es bis zum Jahr 1431.

Angkor erstreckte sich auf einer Fläche von 45 Quadratkilometern – Tempel, Paläste, Verwaltungsgebäude innerhalb der jeweiligen Stadtmauern; die Lage variierte, weil jeder König „seine" Stadt mit dem Zentrum geringfügig versetzte. Gleich hinter den Wällen und Wassergräben begannen die Reisfelder, Wälder waren auch noch vorhanden. In den Dörfern die bekannte Szenerie. Hütten aus Holz, die auf Stelzen standen; das Vieh, Schweine, Wasserbüffel in der Nähe. Je nach Jahreszeit Arbeitende auf den Feldern, wenn die jungen Pflanzen eingepfropft werden mußten oder der Reis geerntet werden konnte. Kinder, die tobten, Männer, die irgendein Spiel spielten. Auf den Märkten drängten sich die Bauern. Leben auf dem Land im Schatten von Angkor. Tausend Jahre später wird es in Kambodscha außerhalb der Städte noch genauso aussehen.

König Suryavarman II. regierte von Angkor aus von 1113 bis etwa 1150. Von den 39 historisch nachgewiesenen Königen ist er einer der ganz Großen – man hat mit Superlativen vorsichtig zu sein, wenn von Angkor die Rede ist. Doch Ehre, wem Ehre gebührt. Daß er im Osten gegen das Champa-Reich Krieg führte, das sich in Vietnam etabliert hatte, wobei er vielköpfige Söldner-Armeen aus seinen lehnspflichtigen West-Gebieten in Thailand einsetzte, war normales Geschäft für einen Angkor-König. Daß er als erster diplomatische Beziehungen zu China knüpfte, kann als Besonderheit vermeldet werden. Daß er Shiva als göttliche Bezugsperson der Könige abservierte und stattdessen Vishnu auserkor, der bei den Hindus als der Schöpfer und Erhalter der Welt gilt, war eine interessante Variante des *devaraja*-Kults. Daß aber Suryavarman II. diesem Vishnu das bedeutendste gewaltigste und aufregendste religiöse Monument der Welt baute, rechtfertigt in der Tat Superlative. Die Rede ist von Angkor Wat.

Es ist immer laut draußen vor Angkor Wat. Das kommt von den Jungen, die Postkarten zu verkaufen versuchen, T-Shirts mit den berühmten fünf Türmen oder was es sonst noch an Schnickschnack gibt. Sie lassen einfach nicht locker, und der Weg zur Tempel-Anlage ist ziemlich weit, 250 Meter über eine Art Damm aus riesigen Steinblöcken, die übrigens, wie aller Sandstein von Angkor Wat, aus den Brüchen am Phnom Kulen stammen. Es gilt, einen 200 Meter breiten Wassergraben zu überqueren. Die Quälgeister sind immer noch da und bieten zur Abwechslung Getränke an, vielleicht ist es dem Besucher ja inzwischen warm geworden.

Verschnaufen in der Eingangshalle. An einer Statue brennen Räucherstäbchen. Menschen knien davor, einige beten, andere posieren lieber für den Fotografen. Es ist ein Vishnu-Standbild, steht in den Prospekten geschrieben, allerdings mit einem Buddha-Kopf, was daran erinnert, daß diese Tempel hier in späterer Zeit bis heute buddhistische Heiligtümer waren.

Einstimmung auf Angkor Wat. Die Nachbildung des Universums soll es sein, wie gehabt mit dem Tempel-Berg im Zentrum als Symbol für den mystischen Berg Meru, der zwischen Himmel und Hölle angesiedelt ist und von Ozeanen umspült wird – daher die Wassergräben.

Über allem erheben sich die fünf Türme. Bis dorthin ist noch ein 350 Meter langer Steinweg zu überwinden. Indem ich das tue, entferne ich mich, so ist der überlieferte Glaube, aus der realen profanen Welt und gehe ein in ein überhöhtes vergeistigtes Dasein.

Der Hindu-Gott Vishnu mit dem Buddha-Kopf, eine der schönsten und populärsten Statuen in der Tempelanlage Angkor Wat (Foto: Manfred Rohde)

Ich versuche mir den allmächtigen König Suryavarman II. hier vorzustellen – hat es Feste für ihn auf der „Terrasse der Ehren" gegeben oder sind nur Prozessionen an ihm vorbeigezogen? Steile, schmale Treppen führen insgesamt 65 Meter in die Höhe und lassen schwindeln – wie ist Seine Majestät da hochgekommen? Und die 1.500 *Apsaras* auf der zweiten Ebene, die als Meditationsbereich für König und Priester ausgewiesen ist, diese „Himmlischen Tänzerinnen", die „in der Sahne des Milch-Ozeans Geborenen", grazil, barbusig, verführerisch – welche Rolle haben sie in dieser Stadt gespielt, die doch ein einziger Tempel war?

Auf der dritten Plattform schließlich die fünf Türme und im Hauptturm das Allerheiligste, vier Nischen mit Öffnung in die vier Himmelsrichtungen, in denen einst Vishnu-Bildnisse verehrt wurden. Heute darf es auch Buddha sein.

Ich habe Angkor Wat 1985 besucht und wieder 1989. Ich habe mich einfangen lassen von der Idee, jener Mischung aus Magie und Religiosität, und begeistern von der Perfektion der Bauten und den Details und Dekorationen. Aber immer hat sich bei mir auch dieses Gefühl eingestellt, das mir Unbehagen bereitete: Daß Angkor Wat (und nicht nur Angkor Wat) in erster Linie konzipiert und errichtet wurde als Abbild uneingeschränkter Macht und Kontrolle eines einzelnen Herrschers. Da kam ich mir jedesmal, durch Angkor Wat streifend, hilflos, willenlos vor, geradezu unfrei. Vielleicht war das sogar bezweckt, als Angkor Wat gebaut wurde.

1998 war ich noch einmal dort, um nachzuholen, was ich die Male davor nicht geschafft hatte. Mir fehlte die Galerie der Bas-Reliefs, deren insgesamt 1.200 Quadratmeter Steinmetzkunst in Vollendung bieten und dazu wie Geschichten oder wie Geschichtsbücher sind, mit Highlights aus den indischen Helden-Epen, mit Details von Auseinandersetzungen zwischen Göttern und Dämonen, mit Illustrationen über das Leben im Milch-Ozean. Und natürlich gibt es in der Süd-Galerie die Taten des Königs Suryavarman II. zu besichtigen.

Schlachtenbeschreibung: Wie zigtausend Krieger zum Kampf Mann gegen Mann angetreten waren, wie einige von ihnen Tiermasken trugen, um den Feind zu erschrecken, wie der König sie führte (konischer Kopfschmuck, geschultertes Schwert), wie er kämpfte und siegte: „Er erhob sich auf dem Schlachtfeld über den

Ozean seiner Armee, sprang hinauf zum Kopf des Elefanten des feindlichen Königs und tötete ihn, wie der Sonnenadler *Garuda* auf den Hängen des Gebirges eine Schlange tötet", heißt es in der entsprechenden Inskription. Wieder jene Darstellung von Macht und Größe, die dem Besucher auffällt.

Ein paar Schritte weiter die Süd-Galerie hinunter eine weitere Geschichte, kunstfertig in Sandstein gehauen: „Yamas Gericht/Himmel und Hölle". Im Mittelpunkt Yama, der Herr des Totenreichs, das entsprechend hinduistischer Weltanschauung 32 Höllen kennt, in denen die Verdammten leiden müssen, und jede Hölle ist brutaler und schrecklicher als die vorige. Da werden Nägel in Köpfe geschlagen, Augen ausgestochen, Gliedmaßen gebrochen, Körper zersägt, ein Reisdieb bekommt den Magen mit heißem flüssigem Eisen gefüllt. Folter pur.

Der Besucher steht, will es wieder nicht wahrhaben, aber es ist wirklich so: Tausend Jahre später ist das mystische Totenreich in Kambodscha grausame Realität geworden. Als hätten sich Pol Pot und seine Schergen von Yamas Scheußlichkeiten anregen lassen. Ich bin an diesem Tag aus Angkor Wat regelrecht geflüchtet. Auch die lästigen Verkäufer habe ich nicht mehr gehört.

Es ist nur ein kurzer Weg vom düsteren Tempel-Berg des allmächtigen Suryavarman II. nach Angkor Thom. Angkor Thom, die „Große Stadt", wie zu übersetzen ist, die ein anderer König, Jayavarman VII., etwa 30 Jahre später errichten ließ. Erneut ein zentraler Tempel (*bayon*), erneut steinerne Wälle und Wassergräben.

Über den Toren zum heiligen Bezirk wachen die Götter – riesig ihre Gesichter, allgegenwärtig, alles beherrschend, vierfach in alle Richtungen äugend, und an den Zufahrten noch einmal Sandstein-Kolosse, Götter und Dämonen: Damit keiner unbefugt einzudringen wagt, könnte das heißen. Denn im Innern waren nur Privilegierte zugelassen, die Beamten, die Priester und hohen Militärs, der König natürlich mit seinen Frauen und Konkubinen. Das gemeine Volk hatte vor den Toren zu bleiben.

Alles wirkt geheimnisvoll, gibt Rätsel auf. Der Tempel Bayon zum Beispiel mit seinen 54 Türmen, von denen über 200 Riesen-Gesichter auf den Besucher herabschauen. Ihr Ausdruck ist als „Lächeln von Angkor" oder „Lächeln der Khmer" bekannt geworden. Aber lächeln sie wirklich oder ist es nur ein Zucken der schmalen Lippe

Das „Lächeln der Khmer"; eines der berühmten Haupttore zum Tempelkomplex Angkor Thom mit seinen vier Stein-Gesichtern, die in alle Himmelsrichtungen schauen – ein Steingesicht in groß (Foto: Manfred Rohde)

oder ein flüchtiger Blick unter wulstigen Augenbrauen – Momentaufnahmen in Stein geschlagen?

Auch die Gelehrten haben das Rätsel nicht lösen können, und nicht einmal die Bedeutung dieser Gesichter. Der erleuchtete *Bodhisattva Avalokiteshvara* soll da dargestellt sein, sagen die einen, womit gleichzeitig auch dokumentiert wäre, daß der Tempel Bayon ein dem Buddha geweihter Tempel gewesen ist. Und die anderen: da schaue der Bauherr von Angkor Thom, der König persönlich 200fach herab und beweise damit seine Allmacht und Allgegenwart, was den Bräuchen von Angkor durchaus entspräche.

Dieser König, Jayavarman VII., herrschte über Kambodscha von 1181 bis 1219 und wird als der letzte große Angkor-König beschrieben. Allerdings sei seine Regierungszeit ähnlich widersprüchlich und rätselhaft gewesen wie die Gesichter von Angkor Thom. Er ist als radikal und größenwahnsinnig, als fromm und unstet und verschwenderisch charakterisiert worden und alles in allem als perfekte Verkörperung dessen, was viele Jahrhunderte lang in Angkor Gott-König war.

Jayavarman VII. als Kriegsherr: 1178, noch bevor er König wurde, nahm er Vergeltung für die Besetzung Angkors durch den Herrscher des Champa-Reichs im Süden von Vietnam ein Jahr vorher; er besiegte und tötete den Cham-König „mit hundert Millionen Pfeilen". Und er führte weiter Krieg gegen die Cham und dehnte das Khmer-Reich aus, bis es sich schließlich von der Küste Vietnams bis nach Burma und von Vientiane in Laos bis auf die malaysische Halbinsel erstreckte. Wie das vonstatten ging, ist heute noch in den Reliefs von Bayon, Süd-Galerie, nachzuvollziehen.

Jayavarman VII. als Baumeister und Administrator: Mehr als jeder König vor ihm versuchte er seine Macht im Innern zu festigen, indem er den Staatsapparat, Beamtenschaft und Militär, nach dem bewährten Prinzip des Geschäfts auf Gegenseitigkeit belohnte und damit von sich abhängig machte. Und um das auch zu dokumentieren, ließ er bauen, wie es nie ein König vor ihm getan hatte: mächtige Reservoirs für das Wasser, Straßen und Brücken, auch Krankenhäuser, womit er sich Verdienste gegenüber der Bevölkerung festschrieb, und dann die „Große Stadt", Angkor Thom. Darauf vor allem bezog sich das Stichwort Größenwahn, mit dem die Historiker Jayavarman VII. belegten. 306.372 Arbeiter sollen, laut Inskription, auf den Baustellen von Angkor Thom beschäftigt gewesen sein, Sklaven könnte man sie mit Recht bezeichnen, für deren Unterbringung 13.500 Dörfer neu entstanden. Da drängen sich angesichts dieser Zahlen, die schon unter Suryavarman II. beim Bau von Angkor Wat nicht viel kleiner gewesen sein können, wieder Bilder aus neuerer Zeit auf: Tausende von Menschen ameisengleich, wie sie, endlose Reihen bildend, Erde bewegen und Steinquader schleppen und Mauern aneinanderfügen, ohne eigenen Willen, ohne Ausweg – Mobilisierung eines ganzen Volkes für die Idee oder Ideologie eines einzelnen.

Und schließlich Jayavarman VII. als religiöser Erneuerer: Es ist überliefert, daß er sich schon in jungen Jahren buddhistischen Lehren zugewandt hatte. Buddhismus war in Angkor keine neue Erscheinung, schon König Suryavarman I. hatte Buddha verehrt. Aber Jayavarman VII. war der erste, der buddhistische Denkformen mit dem in Angkor praktizierten Gott-König-Kult verschmolz. Was besagte das? Nicht mehr die Beziehung zu Shiva (wie Jayavarma nII. sie zu Anfang etabliert hatte) oder zu Vishnu (wie bei Suryavarm anII.) in der traditionellen Form war Kennzeichen einer besonderen Position und damit einer zentralisierten hierarchischen Macht, die von den Untertanen so auch bereitwillig akzeptiert wurde, sondern Buddhas Lehre wurde Vehikel für den König. Das wiederum bedeutete, streng genommen, Hinwendung zum Volk, das nicht länger mehr nur Publikum bei der königlichen Macht-Inszenierung war, sondern Adressat, Ziel von Mitgefühl und Fürsorge des Königs: „Mehr als seine eigenen Leiden bedrückten ihn die Leiden seiner Untertanen, denn es ist der Schmerz des Volkes, der den Schmerz der Könige macht, und nicht ihr eigener," hat damals Jayavarma nVII. seine neue (buddhistische) Weltanschauung formulieren lassen.

Einige Historiker sehen das nicht unbedingt positiv. Auch dem selbsternannten Erneuerer sei es nur um seine Macht-Position gegangen, um Mehrung seiner Verdienste, die er sich erwarb, indem er sich der Leiden und Schwierigkeiten der Bevölkerung annahm, womit er nach buddhistischem Verständnis seine eigene Erlösung vorantrieb. So wurde Jayavarman VII. folgerichtig als Buddha-König tituliert.

Sein Vermächtnis an die Nachwelt ist uns auf Schrifttafeln erhalten: „Erfüllt von tiefer Sympathie für das Gute in der Welt, legte der König diesen Eid ab: Möge ich alle die, die in den Ozean der

Existenz eingetaucht sind, daraus befreien können durch die Kraft guter Werke. Mögen die Könige Kambodschas, die nach mir kommen, dem Guten in der Welt verbunden sein ... und mit ihren Frauen und Würdenträgern und Freunden den Ort der Erlösung erreichen, an dem es keine Leiden mehr gibt."

Die Könige, die Jayavarman VII., dem Buddha-König folgten, sind dem Namen nach kaum bekannt geworden, und ein Ort der Erlösung war Angkor wohl auch nicht in späteren Zeiten. Von Thailand her wurde es mehrfach überrollt, bezwungen, vernichtet; immer weniger hatten die Khmer-Könige Einfluß und Macht gehabt. Bis 1431 wurde noch gezählt. Dann war Angkor tot.

Viele Jahrhunderte lagen die Tempelstädte im Dschungel unter dichtem Grün und Wurzelwerk verborgen. Erst um 1860 wurden sie vom Franzosen Henri Mouhot wieder entdeckt. Zu diesem Zeitpunkt hatte Kambodscha längst eine neue Hauptstadt, erst Oudong, dann Phnom Penh; und mit König Ang Duong war eine neue Dynastie geboren worden, aus der auch der jetzige Monarch stammt: Seine Majestät Norodom Sihanouk. Gott-König oder Buddha-König ist er sicher nicht mehr, aber ...

Abends ist es immer am schönsten auf dem „Berg der Götter", dem Phnom Bakheng, wenn die Sonne sich verabschiedet und das, was Angkor genannt wird, wie mit Goldstaub überzieht. Hier oben hat um 890 Yasovarman I. seinen Tempel errichtet und ihn Gott Shiva geweiht, wie es seinerzeit für Könige Pflicht war. Damals war Angkor Wat, das vom Phnom Bakheng aus in voller Pracht zu bewunder n ist, noch nicht gebaut. Die Menschen, Einheimische zumeist, sitzen schweigend. Angkor Wat wirkt eher märchenhaft im Abendrot – sollte man sagen verwunschen? Die sonst so strengen dunklen Mauern wie weichgezeichnet, die wuchtigen Türme, die als Symbol seit 1953 in keiner Fahne des Landes gefehlt haben, geradezu zierlich und spielzeughaft. Da verflüchtigen sich auch die manchmal erschreckenden Erinnerungen an eine Vergangenheit, die nicht immer nur glanzvoll war, sondern häufig genug widersprüchlich, abstoßend grausam sogar. Alles ist jetzt friedlich

Ich habe Glück, der Tag ist klar. Im Nordosten, am Horizo..t ist auch der Phnom Kulen auszumachen. Dort hat alles angefangen. Man schrieb das Jahr 802.

Lord Buddhas Lehren

Die Bedeutung der Religion in Kambodscha

Pralle Brüste, die Lippen knallrot gemalt, unter schwarzen Brauen leuchtende Glupschaugen – der Oberkörper der Frau schwankt hin und her. Ein Mann ist auch dabei. Irgendwo krächzt ein Lautsprecher und schickt Musik herüber.

Wir haben den Landrover angehalten. Ein paar armselige Hütten am Rande einer ausgemergelten Lateritstraße in der Nordwest-Provinz Banteay Meanchey zwischen den Dörfern Thmar Pourk und Svay Chek, hinter Bananenstauden das Dach einer Pagode. Die Tanzenden kommen näher. Schwellköpfe aus Papiermaché sind es, die uns entgegengrinsen und uns zu einer Spende animieren wollen. Das hat mit *Kathen* zu tun.

Kathen ist für Kambodschas Buddhisten eine der wichtigsten Zeremonien im Jahr, dann wird den Mönchen im Land traditionell die safranfarbene Robe dargebracht. Während der 29 Tage des letzten Kalender-Mondes zelebrieren sie *Kathen*, wenn die Mönche aus ihren von der Lehre vorgeschriebenen drei Monaten innerer Einkehr und Abgeschiedenheit entlassen sind und wieder unter Menschen dürfen. Lord Buddha selbst habe vor 2.000 Jahren die *Kathen*-Zeremonie geschaffen, so ist im kambodschanischen Festtags-Kalender vermerkt, nachdem dem Meister aufgefallen war, daß seine Jünger nach der Einkehr-Zeit nur noch verschmutzte Roben trugen, worauf er ihnen erlaubte, von den Gläubigen außer der üblichen Reis-Gabe zu dieser Gelegenheit auch neue Kleidung anzunehmen.

Der Ablauf der Zeremonie ist vorgegeben. Manchmal am Abend vorher die Andacht zuhause, wenn ein Mönch die Worte Buddhas, *tes na*, spricht. Am Morgen dann das Volksfest vor der Pagode mit Musik und Tänzen und anderer Kurzweil; mittags essen sie ihren Reis und was sonst noch an den Buden zu erstehen ist.

Schließlich der Höhepunkt: Alle formieren sich zu einer Prozession, auf ihren Köpfen tragen sie die Spenden mit sich – es sind nicht nur Safran-Roben. Große bunte Parasols spenden Schatten. Dreimal haben sie die Pagode zu umkreisen, ehe sie eintreten, vor der Buddha-Statue und den versammelten Mönchen niederknien und ihre

Gaben darbieten. Es wird gebetet. Und irgendwann natürlich auch gesichtet und gezählt, was und wieviel zusammengekommen ist.

Das Ministerium für Kultur und Religiöse Angelegenheiten hat errechnet, daß von den Gläubigen jedes Jahr zu *Kathen* sechs Millionen US-Dollar ausgegeben, d. h. den Mönchen gespendet werden, das seien im Durchschnitt für jede der 3.612 Pagoden im ᵀand 2.000 US-Dollar.

Wieviel an unserer Straße der tanzenden Schwellköpfe in Banteay Meanchey zusammengekommen ist, weiß ich nicht, aber große Summen waren es bestimmt nicht. Denn diese Gegend im Umfeld von Thmar Pourk nahe der thailändischen Grenze gilt als ganz arme, geschundene Region. Während der Schreckensherrschaft der Roten Khmer war der *damban 5* in der Zone Nordwest, wie das hier damals hieß, weithin gefürchtet. Abertausende wurden aus den Städten hierher verfrachtet, um Reisfelder neu anzulegen und Bewässerungssysteme zu bauen; was „Killing Fields" bedeutete, haben sie im *damban 5* leidvoll erfahren. Auch in der Zeit danach hat sich für sie kaum etwas zum Besseren verändert: Hungern ist alltägliche Erfahrung, Hilfe von außen nahezu aussichtslos.

Und so ergreifen sie hier im Armenhaus wie alle Buddhisten in Kambodscha, ob reich oder unbemittelt, zumindest einmal im Jahr zu *Kathen* die Gelegenheit, etwas für ihr Seelenheil zu tun, so wie es in den Lehren Buddhas verheißen ist: Wer gibt, sammelt Verdienste im Vorgriff auf das nächste Leben. Das macht *Kathen* so populär, daß kaum einer abseits stehen mag. Und so nehmen sie sogar vom Letzten, auch wenn es nur ein paar hundert Riel, d. h. Pfennige sind, und spenden: damit die Mönche ihre Pagoden verschönern oder erweitern oder neu bauen können. Das macht am meisten her und gilt beim Volk als besonderes Verdienst. „In meinem nächsten Leben werde ich reich und schön sein und das Leiden wird ein Ende haben," weiß der Mann, der an unseren Landrover getreten ist, mit gläubiger Sicherheit. Er ist dabei, die *Kathen*-Zeremonie für sein Dorf zu organisieren und hat auf der Landstraße den Tanz der Schwellköpfe in Gang gesetzt. Da hält so mancher neugierig sein Auto an und schaut hin. Und spendet – wie wir.

Hin und wieder ist in diesem Zusammenhang schon Kritik zu hören gewesen: Von Eigennutz der Geistlichkeit und anderer religiöser Organisationen war die Rede; daß zu sehr in materiellen Stan-

46

zen gedacht würde, wo es doch in der augenblicklichen sozialen und politischen Schieflage Kambodschas eher auf Gemeinnutz und auf die spirituellen Werte, sprich Ethik und Moral ankomme; daß mit dem Geld der Gläubigen (waren es nicht sechs Millionen US-Dollar?) überwiegend Pagoden und Tempelstätten gebaut würden und man bereits mehr habe als man brauche.

Da ist was dran. Wir sind mit unserem Landrover kreuz und quer durch Kambodscha gefahren. Ein Dorf – eine Pagode, wieder ein Dorf – eine Pagode im Bau. Pompöse Pagoden, schlichte Pagoden. Stuck in reicher Verzierung, traditionelle Spitzdächer, graue Beton-Konstruktionen. Immer wieder, fast überall im Land. Sie waren wirklich nicht zu übersehen, während wir uns im Landrover vorwärtsmühten. Straßen wie nach einem Bombenangriff, Wege, die wie Wachs auseinanderliefen. Die Knochen schmerzten, der Motor stöhnte, und die Räder tasteten sich über Brückengerippe, torkelten von Loch zu Loch. Irgendwann kam die nächste Pagode in Sicht.

Aber gab es da nicht eine Zeit, in der in Kambodscha kaum noch Pagoden zu finden waren? Die Erinnerung an das unmenschliche Regime des Pol Pot ist längst nicht verblaßt. „Reaktionäre Religionen, die dem kambodschanischen Volk schaden, sind absolut verboten," hatte es 1975 in Abschnitt 15 der Verfassung des Rote Khmer-Staates „Demokratisches Kampuchea" („Democratic Kampuchea", DK) geheißen, womit die Ausrottung des buddhistischen Glaubens verbal vorbereitet war. Die meisten der damals bestehenden 3.054 Pagoden wurden zerstört oder entweiht, weil die neuen Machthaber sie in Lagerhallen oder Ställe und sogar in Gefängnisse umfunktionierten, und fast alle Buddha-Statuen enthauptet. 25.000 von damals 65.000 Mönchen fanden den Tod – sie wurden exekutiert oder verendeten in jenen „Killing Fields", in denen auch sie wie Hunderttausende anderer Fronarbeit verrichten mußten. Die überlebten, entsagten ihrem Gelübde, nur 1.000 Mönche konnten sich retten. Mehr noch: Wer aus der Bevölkerung sich als bekennender Buddhist verriet, mußte ebenfalls mit lebensgefährdenden Repressalien rechnen. Das alles bedeutete: Der Buddhismus in Kambodscha war ausgelöscht.

Wie wirkte sich dieser religiöse Kahlschlag auf eine Gesellschaft aus, in der sich 95 Prozent der Bevölkerung zum Buddhismus bekannten und für die Menschen die Pagode Zentrum und der Mönch geistiger Fixpunkt ihres Alltags war?

Überall im Land sind die prächtigen buddhistischen Pagoden zu sehen, selbst in ärmlichen Gegenden hat fast jedes Dorf sein Tempelhaus (Foto: Manfred Rohde)

Auf der Fahrt durch die Provinz Banteay Meanchey (wir waren unterwegs zum Wat Thmar Pourk) hat es einer meiner kambodschanischen Begleiter, Ros Than San, der die Schreckenszeit überstand, rückblickend so formuliert: „Wenn es Buddhismus gibt, gibt es Leben, das heißt, daß die Menschen eine Richtung haben und ein Ziel, auf das sie hinsteuern, was die Roten Khmer nicht akzeptieren konnten, weil dieses Denkschema ihrer Ideologie widersprach. Als es keinen Buddhismus mehr gab, gab es auch kein Leben."

Und heute, 20 Jahre später ist mit dem Buddhismus das Leben zurückgekehrt. Als dem Pol Pot-Regime 1979 ein Ende gemacht worden war, hat die neue Regierung in ihre Verfassung geschrieben: „Die Freiheit religiösen Glaubens wird respektiert" (Abschnitt 1, Artikel 6) und 1989 per Verfassungsänderung klipp und klar verfügt: „Der Buddhismus ist Staatsreligion." Und so heißt es bis heute.

Es ist eine ganz alltägliche Szene: Noch ist die Sonne nicht aufgegangen, dennoch haben sich die Gläubigen zur Morgenandacht versammelt. Feierlich hallt der Singsang der Betenden durch die *sala* der alten Pagode. Unbeweglich sitzen die Menschen, die Köpfe gesenkt. Ein paar Vögel stören die fromme Handlung. Die Blicke der Mönche sind ohne Haftung, ihre Stimmen eindringlich, laut – sie rezitieren in Pali. Es sind Buddha-Worte und Buddha-Weisheiten.

Dharma heißt die Zusammenfassung der Lehren des Meisters, und die sogenannten „Fünf Gebote" nehmen darin einen besonderen Platz ein, weil deren Befolgung, so der buddhistische Glaubenssatz, „Zur endgültigen Befreiung" vom Leiden führt. „Ich verpflichte mich", lautet die überkommene Original-Formel, „die Gebote zu beachten und davon abzulassen, Leben zu vernichten – Dinge zu nehmen, die nicht gegeben worden sind – sexuelle Fehltritte zu begehen – falsche Sprache zu sprechen – alkoholische Getränke zu mir zu nehmen, weil sie unachtsam machen."

Das hört sich an wie der Sünden-Katalog anderer Welt-Religionen: Töten und Stehlen, Ehebrechen, Lügen. Abe *dharma*, Lord Buddhas Lehre, ist mehr für Kambodscha und war immer mehr, zu allen Zeiten: Ehren- und Sitten-Kodex der Gesellschaft zum Beispiel, ethische oder religiöse Verpflichtung im täglichen Leben, vielleicht auch moralisches Konzept, in theologischem Sinne die absolute Wahrheit und im praktischen Kontext eine Art Benimmbuch für das Volk. Von buddhistischen Werten hat man gern in Zusammenhang mit *dharma* gesprochen, die befolgt und geachtet wurden, die immer mal verschwanden, wenn Chaos im Land herrschte, die wieder wichtig und prompt erneut mißachtet wurden, weil andere „Werte" gefragt waren, um irgendwann aufs neue beschworen zu werden – als Garant für eine strahlende Zukunft.

Tatsache ist: Nie hat man in Kambodscha davon abgelassen, die Mönche in ihren safranfarbenen Roben zu verehren und die Pagoden als Mittelpunkt allen Lebens zu verstehen.

Als wir an diesem frühen Morgen bei der Andacht Gäste sind, ist es nicht anders. Stimmgewaltig künden die Mönche von Buddhas Weisheit – die Gläubigen sitzen und lauschen ehrfurchtsvoll. Nur die Vögel, die durch die Pagode toben, kennen keinen Respekt. Wenn später am Morgen sich die Sonne durchgesetzt hat, dann machen sich die Mönche auf ihre tägliche Runde, wie es die Vorschriften Buddhas für sie festlegen. Unter ihrer Robe tragen sie das bauchige Gefäß, *baht*, in dem sie Nahrung sammeln. Sie gehen über Land von Hütte zu Hütte; wenn sie zu mehreren sind, gebührt dem Ältesten der Vortritt. Sie verhalten am Eingang, warten. Das ist ein Ritual – irgendwann wird ihnen der Reis, um den sie bitten, auch gebracht.

Viele Male bin ich ihnen gefolgt. Ich habe die innere Ruhe gespürt, die Demut der Mönche und die Ehrfurcht der Gläubigen erlebt, wenn sie aus ihrer Hütte treten, sich den Mönchen nähern, ihnen Nahrung reichen. Sie sprechen nicht miteinander, sie schauen aneinander vorbei, so ist es mir immer vorgekommen – und dennoch war da ein Zwiegespräch. Vielleicht haben sie gebetet, jeder für sich und doch gemeinsam. Gehört habe ich nie etwas.

Begonnen hat es in Angkor Ende des 12. Jahrhunderts quasi per Verordnung und nicht, weil die Menschen plötzlich einen anderen Glauben bevorzugt hätten. Es war, wie schon erwähnt, König Jayavarman VII., der dem Volk seinen Willen aufzwang und in Kambodscha den Buddhismus als Staatsreligion einführte. Dabei handelte es sich um den *Mahayana*-Buddhismus, um das „Große Fahrzeug", wie aus dem Sanskrit zu übersetzen ist. Als Leitbild dieser Glaubensrichtung gilt der *bodhisattva*, ein „Erleuchtetes Wesen", das in seinem Leben genügend Verdienste gesammelt hat, um ins *nirvana*, in die „Befreiung" eingehen zu können, es aber vorzieht, auf der Erde zu bleiben und den Menschen bei der Überwindung ihrer Leiden zu helfen. So hat es auch Jayavarman VII. als persönliches Programm formuliert. Aber Jayavarman VII. war Buddha-König und, wie die hinduistischen Gott-Könige vor ihm, dem Volk weit entrückt; die Fürsorge für seine Untertanen schien ihm eher geistige Idee als prak-

Eine Nonne im traditionellen weißen Gewand (Foto: Manfred Rohde)

tische Notwendigkeit zu sein. Es ist vorstellbar, daß hier der Hauptgrund lag, warum die Verbreitung des *Mahayana*-Buddhismus anders als in Bhutan, in Nepal, Tibet, China, Japan oder Korea in Kambodscha nicht von Dauer war.

Was schon bald nach dem Tod des Buddha-Königs (1220) geschah und geradezu wie ein Sturm über das Land fegte, als sich die Kambodschaner in Scharen der anderen buddhistischen Glaubensrichtung, dem *Theravada*-Buddhismus verschrieben, ist vielfach als Rebellion der Bevölkerung gegen die von oben verordnete und dirigierte Religion interpretiert worden.

Da waren irgendwann wandernde Priester in ihren Dörfern aufgetaucht, sie kamen aus Ceylon, Burma und vor allem aus dem benachbarten Thailand, und hatten von *Theravada*, dem „Kleinen Fahrzeug" erzählt. Und es war für die Menschen anders als sonst gewesen. Weil sie das Gefühl hatten, daß Buddhismus in der neuen Aufbereitung mehr Verantwortung, mehr Verständnis für die Nöte der einfachen Menschen bedeute; weil sie Worte hörten wie Herzensgüte (*metta*) oder Mitgefühl (*karuna*) oder Recht und Gerechtigkeit

Mönche beim öffentlichen Gebet während einer Zeremonie im Dorf Thmar Pourk, Provinz Banteay Meanchey (Foto: Manfred Rohde)

(*upekha*) und diese nicht leere Worte, sondern eherne Regeln des Glaubens und Verhaltens waren; weil sie sich eingebunden fühlten in die Gemeinschaft, vor allem durch den direkten Kontakt mit den Mönchen, die doch Jünger und die Vertreter Buddhas auf Erden sind. Aus all diesen Gründen sind die Kambodschaner damals wohl zum *Theravada*-Buddhismus übergewechselt, der die vielen Jahrhunderte überdauert hat und heute noch bzw. wieder Staatsreligion in Kambodscha ist.

Das was insgesamt als *dharma* bezeichnet wird, ist für Kambodschaner mehr als nur religiöses Grundprinzip, dem sie folgen – Buddhas Lehre gehört zum Lebensstil des Volkes, ist Bestandteil seines Alltags. Leben ist Leiden, hatte Buddha gleich zu Anfang befunden. Was das bedeutete, konnten die Menschen in Kambodscha jeden Tag aufs neue in aller Härte an sich selbst erfahren: Schlechte Ernten, Hunger, Krankheit, kriegerische Auseinandersetzungen – nicht nur vorübergehend, sondern viele Jahrhunderte lang; es gab nur wenige lichte Zeiten.

Daß der Buddhismus ihnen, den vom Schicksal Geschlagenen, aber auch Besserung in Aussicht stellte, laut Buddhas Lehre die „Erlösung" im *nirvana*, das heißt das Ende des Leidens, das war für sie nur ein folgerichtiger Schritt, auch wenn sie damit bis zum nächsten Leben zu warten hatten. Immerhin konnten sie selbst etwas dazu beitragen: Indem sie sich bemühten, nach den Maßgaben des *dharma* zu leben und der buddhistischen Gemeinschaft zu dienen, wodurch sie ihre Verdienste für die nächste Etappe Richtung Erlösung automatisch mehrten.

Die entscheidende Rolle in diesem Gesellschaftssystem buddhistischer Denkungsart spielen in der Tat die Mönche, die *bhikkhus*, wie sie in ihrer Sprache heißen. Ich habe es selbst einige Male während meiner Tour durch die Provinz Banteay Meanchey erlebt – als sie im Dorf Thmar Pourk zum Einstieg in eine größere Kampagne mit Kindern auf dem Schulhof junge Koki-Bäume pflanzten oder im Dorf Preah Net Preah den Bewohnern klarmachten, daß sie nicht ausschließlich Reis anbauen, sondern es auch einmal mit Gemüse oder Mango-Früchten versuchten sollten.

Das paßte exakt zu jener Buddha-Geschichte, die ich unterwegs schon mehrfach von Mönchen gehört hatte: Geht hinaus, so habe Buddhas erster Befehl gelautet, und er hatte ihn an seine Ur-Jünger

Mönche beim Besuch in abgelegenen Dörfern – Segnung der Bewohner (Foto: Ros Than San)

erteilt, nachdem diese vom Meister zu Mönchen geweiht worden waren; geht hinaus zu den Menschen in den Dörfern und Gemeinden und unterweist sie, zum Wohle ihrer selbst und zum Wohle Gottes: Zeigt den Menschen, was gut ist und was schlecht, lehrt sie an sich selbst zu glauben. Wenn sie, die Mönche, nicht hinausgingen aus ihren Pagoden, so Buddha, würden die Menschen nie etwas darüber kennenlernen, wie man innerhalb der Familie oder der Dorfgemeinschaft miteinander umgeht. Und woher sonst, wenn nicht von den Mönchen sollten sie erfahren, was Gerechtigkeit bedeutet oder auch Freiheit und Frieden – und nicht nur geistige Freiheit oder innerer Frieden seien da gemeint. Deshalb müßten die Mönche, so Buddhas kategorischer Imperativ, engen Kontakt zu den Menschen pflegen.

Die Gemeinschaft der Mönche, der *sangha*, also als Garant buddhistischer Werte, Freiheit und Frieden inbegriffen, und mehr und mehr als unabhängige moralische Autorität in Kambodscha – das basierte auf Vertrauen im Volk, was auf die weltlichen, politischen Führer kaum zutraf, und brachte letzten Endes enormen Einfluß auf die Gesellschaft, der mitunter sogar politische Dimensionen bekam:

wenn zum Beispiel buddhistische Mönche den Widerstand gegen das französische Kolonialregime in Kambodscha anheizten. Der Begriff „Buddhistischer Nationalismus" machte viele Jahrzehnte die Runde.

Um 1885 rekrutierten Mönche, wie dokumentiert ist, 5.000 Bauern und zogen mit ihnen in eine Auseinandersetzung mit den Franzosen, in der sie unterlagen. Der Anführer der buddhistischen Rebellen wurde enthauptet, sein Leichnam in Phnom Penh öffentlich ausgestellt. Und 1942 war es der Mönch Hem Chieu, der die Bevölkerung zur Unbotmäßigkeit gegen französische Vorherrschaft aufrief und prompt verhaftet wurde, wobei, wie negativ zu Buche schlug, die heilige Robe des Mönchs von den Franzosen entweiht worden sei, was noch einmal geschehen sein soll, als sie eine Demonstration, die in Phnom Penh mit 500 Mönchen vom Palast des Königs zum Wat Phnom unterwegs war, mit Gewalt auseinandertrieben.

Es ist im Zeichen des „Buddhistischen Nationalismus" damals schon diskutiert worden, ob solch extremes, Partei ergreifendes Engage-ment von Mönchen nicht den buddhistischen Regeln der Gewaltfreiheit, des sogenannten Mittleren Weges widerspräche. Bei meinem jetzigen Besuch in Kambodscha habe ich ebenfalls zweifelnd gefragt, nachdem im September wieder einmal mehrere hundert Mönche bei politischen Demonstrationen in Phnom Penh mitmarschiert waren und die Polizei auf sie eingeschlagen hatte, als die Ereignisse eskalierten; auch dort war der heiligen Robe des Buddhismus nicht der übliche Respekt gezollt worden.

Es sei manchmal wirklich eine Sache der Interpretation, habe ich als Antwort bekommen, wieweit Mönche sich bei öffentlichen Aktionen beteiligen dürfen. Wenn es sich um Demonstrationen handle, die für Gerechtigkeit oder für Freiheit mobil machten und Unterdrückung attackierten, dann sei es für Mönche nichts Unrechtes teilzunehmen, weil das Buddhas Ur-Auftrag an seine Jünger entspräche und diese außerdem die Möglichkeiten hätten, im Sinne buddhistischer Werte auf das Geschehen einzuwirken.

Auf der anderen Seite sei es bei solchen Ereignissen, vor allem wenn es sich um Massenveranstaltungen handelt, immer schwer zu entscheiden, ob es nicht um Machtkämpfe von Politikern und Parteien gehe, und ein friedlicher Marsch könne plötzlich ins grausame Gegenteil abgleiten, und die Mönche befänden sich mittendrin.

Im Garten vor der Svay Popei-Pagode war ein Orient-Teppich ausgebreitet. Auf safranfarbenen Sitzkissen hatten sich zwei Mönche niedergelassen. *May Peace Prevail on Earth* war aus Blüten geschrieben, die den Platz schmückten – Frieden auf Erden. Es war der 3. März 1998 in Phnom Penh.

Aber die beiden, die da in höflicher Zwiesprache saßen, waren nicht irgendwer aus der Mönchs-Gemeinschaft, sondern die ranghöchsten Buddhisten Kambodschas, *Samdech Sankhareach* Tep Vong und *Samdech Pothiveang* Bour Kry. Die blumige Beschwörung des Friedens war wohl zunächst einmal auf die zwei selbst zu beziehen, denn obwohl die Erlauchten Heiligkeiten beide dem *Theravada*-Buddhismus anhängen, waren sie doch verfeindete Brüder, weil Chefs zweier getrennt agierender Orden. Tep Vong vertrat den Orden *Mahanikay*, Bour Kry stand für den *Thammayut*-Orden. Doch an diesem Tag übten sich die Patriarchen, wie sie öffentlich kundtaten, „In Solidarität". Von der unerfreulichen Vergangenheit und den lan - jährigen Querelen miteinander wollten sie da nichts wissen.

Die Differenzen zwischen den beiden Orden wurzeln sicher auch in religiös-bürokratischen Äußerlichkeiten, wenn etwa die Safran-Roben einen unterschiedlichen Zuschnitt haben oder die Reisschüsseln beim morgendlichen Rundgang der Mönche von diesen jeweils anders zu tragen sind. Aber der wahre Auslöser aller Spannungen liegt wohl im Ursprung: *Thammayut* wurde von einem Mitglied des Königlichen Hauses ins Leben gerufen und galt von daher als aristokratisch, immer dem König, dem Palast und deren parteipolitischen Formationen verbunden, war dementsprechend auch nicht in Kambodscha existent, solange der Monarch im Ausland im Exil weilte – also bis 1991, als Norodom Sihanouk nach dem Pariser Abkommen wieder zuhause auftauchte. Im Gegensatz dazu hielt *Mahanikay* während der ganzen Zeit nach dem Ende des Pol Pot-Regimes 1979 die Stellung im Land und war damit Partner der einfachen Gläubigen und natürlich auch der damaligen Machthaber um Ministerpräsident Hun Sen – was *Mahanikay* automatisch in den Verdacht brachte, dieses politische Lager und nicht die Royalisten zu favorisieren.

Zum Abschluß der buddhistischen Versöhnungsfeier in der Pagode Svay Popei hielt Seine Heiligkeit Tep Vong vom Orden *Mahanikay* die programmatische Rede, die vor allem von der Verpflichtung des Buddhismus für die kambodschanische Gesellschaft handelte. Also ging seine Botschaft gezielt an die Führer des Landes, an alle Politiker; unklar blieb, ob auch der König angesprochen war: Aussöhnung oder Frieden würde nie sein, wenn das Wort nur Lippenbekenntnis im politischen Alltag bliebe. Es müßten Taten folgen. So wie die bisher verfeindeten buddhistischen Orden in Kambodscha und ihre Patriarchen es an diesem Tag vorgemacht hätten, sollten es auch Politiker oder andere in der Gesellschaft Verantwortliche tun.

Von *dharma* war ebenfalls die Rede, von der Lehre Buddhas und den fünf buddhistischen Geboten, die es zu befolgen gelte. Dann beteten beide Patriarchen gemeinsam. Phnom Penh, 3. März 1998.

Tep Vong hätte eigentlich noch mehr Druck machen und auf die im Buddhismus gültige „Sittenlehre für gutes Regieren" hinweisen können: Die „Zehn Pflichten des Königs", *dasa raja dharma*, sind Bestandteil des buddhistischen Kanons und zielen nicht nur auf den König allein, sondern schließen alle Würdenträger mit ein, die politische Macht ausüben; ich habe sie irgendwann in Phnom Penh als Flugblatt bekommen. „Der Herrscher soll nicht begierig nach Reichtum und Besitz streben", ist da als erste Königspflicht vermerkt, die „Wohlfahrt des Volkes" gehe vor. Die Ansprüche sind sehr hoch: „Er muß von hohem sittlichen Charakter sein", wird gefordert, oder „Er muß frei sein von Haß, Übelwollen und Feindseligkeit" und auch „Er darf keine Gewalt anwenden" – es sind der Reihe nach die Pflichten 2, 7 und 8. Un *last but not least* die Regel 10: „Der Herrscher soll dem Willen des Volkes nicht widerstehen und nicht irgendwelche Maßnahmen verhindern, die zum Wohl des Volkes führen."

Das ist in der Tat ein umfassender Katalog. Aber wer von den Königlichen und den anderen Regierenden hat sich je daran gehalten bzw. halten wollen?

Es gibt in diesem Zusammenhang die These: Kambodscha war seit Angkors Zeiten definiert durch das Verhältnis zwischen denen, die Macht hatten, und denen, die ohne Macht waren – anders ausgedrückt zwischen denen, die Befehle gaben, und jenen, die immer nur Befehle zu empfangen hatten. Unter diesen Voraussetzungen wirkte die buddhistische Lehre sogar verschärfend, und zwar in der Wechselbeziehung Macht und Verdienst: Wer an der Macht war, konnte es nur sein, weil er in früheren Existenzen aus buddhistischer Sicht gut und tugendhaft gewesen war und dadurch ausreichend Verdienste gesammelt hatte; bei den Machtlosen, den Armen, also bei der Mehrheit der Bevölkerung muß im früheren Leben einiges schiefgelaufen sein.

Das bedeutet aber auch, aus der Sicht der Hierarchen vor allem: Wer an der Macht ist, hat ein Recht darauf, an der Macht zu sein. Was auch hieß: Macht konnte so nie in Frage gestellt werden. Und so wird in Kambodscha bis auf den heutigen Tag Macht definiert. (Welche Rolle kann da Pluralismus oder gar Demokratie spielen?) Und alle könnten sich auf Buddhas Lehren zurückziehen.

Streng genommen ist auch *Kathen*, das fröhliche Fest, Bestandteil des Systems.

Lange vorher waren wir durch Trommeln aufmerksam geworden, dann kam unser Landrover auf der engen Staubstraße nicht mehr weiter: Eine Fahrzeugkolonne mühte sich durch die Reisfelder – das hatte wieder mit *Kathen* zu tun. Einer tanzte im Rhythmus der Trommeln, eine Affen-Maske vors Gesicht gestülpt, damit war wohl der berühmte Affen-Gott Hanuman aus dem Helden-Epos *Ramayana* gemeint. Auf den Ladeflächen der anderen Pickups drängten sich Frauen und Kinder, sie hatten sich für den Besuch bei den Mönchen feingemacht, ein großer Schirm schützte gegen die quälende Sonne.

Auch dieser Landstrich westlich der Stadt Battambang gilt nicht als bevorzugte Gegend, alle sind arm hier. Während der Schreckensherrschaft der Roten Khmer gehörten sie zum gefürchteten *damban 3* der Nordwest-Zone, in dem es so manche „Killing Fields" gab. Wir waren gerade erst im Dorf Kampingpouy beim Hochwürden, *Venerable* Sok Hat gewesen und hatten unterwegs einen Damm passiert, durch den die Reisfelder im Umkreis bewässert wurden. Der sei während der Zeit der Roten Khmer entstanden, erzählte mein kambodschanischer Begleiter Heng Monychenda, in Erinnerung an den Tag der Machtergreifung Pol Pots in Kambodscha habe er „Damm des 17. April" geheißen; seine Schwester habe hier Zwangsarbeit verrichten müssen. Er selbst war in der Nähe von Battambang im Einsatz und hat überlebt.

Wie auch einige der Menschen, die wir trommelnd und tanzend auf unserem Weg treffen. Alle sind fröhlich und ausgelassen; es ist *Kathen*, das schönste Fest für Kambodschas Buddhisten. Alle haben, wie das bei *Kathen* für sie Ehrensache ist, den Mönchen in der Pagode gespendet und so ihre Verdienste vermehrt. „Ich werde bald ein besseres Leben haben", sagt der Tänzer mit Hanumans Maske in rührender Gläubigkeit, „und bestimmt wartet dann auch Lord Buddha auf mich."

Norodom Sihanouk du Cambodge

Vom Aufstieg und Niedergang eines Monarchen

Die Geschichte stammt vom König selbst – er hat sie zeit seines Lebens viele Male erzählt, zwar änderten sich mitunter die Akteure oder Lokalitäten, aber eigentlich war es immer dieselbe Geschichte: wie er seinen Palast in Phnom Penh mal wieder für einige Tage verlassen habe und hinaus ins Land gefahren sei, in die Provinzen weit ab von der Hauptstadt, in entlegene Dörfer, wo er seine Untertanen aufsuchte. Und er hörte die immer wiederkehrende Klage: Unglück sei über sie gekommen; Überschwemmungen hätten die Reisernte zerstört, Dürreperioden alles vertrocknen lassen; jetzt müßten sie hungern, und viele, vor allem die Kinder seien krank; und dann trieben auch noch Banditen in der Gegend ihr Unwesen – das alles war selten falsch. Da hatten sich aus Anlaß der königlichen Visite die Dorfbewohner mit ihren Familien vor den Hütten aufgereiht und erwarteten von ihrem König, daß er all das schreckliche Unheil von ihnen fernhalte. Und es folgte das immer wiederkehrende Zwiegespräch: Das ist mir nicht möglich, pflegte er da zu sagen – aber Ihr seid doch der König, beharrten die Bauern in naivem Vertrauen – natürlich bin ich der König, sagte dieser darauf, aber auch ich bin nur ein Mensch.

Das allerdings konnten sie in den Dörfern nicht verstehen. Wie sollten sie auch? Hatten sie nicht von ihren Eltern und Vorfahren überliefert bekommen, der König sei mehr als ein Mensch, er sei göttlicher Herkunft und eine göttliche Erscheinung und könne deshalb mehr als ein Mensch? Und war da nicht auch jene glanzvolle Vergangenheit ihres Landes gewesen, in der die Herrscher offiziell als Gott-König oder Buddha-König verehrt wurden?

Seit der Angkor-Zeit hat sich im Glauben der einfachen Kambodschaner an der Allmacht des Monarchen nichts geändert. Diese Tradition galt noch im Jahre 1948, als Jung-König Norodom Sihanouk einem britischen Diplomaten von seinem denkwürdigen Treffen mit den Untertanen erzählte, wobei er die Erwartungshaltung der einfachen Bauern zwar für ihn schmeichelnd, aber insgesamt eher amüsant fand, und die Tradition wird auch 1998 noch respektiert, was der König stets feststellen kann, wenn er an den Wochenenden wie in seinen frühen Jahren in die Not-Provinzen zur leidenden Bevölkerung hinausfährt. (Detailliert legt er in seinen publizierten Berichten wie früher Rechenschaft ab). Und wenn in den vergangenen Monaten die ungezählten Bauern aus den Elends-Gebieten mit ihren Familien ohne Unterlaß unbeirrt vor den Palast ihres Königs in Phnom Penh zogen und erwarteten, daß Norodom Sihanouk ihnen aus der Misere heraushelfe, so ist auch das Teil der immer wiederkehrenden Geschichte.

Der vollständige Ehrentitel des Monarchen lautet in seiner offiziellen englisch-kambodschanischen Fassung so: His Majesty Preah Bat Samdech Preah Norodom Sihanouk Varman King of Cambodia. *Preah Bat* kann mit Großer Heiliger und *Samdech Preah* mit Erlauchte Heiligkeit übersetzt werden; bezeichnend ist vor allem, daß der Zusatz *Varman* gleich Beschützer, mit dem alle Angkor-Könige ihre Namen schmückten und ihre Position bedeutsamer machten (siehe Jayavarman, siehe Suryavarman), bis in unsere Zeit Gültigkeit und Inhalt nicht verloren hat und auch heute nicht darauf verzichtet wird, wenn es gilt, einem Titel besonderen Glanz zu verleihen.

König Norodom Sihanouk bei Opfergaben im Tempel, 1998 – links im Bild ein Foto des Königs und der Königin aus früheren Jahren (Foto: Königliches Archiv)

61

In seinem persönlichen Briefkopf, selbst bei politischen Verlautbarungen oder staatlichen Dokumenten, war mitunter auch diese Formel zu finden: Norodom Sihanouk du Cambodge. Das sollte wohl darauf hinweisen, daß sich da die absolute Autorität der Nation äußerte – kompetent, mächtig, weise oder vorausschauend, unfehlbar. So hat er sich sicher immer gesehen und er hat sich selten gescheut, alle Superlative auf sich allein zu bündeln. Auch sein Volk hat ihn, der Tradition gehorchend all die Jahre als unumschränkten Herrscher verehrt. Leider entsprach das strahlende Bild häufig genug nicht der Realität, wenn etwa Norodom Sihanouk du Cambodge als Königliches Irrlicht oder Playboy durch die Schlagzeilen der Boulevard-Presse geisterte – immer war er schillernd, immer unerwartet anders, immer voller Widerspruch; vor allem aber immer im Mittelpunkt des politischen Geschehens in seinem Land.

Norodom Sihanouk wurde am 31. Oktober 1922 im Königlichen Palast von Phnom Penh geboren – Vater Norodom Suramarit, Mutter Sisowath Kossamak. Sein Stammbaum geht zurück auf den legendären König Ang Duong, der 1848 das derzeitige kambodschanische Herrscherhaus begründete. Das geschah zu einer Zeit, als, wieder einmal, Vietnam und Thailand um die Macht über Kambodscha stritten und, wieder einmal, nicht sicher war, ob dieses schwächliche, geschrumpfte Kambodscha im Würgegriff der Nachbarn als unabhängiger Staat überleben werde. In dieser mißlichen Situation knüpfte König Ang Duong selbst, Hilfe suchend, erste Kontakte zur Regierung Frankreichs, die 1863, drei Jahre nach seinem Tod, dazu führten, daß das Königreich Kambodscha per Vertrag Französisches Protektorat wurde.

Der Nachfolger auf dem Thron, Ang Duongs Sohn Norodom, eigentlich ein Protegé der Thais, hatte aus der Not eine Tugend machen müssen und dem Schutzabkommen schließlich zugestimmt. Zwar verlor er die Entscheidungsgewalt in außenpolitischen Fragen an die Franzosen, im Gegenzug sicherten ihm diese aber die Anerkennung aller angestammten Königlichen Rechte inklusive Oberhoheit im Innern zu.

König Norodom, Namensgeber der sogenannten Norodom-Linie innerhalb der kambodschanischen Dynastie und der Urgroßvater Sihanouks väterlicherseits. Er soll ein charakterstarker, verständiger und volkstümlicher Monarch gewesen sein, sagten die einen, Zeitgenossen, die ihm wohlwollten, und vor allem sein Volk, während die anderen, die Franzosen, denen er kein willfähriger Vertragspartner war, mäkelten, er sei lediglich ein orientalischer Blender und Verschwender: „Kutschen aller Art und 250 Elefanten, beaufsichtigt und gepflegt von zahllosen Sklaven – dazu eine Flotte von Dampfschiffen und viele andere Boote – und schließlich, als Krönung, ein Harem mit 400 Frauen, für den der Nachschub in Thailand rekrutiert wurde."

All das verblaßte, als König Norodom sich sein eigentliches Denkmal gesetzt hatte: Während seiner Regentschaft entstand in Phnom Penh der Königliche Palast, der heute noch bewundertes Schmuckstück der Stadt ist. Prunkvolle Hallen, grazile Pavillons, thailändischer Tempel-Architektur nachempfunden; die außergewöhnliche Silber-Pagode, deren Boden ganz mit Silber-Platten ausgelegt ist, die insgesamt fünf Tonnen schwer sein sollen; das Reiterstandbild vor der Pagode, das König Norodom höchstselbst zeigt – dabei war ursprünglich Frankreichs Kaiser Napoleon III. dargestellt, dessen Kopf in Phnom Penh schlicht gegen Norodoms ausgetauscht wurde. Napoleon III. ist noch einmal im Palast vertreten, mit dem nach ihm benannten Sommerhaus, das eigentlich der Kaiserin Eugénie gehörte, die es wiederum dem König von Kambodscha in seine Bestandteil zerlegt als Geschenk übersandte, und das nach Ankunft in Phnom Penh wieder zusammengefügt auf dem Palast-Gelände aufgestellt wurde. Norodom soll sich hierin besonders wohlgefühlt haben

Als König Norodom 1904 starb, bugsierten die französischen Schutzherren dessen Halbbruder auf den kambodschanischen Thron, der sich schon immer bei ihnen angebiedert und versprochen hatte, sich dem Willen der Franzosen voll und ganz zu unterwerfen, wenn sie ihn nur zum König machten: König Sisowath, Begründer der nach ihm benannten Sisowath-Linie des kambodschanischen Herrscherhauses und der Urgroßvater Sihanouks mütterlicherseits.

Sisowath war immer noch König, als Prinz Norodom Sihanouk zur Welt kam, aber er war in der Tat ein König von Frankreichs Gnaden: Er sei, so ist aus jener Zeit das sicher nicht sehr feine Bonmot französischer Verwalter überliefert, „Ein absoluter Monarch", der „alle seine Entscheidungen dem Repräsentanten der französischen Regierung zwecks Billigung vorzulegen hat".

Sprung ins Jahr 1941. Daß der Prinz Norodom Sihanouk damals überraschend zum König von Kambodscha ernannt wurde, im Alter von 18 Jahren, hat ebenfalls mit den Franzosen zu tun. König Monivong, der Sohn und Nachfolger Sisowaths, war gestorben, und es gab einige, die eher Anspruch auf den Thron gehabt hätten als der kleine Prinz: sein Vater Norodom Suramarit zum Beispiel oder sein Onkel aus der anderen Linie, Sisowath Monireth, der Sohn des Monivong. Aber die Mitglieder des „Königlichen Thronrats" (des „Royal Council of the Throne"), bei denen die Entscheidung lag, fügten sich den Wünschen und Überlegungen der allmächtigen Protektorats-Herren: ein Achtzehnjähriger auf dem kambodschanischen Thron schien diesen leichter zu gängeln, zu manipulieren zu sein als erfahrene ältere Kandidaten. „Ich fühlte Angst – Ich habe geweint", ist als Aussage des Prinzen Norodom Sihanouk überliefert, als die sogenannte Wahl auf ihn fiel.

Norodom Sihanouk wurde im September 1941 zum König von Kambodscha gekrönt. Im Palast von Phnom Penh war alles für ein rauschendes Fest gerichtet, aber irgendwas muß störend dazwischen gekommen sein. Das ist zumindest der Eindruck, den das offizielle Foto vom großen Ereignis vermittelt: Da steht der Gekrönte in vollem Ornat – orientalische Pracht natürlich, freudige Erwartung, Stolz und Genugtuung sollten eigentlich sichtbar sein; aber der Blick des Gekrönten ist starr, geht ins Leere. Denn Schreckliches sei geschehen, so ist historischen Quellen zu entnehmen, die Hofastrologen hätten zweideutig vorausgesagt, es werde für den neuen König zwar eine erfolgreiche Regentschaft werden, aber am Ende wird das alles seinem Land, seinem Volk und ihm selbst nichts genutzt haben.

Und es sollte noch schlimmer kommen: Die sogenannte „Kerze des Sieges" aus kostbarstem Bienenwachs, die die Hofgeistlichen als Symbol für eine leuchtende Zukunft des neuen Herrschers entzündet hatten, erlosch vorzeitig. Wenn das kein böses Omen war!

Hinreichend vorbereitet auf seine neue Rolle als König von Kambodscha war der 18jährige Prinz beileibe nicht, also konnte er an den politischen Entscheidungen, derer es in der kritischen Situation seines Landes bedurfte hätte, auch nicht kompetent teilhaben. Daß er sich in diesem persönlichen Dilemma ohne Hemmungen den französischen Protektoratsherren anvertraute, die den König so während der ganzen ersten Jahre nach Gefallen und entsprechend ihrem politischen Kalkül manipulierten, ist diesem damals und in der Folgezeit häufig als Schwäche angelastet worden. Aber abgesehen davon, daß Sihanouk bei seinem Einstieg wohl keine andere Möglichkeit als die Anlehnung an die Franzosen besaß, wird er seine damalige Haltung gar nicht als Abhängigkeit empfunden haben – wi er es ja auch in seinen Rückblicken auf diese Zeit deutlich formulierte und wie es Chronisten von damals ebenfalls beobachtet haben. Denn er war immerhin und trotz allem der König von Kambodscha, womit er qua Tradition und aus gesellschaftlichem Verständnis in Kambodscha allen anderen überlegen war, was auch bedeutete, daß Widerspruch bei Hofe oder aus dem Volk als Majestätsbeleidigung galt und daß der König ohne Einschränkung befugt war zu befinden, was für sein Land das Richtige sei – auch wenn es sich später als falsch erweisen sollte. Sihanouk selbst hat sich und seine Rolle schon als junger König nicht anders verstanden und sich auch später konsequent bis zur Selbstüberschätzung auf dieser Linie weiterbewegt, Norodom Sihanouk du Cambodge – nicht immer zu seinem und seines Landes Vorteil.

Hinzu kommt noch das: Mit Zustimmung der Franzosen, die sich positive Impulse für sich selbst errechneten, konnte Sihanouk häufige und ausgedehnte Reisen zu seinen Untertanen draußen im Land unternehmen, um von Angesicht zu Angesicht mit diesen zu reden und sie fühlen zu lassen, daß es einen gibt, der sie beschützt. In der Tat hat es nie zuvor in der Geschichte kambodschanischer Könige einen Herrscher gegeben, der so viel Volksnähe demonstrierte wie dieser Sihanouk. Und nie zuvor brachte das Volk einem König in Kambodscha mehr Zuneigung entgegen als ihm, eine Zuneigung, die fast Liebe war und die der Person galt und nicht allein, wie traditionell üblich, deren Stellung als Symbol absoluter und sogar göttlicher Macht im Staat. Wenn dieser König seinen Untertanen, ehrlich gemeint oder berechnend, sagte, sie seien alle seine „Kinder", gaben sie ihm dieses Gefühl unverfälscht zurück – er war ihr „Vater", *Samdech Euv*.

Das ist der Stoff, aus dem Legenden sind. Aber Sihanouk wäre nicht Sihanouk gewesen, hätte er nicht mit diesem Pfund gewuchert und die Loyalität seines Volkes bei passender Gelegenheit konsequent für seine politischen und persönlichen Ziele eingesetzt – wie noch zu sehen sein wird.

In diesen frühen Jahren konnte beim jungen König von einem gesteigerten Interesse an Politik oder Staatsgeschäften allerdings kaum die Rede sein, wie seine Biographen übereinstimmend berichten; er vergnügte sich lieber anderweitig. Der Königliche Palast in Phnom Penh eine einzige Spielwiese. Von musikalischen Séancen unter romantischem Sternenhimmel ist geschwärmt worden, wenn Seine Majestät sich als Dirigent eines Tanz-Orchesters hervortat, dessen Mitglieder alle aus Königlichem Geblüt waren, und Kompositionen Seiner Majestät erklangen, der auch schon mal zum Saxophon griff oder sich an den Steinway setzte; es konnten aber auch Theater-Aufführungen sein oder Darbietungen des Hof-Balletts. Und tagsüber stählte er seinen Körper: Reiten, Basketball, Wasserski – und Fußball, wenn er sonntags im Stadion von Phnom Penh antrat.

Nicht zu vergessen „Meine amourösen Abenteuer", auf die er nur zu gern verwiesen hat. Er hat sich in diesem Zusammenhang schon mal selbst, augenzwinkernd, als *chaud lapin* bezeichnet, daß er emsig wie ein Kaninchen gewesen sei, wenn es denn zu Bett ging. Der Beweis: Als er 24 war, hatte er bereits sechs Kinder gezeugt, darunter zum Beispiel den Prinzen Norodom Ranariddh, der 1944 geboren wurde und in der aktuellen kambodschanischen Politik eine schillernde Größe ist. Die Mutter Moneang Kanhol, Sihanouks erste Frau, die ihm noch die Prinzessin Bopha Devi gebar, war eine Bürgerliche, während die zwei folgenden direkt aus der Königlichen Familie stammten und Tanten Sihanouks waren: Zuerst Prinzessin Sisowath Pongsanmoni, die zur Gesamtzahl der 15 Sihanouk-Sprö - linge drei Töchter und vier Söhne beisteuerte, unter diesen auch Prinz Norodom Chakrapong, von dem noch die Rede sein wird, und als weitere Tante Prinzessin Sisowath Monikessan, die einen Sohn bekam.

Der Ordnung halber seien auch die beiden Frauen genannt, die erst etwas später auftauchten: die Laotin Manival Phanivong (drei Töchter) und die Eurasierin Monique Izzi (zwei Söhne), die noch heute an der Seite Sihanouks zu finden ist.

Allerdings mag sich keiner der Biographen dafür verbürgen, daß die Liste der Frauen und der Kinder vollständig ist. Besser „unmäßig" als „impotent", lautete Sihanouks Kommentar, und gemessen an den mutmaßlichen 60 Frauen und Gespielinnen seines direkten Vorgängers auf dem Thron, des Königs Sisowath Monivong, war Sihanouk wirklich ein Sparsamer. Daß Kambodschas Könige immer schon seit Angkors Zeiten besonders umtriebig mit dem weiblichen Geschlecht waren, gehörte zum Bild des Herrschers und war auch nie vom einfachen Volk angefochten worden – Männlichkeit als Ausdruck mystischer Kräfte, die dem Land Reichtum und Macht garantierten.

Irgendwann ist König Norodom Sihanouk doch zum Politiker gereift. Wann das genau war und warum es so gekommen ist, darüber gehen die Meinungen auseinander.

Es kann schon 1946 gewesen sein. Um diese Zeit hatte sich Sihanouk mehr und mehr mit Gruppen der kambodschanischen Elite und Intelligenz auseinanderzusetzen, die bevorzugt von Nationalismus redeten und zwar in erster Linie die Vorherrschaft der Franzosen in Kambodscha unter Beschuß nahmen, die aber auch schon mal darüber diskutierten, ob die Monarchie mit ihrer augenblicklichen Märchenfigur an der Spitze noch die richtige Staatsform für ihr Land sei. Sihanouk mochte sich anfangs gar nicht gegen derartige demokratische Überlegungen sträuben und hatte sogar duldend zugesehen, daß politische Parteien entstanden, die „Demokratische Partei" (*Krom Pracheathipodei*) und die „Freiheits-Gruppe" (*Kanaq Sereipheap*) – daß im September 1946 Wahlen abgehalten wurden, die die „Demokratische Partei" überlegen gewann – daß das „Königreich Kambodscha" 1947 seine erste Verfassung bekam, in der im Artikel 21 festgeschrieben wurde, daß „alle Macht vom König ausgeht", was Sihanouks Stellung für die Zukunft noch einmal stärkte – und daß sich im Dezember 1947 nach neuerlichen Wahlen Kambodschas erste Nationalversammlung konstituierte, in der die Demokraten dominierten.

Freies Denken, freie Meinungsäußerung, Übungen in Demokratie – das tangierte Sihanouk nicht sonderlich, jedoch nur so lange nicht, wie seine eigene Person und das Königtum als Institution nicht das Ziel der Begierde waren.

Spätestens ab 1949 war es jedoch nicht mehr zu übersehen, daß er willens war, endlich die Kontrolle über das Land zu übernehmen. Damals wurde es dem König, um es volkstümlich zu sagen, einfach zu bunt. Er hatte begriffen, daß er endlich selbst Fortschritte in Richtung Unabhängigkeit von Frankreich präsentieren müsse, wollte er den selbsternannten Nationalisten, welcher Couleur auch immer, nicht noch mehr Argumente an die Hand geben, er sei untätig, uninteressiert und ein Herrscher ohne jede Autorität. Hinzu kam, daß die von ihm jahrelang gehätschelten Franzosen angefangen hatten zu taktieren, indem sie zum Beispiel, wie Chronisten berichten, über ihren Geheimdienst streuen ließen, daß bereits zwei Drittel des Landes dem König nicht mehr gehorchten.

Zeit seines Lebens war Norodom Sihanouk immer dann am entschlossensten und stärksten, von besonderer Unbeugsamkeit und Verschlagenheit, wenn er sich persönlich angegriffen fühlte oder umgangen oder schlecht behandelt, wenn also, könnte man auch sagen, seine Eitelkeit verletzt war. Wie wohl dieses Mal.

Und die dramatische Geste, die er so liebte und in der Folgezeit häufig genug einsetzte, fehlte auch nicht: „Alles ist in Unordnung. Keiner achtet die Hierarchie", tobte er in einer Rede vor seinen Parlamentariern im Juni 1952 und ließ seinen Worten gleich unerwartete Taten folgen: Er entließ die Regierung, übernahm in Berufung auf Artikel 21 der Verfassung von 1947 alle Macht im Staat, ernannte sich zum Ministerpräsidenten und formierte ein neues Kabinett – natürlich saßen darin nur Vertraute. Und als die Nationalversammlung wenig später den von Sihanouk eingebrachten Staatshaushalt ablehnte, rief er ohne zu zögern den Belagerungszustand aus, ließ er die Nationalversammlung auflösen und gleich auch noch die aufmüpfigsten Abgeordneten, die der „Demokratischen Partei" angehörten, ins Gefängnis stecken. „Ich bin der natürliche Herrscher dieses Landes", hat Sihanouk damals einem ausländischen Journalisten als Begründung genannt, „Meine Autorität ist noch nie in Frage gestellt worden."

Und siehe da, zum erstenmal brachte der König auch sein Volk ins politische Machtpoker ein, die 80 Prozent ländlicher Untertanen, mit deren loyaler Zustimmung zu seinen Handlungen er als per se gegeben rechnen konnte. Er rief sie auf, große Geste, ihn bei seinem „Kreuzzug für die Unabhängigkeit" Kambodschas zu begleiten – später würde er sich auch in einer Volksbefragung ihrem Urteil unterwerfen, ob der Kreuzzug ein Erfolg gewesen sei oder nicht. Und er ließ die Untertanen wissen, noch einmal große Geste, daß er notfalls sein Leben für diese Unabhängigkeit eintauschen werde. Wozu es aber nicht kam.

Am 9. November 1953 konnte Sihanouk triumphierend verkünden, daß Kambodscha ab diesem Datum unabhängig sei. Es war ein

typischer tropischer Novembertag, haben damalige Beobachter berichtet: Es regnete in Strömen, als Ehrenbataillone der französischen
Streitkräfte vor dem Königlichen Palast in Phnom Penh zur Parade
antraten, womit sich Frankreich symbolisch aus Kambodscha verab-
schiedete. Neben dem König, der bereits zum „Helden der Nation"
ausgerufen worden war, und neben dem französischen Hochkom-
missar Risterucci, stand auch, in Ehrerbietung stramm, der General
Pierre de Langlade, Frankreichs militärischer Oberkommandierender
in Kambodscha – jener Mann, von dem eine der treffendsten Beur-
teilungen des Norodom Sihanouk überliefert ist: Er sei ein Verrück-
ter, aber in seiner Verrücktheit ein Genie.

Das versprochene Referendum wurde am 7. Februar 1955 abgehalten. Es war geradezu eine Selbstverständlichkeit, daß der „Vater
der Unabhängigkeit", wie sich Sihanouk fortan umschmeicheln
ließ, den Segen seines Volkes bekam: 99,8 Prozent der Wählenden
bescheinigten ihm, daß er seine Sache gutgemacht habe (925.667 Ja-
und nur 1.834 Nein-Stimmen). Aber da ist noch ein Blick auf den
Ablauf dieser Wahl zu werfen, der vieles von dem Szenarium vor
wegnahm, das später, wann immer in Kambodscha gewählt wurde
quasi zum normalen Verfahren gehörte: Die Wahl war, streng
genommen, weder frei noch fair, weil die Wähler mit der Warnung
unter Druck gesetzt wurden, daß ein Nein gegen den König Majestätsbeleidigung sei; die Wahl war nicht geheim, weil es zwei Wahl-
zettel gab, einen weißen Ja-Zettel und einen schwarzen Nein-Zet
tel, von denen der unbenutzte unter offizieller Aufsicht vernichte
werden mußte. Selbst Sihanouk hat in seinen Erinnerungen an
diese Zeit ohne Hemmung eingestanden, daß das offizielle Er
gebnis womöglich frisiert war, es habe sicher mehr Nein-Stimmen
gegeben.

Wie dem auch gewesen sein mag, Sihanouk hatte bekommen,
was er brauchte. Er war ganz oben und dazu nahezu unumstritten.
Dennoch genügte ihm das noch lange nicht. Sein Handstreich am
2. März 1955 („Die Atombombe", wie er selbst gesagt hat) wird von
Zeitgenossen jenen Aktionen „zwischen Genialität und Wahnsinn"
zugeordnet, mit denen man damals bei ihm jederzeit rechnen mußte. Norodom Sihanouk, König von Kambodscha, dankte ab, verzichtete auf den Thron. Punkt zwölf Uhr mittags ließ er seine Entscheidung über Radio Phnom Penh verkünden: Aus dem „König Siha-

nouk" sei der „Bürger Sihanouk" geworden, und er werde auch nie
wieder auf den Thron zurückkehren. Der passende neue Titel für
ihn wurde gleich mitgeliefert: *Samdech upayuvareach*, der „Erlauchte
Prinz, der einmal König war".

Da waren sie wieder, die großen Gesten und klingenden Worte.
Natürlich wußte jeder und Sihanouk hatte es mit in seinem Kalkül:
Sein Volk, die große loyale Masse, sah ihn nicht anders, nicht weniger
respektvoll und mächtig als vorher (auch wenn sein Vater Norodom
Suramarit als neuer König inthronisiert worden war), und er durfte
sicher sein, daß alle bisherigen Königlichen Privilegien zu seinen
Gunsten weiter abrufbar waren.

Was aber war der Grund für seinen Coup? Er habe mehr freie
Hand auch bei profanen politischen Dingen haben wollen, was bei
Bindungen an den Hof nicht gegeben gewesen wäre, ist damals interpretiert worden; und er habe sich durch seine neue Außen-Position
direkteren Einfluß und schnelleres, konsequenteres Manövrieren im
Alltagsgeschäft erhofft. Daß er als Nur-Politiker größere Risiken
einging, die irgendwann gegen ihn zurückschwappen könnten, diese
Gefahr hat er damals entweder nicht gesehen oder gänzlich mißachtet. Vielleicht hatte der Triumphator aber auch nur völlig abgehoben.

Sihanouk war in Schwung geraten. Im April 1955 gründete er die
„Sozialistische Volksgemeinschaft", *Sangkum Reastr Niyum*, deren
Chef er natürlich wurde. *Sangkum* sollte, so hat er es selbst formuliert,
keine politische Partei sein, sondern eine nationale Sammlungsbewegung, der jeder angehören konnte und nach Verständnis des Chefs
auch jeder anzugehören hatte, der dem Ex-König loyal ergeben war
und dessen politischen Vorgaben bedingungslos folgte. (Viele Jahre
später wird es Sihanouk mit einer ähnlichen Konstruktion versuchen,
als er nämlich die royalistische Sammlungspartei FUNCINPEC ins
Leben rief, die noch heute in der kambodschanischen Politik für
Furore sorgt).

Unter diesen Voraussetzungen war der „Bürger" Sihanouk bei den
für September 1955 anberaumten Wahlen zur Nationalversammlung
zum Erfolg verdammt. Was sich regeln ließ. Berichte über die Wahl-
kampagne ähneln Horror-Geschichten, wie wir sie während der
Wahlen der letzten zehn Jahre zum Teil wieder erlebt haben: Gewalt
gegen Kandidaten, die nicht der *Sangkum* Sihanouks angehörten, Ein-

schüchterung, Unterdrückung – wie viele ermordet wurden, ist zahlenmäßig nicht erfaßt. Angriffe auf Wahlveranstaltungen, Zerstörung von Wahlplakaten, wenn sie nicht von *Sangkum* kamen. Daß Sihanouk von all dem gewußt hat, und zwar billigend, daß ihm inklusive Gewalt jedes Mittel recht war, die Wahl so zu gewinnen, daß seine Macht im Staat von keinem Widersacher in Frage gestellt werden konnte, ist von keinem der Wahl-Chronisten bestritten worden, auch Sihanouk hat sich nicht verweigert.

Sangkum Reastr Niyum, Sihanouks Royalistisch-Sozialistische Einheitspartei, wie man sagen könnte, erhielt laut offiziellem Ergebnis 83 Prozent der Stimmen, die einst so erfolgreiche „Demokratische Partei" lediglich 12 Prozent, zu wenig um in die Nationalversammlung einziehen zu können, was bedeutete, daß sich *Sangkum* als Allein-Veranstalter im Parlament tummeln konnte. Auch wenn diese Wahlen ebenfalls nachweislich nicht frei und nicht fair waren, hatte Sihanouk wieder bekommen, was er wollte und brauchte. Es war der Beginn einer fast 15jährigen totalen Dominanz dieser Bewegung in Kambodscha – bis irgendwann für alle der freie Fall in den Abgrund kam.

Aber wo war inzwischen der Lebemann Sihanouk abgeblieben? War der Lustmensch zum Abstinenzler geworden? Sicher nicht, und die *Yellow Press* weltweit hatte nach wie vor ihre bunten Bilder: Wie gewohnt die prunkvollen Soirees im Königlichen Palast, Tanz bis in den Morgen und vieles mehr, als sei das Leben ein Märchen, und der Prinz, der einmal ein König war, mittendrin und einer der letzten beim nächtlichen Vergnügen. Eine der Top-Geschichten von damals war, wie er seine Frau Nummer 5, Monique Izzi, bei einem Schönheitswettbewerb ausgespäht hatte, wie er sie in den Palast bringen ließ, gegen ihren Willen, wie gemunkelt wurde, wie aber die Mutter der Schönen die günstige Gelegenheit sah, Tochter Monique zur Königin zu machen, was diese nach längerer politisch bedingter Unterbrechung bis auf den heutigen Tag geblieben ist.

Als am 3. April 1960 nach fünfjähriger Regentschaft Sihanouks Vater, König Norodom Suramarit, starb und der Thron wieder besetzt werden mußte, war der Sohn in einer kniffligen Situation. Sihanouk wußte genau, daß es für ihn gefährlich werden könnte, jemanden dort als König sitzen zu haben, dem nicht zu trauen war. Bei seinem Vater hatte er sicher sein können, daß der nicht gegen ihn

71

agierte, aber wer seiner königlichen Verwandten, wer jener mehr als hundert Prinzen, die berechtigt auf die Thronfolge spekulierten, würde sich seinen, Sihanouks, Vorstellungen von Macht und Einfluß im Land unterordnen wollen? Seit Jahrzehnten hatte sich das kambodschanische Herrscherhaus, in dem die beiden Zweige Norodom und Sisowath einander nachhaltig beargwöhnten, durch unseriöses Verhalten und Habgier hervorgetan, beklagte sich Sihanouk. Und selbst seine Söhne, Yuvaneath, Chakrapong oder auch Ranariddh schienen ihm noch zu jung und zu unreif für die Übernahme – Ranariddh zum Beispiel könne nur schnelle Autos fahren und sich mit Polizisten anlegen, sonst nichts, so das Urteil des Vaters.

Die Lösung wurde nach Art des Prinzen mit Theaterdonner eingeleitet. Auf dem Platz vor dem Palast in Phnom Penh hielt Sihanouk eine Rede an seine Untertanen, deren Quintessenz nicht mehr und nicht weniger war als die Feststellung: Kambodscha brauchte keinen König mehr – Kambodscha habe ja ihn, Sihanouk; er würde als Ministerpräsident zurücktreten und fortan ihrer aller Staatsoberhaupt sein wollen. „Wenn ich auf den Thron zurückkehrte, wäre ich fern von euch, meinem Volk. Nur als normaler Bürger und Politiker, der dank euch Vorsitzender von *Sangkum* geworden ist, kann ich das Land und das Volk führen und dem Thron und unserer Religion helfen", so war in der Rede damals zu hören. Und sie alle vor ihm auf dem Platz und auch draußen in den Provinzen sollten ihm, wie üblich, in einem nationalen Referendum mitteilen, ob sie mit seinem Vorschlag einverstanden seien. Wenige Tage später haben sie auf demselben Platz in feierlicher Zeremonie den toten König Norodom Suramarit den Flammen übergeben.

Das Referendum, zweiter Teil der Inszenierung, fand statt. Es war wieder nicht frei und fair, wie berichtet wurde, aber es brachte das gewünschte Ergebnis: 99,98 Prozent wollten Sihanouk als Staatsoberhaupt sehen. Der akzeptierte huldvoll und ließ sich von der Nationalversammlun gvereidigen, wobei er kundtat, daß er gern die bisherigen Pflichten des Königs mit übernehme und natürlich auch der Präsident von *Sangkum* bleibe – damit sei in vollem Umfang den „Wünschen des kambodschanischen Volkes Rechnung getragen", hat er einem Journalisten gesagt.

Norodom Sihanouk du Cambodge. Damals war er wirklich auf dem Gipfel seiner Macht, großartig wie Jayavarman VII., wie ihm geschmeichelt wurde, wogegen er nichts hatte. Er war der Staat, ist mit Recht gesagt worden. Und er hat in dieser Hoch-Zeit seiner Karriere in der Tat Außergewöhnliches für sein Volk, vor allem für die Landbevölkerung bewegt. Der grassierenden Armut wurde der Kampf angesagt, für genügend Reis war gesorgt. Er ließ landesweit Schulen bauen und machte Erziehung zu einem Zentralthema seiner Innenpolitik – 20 Prozent des Jahreshaushalts waren mitunter für Erziehung reserviert (heute sind es nur noch knapp sieben). Ohne Unterlaß war er im Land unterwegs. Was er anordnete, wurde durchgeführt. Mehr denn je hat das Bild vom „Papa Prinz" und seinen „Kindern" in diesen Jahren Berechtigung gehabt. Sihanouk selbst hat diese Aktivitäten gern und nicht ohne Hintergedanken mit dem Schlagwort „Buddhistischer Sozialismus" belegt, was immer er auch darunter verstand.

Aber natürlich existierte Kambodscha nicht über den Wolken außerhalb der Bedrängungen durch die politische Großwetterlage. Parallel zu den anderen Entwicklungen im Land hatten sich links-orientierte Kräfte breitgemacht, hausgemachte Kommunisten, mit denen sich der Prinz als Übervater zu arrangieren versuchte, indem er sie tolerierte. Er öffnete ihnen sogar seine Sammlungsbewegung *Sangkum*, er schmeichelte ihnen, um dann nach bekannter Siha-nouk-Art zu versuchen, sie zu kontrollieren oder zu manipulieren. Das Manöver schlug fehl, in zweifacher Hinsicht sogar: Erstens brachten Sihanouks Streicheleinheiten für die Linken seine Getreuen im konservativ-rechten Lager von *Sangkum* in Rage, und zweitens wurden die Linken stärker und selbstbewußter, als dem „Chef" lieb war. Die Geister, die er damals freiwillig rief, konnte er auf Dauer nicht mehr loswerden; sie formierten sich irgendwann zur „Kom-munistischen Partei von Kampuchea" („Communist Party of Kam-puchea", CPK) und tauchten in den Untergrund ab, von wo aus sie sich bei verschiedenen Gelegenheiten störend bemerkbar machten. Das war der Beginn der unseligen Roten Khmer – Sihanouk selbst hat sie irgendwann so genannt.

Derweil tobte im Nachbarland Vietnam jener fürchterliche Krieg, der je länger umso mehr auch Kambodscha in Mitleidenschaft zog. Um sein Land möglichst aus dem Krieg herauszuhalten, griff Prinz Sihanouk zu seiner beliebten Taktik, die einen gegen die anderen auszuspielen:

- mit den einen, den Amerikanern, die ihm viele Jahre lang, obwohl ungeliebte Partner, bis zu 15 Prozent zu seinem Staatshaushalt beigesteuert hatten, mochte er nicht länger zusammengehen, in der Hoffnung, daß er dadurch im Ostblock Pluspunkte sammeln und die wirtschaftlichen Einbußen ausgleichen konnte;
- mit den anderen, den Nordvietnamesen, ließ er sich auf eine Geheimvereinbarung ein, die es den vietnamesischen Kommunisten, auch sie ungeliebte Partner, erlaubte, ihre Truppen auf kambodschanischem Territorium zu stationieren und über Kambodschas Hafen Sihanoukville geheime Waffenlieferungen aus China zu empfangen.

Sein Ziel, die direkten Einwirkungen des Krieges auf Kambodscha so gering wie möglich zu halten und so in seinem Land Menschenleben zu retten, hat Prinz Norodom Sihanouk zwar zum Teil erreicht, aber sein Spagat war wohl doch zu weit gespannt. Mitte der sechziger Jahre schien ihn die Fortüne verlassen zu haben.

Als er im Anschluß an seinen Bruch mit den USA den Import-Export-Handel in Kambodscha verstaatlichte, war das ein letzter verzweifelter Versuch gewesen, die marode Wirtschaft des Landes wieder unter seine Kontrolle zu zwingen. Er erreichte das genaue Gegenteil: Mehr und mehr wurde der Export, vor allem von Reis, am Staat vorbei illegal abgewickelt; die vietnamesischen Kommunisten innerhalb und außerhalb Kambodschas waren besser zahlende Abnehmer als die Regierung – 1967 sei mehr als ein Viertel der kambodschanischen Reisernte illegal verkauft worden. Daran waren nicht nur die Wirtschaftskreise beteiligt, sondern zunehmend auch Politiker und Militärs. Korruption und betrügerisches Management in staatlichen Betrieben taten ihr Übriges.

Verschlimmert wurde die Situation durch Sihanouk selbst. Denn trotz einer Reihe von Rückschlägen war er immer noch unbelehrbar auf sich selbst fixiert: daß allein er wisse, was gut für Kambodscha ist, daß er deshalb unentbehrlich, ja unfehlbar sei. Kambodscha quasi als persönlicher Besitz. Wer das anders sah, wer es wagte, ihn zu kritisieren, bekam seinen ungezügelten Zorn zu spüren. Eigenliebe und Eitelkeit, immer schon stark in seinem Charakterbild ausgeprägt, nahmen vermehrt widersprüchliche Züge an und führten letztendlich zu blindwütigem Umsichschlagen.

«Das traurigste Ereignis ist unter dem Namen Samlaut bekannt geworden: Um zu verhindern, daß noch mehr Reis illegal abgesetzt werde, sollten Armee-Einheiten in bestimmten Gebieten überschüssigen Reis zu offiziellen Niedrig-Preisen aufkaufen und ihn in staatlichen Lagerhäusern sammeln. In Samlaut, einem kleinen Ort westlich der Provinzhauptstadt Battambang war die Landbevölkerung mit der Regierungs-Aktion nicht einverstanden und widersetzte sich den Soldaten. Mit schrecklichem Ausgang: An die zehntausend Bauern sind damals in Samlaut umgekommen, regelrecht hingerichtet worden, was Sihanouk selbst nicht geleugnet hat; für ihn schien der Vorfall nur die berechtigte Strafe für die ungehorsamen „Kinder" zu sein, die sich dem Willen des Vaters nicht unterwerfen wollten. Später wurden sogar die abgetrennten Köpfe einiger Bauern aus Samlaut nach Phnom Penh gebracht – als Beweis, daß der sogenannte Aufstand von Samlaut, hinter dem die „Kommunistische Partei" CPK als Drahtzieher vermutet wurde, niedergeschlagen worden sei, und wohl auch als Abschreckung an den Rest der „Kinder" im Land: Auflehnung gegen den Prinzen, der einmal König war, werde nicht geduldet.

Im Königlichen Palast von Phnom Penh derweil Idylle total. Da waren bunte Kulissen aufgebaut und Kameras in Position gefahren; Schauspieler stolzierten in abgesperrten Gärten, dazwischen hüpften Tänzerinnen, nymphengleich aufreizend wie *Apsaras*, jene Himmels-Schönheiten von Angkor. Spielfilme entstanden hier.

Der Drehbuchautor: Norodom Sihanouk. Der Komponist: Norodom Sihanouk. Der Regisseur: Norodom Sihanouk. Und der Hauptdarsteller manchmal, nicht immer: Norodom Sihanouk. Eine weitere Leidenschaft des Prinzen: Insgesamt neun Spielfilme hat er eigenhändig zwischen 1966 und 1969 gestaltet. Politiker und Militärs aus seiner nächsten Umgebung, die königlichen Verwandten inklusive Tochter Bopha Devi, Primaballerina des Nationalballetts, wurden als Akteure verpflichtet; auch Ehefrau Monique war irgendwann zu sehen.

Der erste Film hieß, bezeichnend, *Apsara*. Er solle das Publikum in ein Märchenland Kambodscha entführen, in dem es nur Liebe gebe; das schöne, das wahre Bild des Landes werde gezeigt, und „Wer ist da nicht mehr qualifiziert, solch ein Bild entstehen zu lassen", wurde bei der Uraufführung gefragt, „als der Prinz persönlich?" In der Tat: Sihanouk war voll überzeugt, daß alle seine Filme cineastische Meisterwerke seien, aber leider waren sie es nicht, wie Zeitgenossen berichten, eher Schmonzetten, könnte man sagen, handwerklich und auch sonst schlecht, und selbst die Schauspieler hatten nicht viel zu bieten. Aber wer wollte damals schon Kritik in seinem Beisein äußern, wo der Prinz doch gegenüber Kritik an seiner Person äußerst allergisch war?

Viele haben damals nicht verstehen können, daß das Staatsoberhaupt Muße und Kraft für derartige, manche sagten sogar abartige Spielereien hatte in einer Zeit, in der sein Land nachweislich vor dem Abgrund stand. Mehr und mehr hatte er mittlerweile an Glaubwürdigkeit verloren, vor allem die Konservativen in seiner *Sangkum*-Bewegung mochten ihm nicht länger folgen. Im Land brodelte es, Unruhen bekämpfte er mit immer größerer Unnachgiebigkeit, wobei in diesem Zusammenhang Menschenleben nicht mehr viel zählten.

Aber Norodom Sihanouk du Cambodge, wenn er sich denn mal von seinen filmischen Exerzitien löste, ließ an seinem Selbstbildnis nicht kratzen. Irgendwann 1967 hatte er einmal theatralisch-trotzig gesagt: „Ich folge meinem Gewissen, das absolut rein ist. Mögen die, die mit mir nicht einverstanden sind, hervortreten und meinen Platz übernehmen oder mich von hier entfernen." Am 18. März 1970 haben sie ihn beim Wort genommen.

Ende 1969 war noch sein letzter Film bei einem von ihm selbst ins Leben gerufenen Festival in Phnom Penh uraufgeführt worden, bezeichnender Titel *Dämmerung*, und mit einer von ihm selbst gesponserten Statue prämiert; Anfang 1970 hatte er sich zwecks Erholung wieder einmal nach Frankreich zurückgezogen, ohne Arg, wie es schien – aber die, „die nicht mit mir einverstanden sind", traten wirklich hervor: Es waren jene konservativen und nicht zufällig pro-amerikanischen Kräfte, von denen seit langem die Rede war und an deren Spitze sich ein Verwandter Sihanouks aus dem Königshaus gesetzt hatte, Prinz Sisowath Sirik Matak. Ebenfalls dabei, wenn auch anfangs widerstrebend, der Ministerpräsident und Oberbefehlshaber der kambodschanischen Streitkräfte General Lon Nol. Sie ließen sich ihren Staatsstreich sogar vom Parlament mit 83 gegen 3 Stimmen legalisieren. Norodom Sihanouk du Cambodge gab es nicht mehr. Die anderen übernahmen die Macht und riefen die „Khmer Republik" aus. Und die Amerikaner gaben ihren Segen dazu: „Wir haben uns die Hände gerieben", ist als Zitat des CIA überliefert. Ende der Monarchie.

Es war reiner Zufall. Es war bei meinem Besuch in Kambodscha Oktober 1998. In der Vorhalle des Teo Hotels in Battambang läuft ein Programm der örtlichen Fernsehstation: Im Vorbeigehen erkenn ich Norodom Sihanouk. Bonbonfarbige Kulisse, Vogelgezwitscher in Gärten, volles Crescendo der Musik – da steht der Erlauchte Prinz höchstselbst in Erwartung der Geliebten, die keine andere als Ehefrau Monique ist und die ihm im Verlauf des Films schmachtend in die Arme sinkt. Ich bin in einen dieser viel beschriebenen Spielfilme Sihanouks geraten, von denen ich gehört, über die ich gelesen habe: Der Film war wirklich so schlecht, wie immer berichtet worden ist. Aber das war Stoff, der nachdenklich macht: War das vielleicht das Weltbild des Norodom Sihanouk, wenn das Gute über das Schlechte siegt und der Held den Bösewicht niederzwingt – und das Happy-End ist immer vorprogrammiert? Und der Prinz kann nur der Gute und der Held sein?

Und wie ist es mit ihm nach seiner Entfernung aus Amt und Würden weitergegangen? Da war zuerst, ab 1970, seine Kumpanei mit den Roten Khmer über lange fünf Jahre, für die Sihanouk immer eine Rechtfertigung, aber nie eine plausible Entschuldigung hatte. Es folgte die demütigende Zeit des Hausarrests im eigenen Königlichen Palast, während Pol Pot Kambodscha in ein einziges KZ verwandelte. Anschließend ist der Prinz als Chef einer Widerstandsbewegung gegen die von Vietnamesen unterstützte „Volksrepublik Kampuchea" noch einmal zehn Jahre lang Kumpan der Roten Khmer gewesen und sogar international als deren Feigenblatt mißbraucht worden. Er ist 1991 nach Kambodscha zurückgekehrt und 1993 wieder König geworden, obwohl er das seinerzeit 1955 weit von sich gewiesen hatte.

Als ich am 5. Oktober 1998 mit der Royal Air Cambodge VJ 032 auf dem Flughafen Pochentong in Phnom Penh landete, wurde nicht weit von uns ein roter Teppich ausgerollt, Militärpolizisten sicherten das Gelände, auf der Fahrt in die Stadt waren Straßen gesperrt: übliche Abläufe, wenn ein VIP in die Hauptstadt einschwebt. An diesem Tag landete jedoch kein anderer als Seine Majestät Preah Bat Samdech Preah Norodom Sihanouk Varman König von Kambodscha – er kam aus Siem Reap. Ich habe es erst später aus der *Phnom Penh Post* erfahren und das Foto des Monarchen gesehen, lächelnd, die Hände zum *sompeah*, dem kambodschanischen Gruß gefaltet – immer noch auf der Suche nach Frieden und Wohlergehen für sein Land und immer noch von seinen Untertanen wie der Allmächtige empfangen. Kambodscha, sein Märchenland – wie im Film.

Nicht lange vorher hat er bei ähnlicher Gelegenheit in einem Interview gesagt, und Sihanouk war immer noch der alte: „Wäre ich nicht Buddhist, würde ich mich umbringen, denn das Ende meines Lebens ist voller Scham, voller Demütigung und Verzweiflung ... Ich trage Trauer um unser geschundenes Land, dessen Zukunft so sehr im Dunkeln liegt." Die große Geste, das klingende Wort, wie gehabt. Und ein Teilnehmer an diesem Interview hat berichtet, Seine Majestät habe geweint.

Das hatten wir schon einmal, 1941, als der junge Sihanouk zum erstenmal König von Kambodscha wurde, auch damals hat er geweint. Damals wie heute – ehrliches Gefühl oder taktisches Manöver? Schwer zu sagen.

Drei Jahre, acht Monate, 20 Tage

Die Schreckensherrschaft des Pol Pot

Tuol Svay Prey heißt das belebte Wohnviertel mitten in Phnom Penh. Der Wagen biegt vom feinen Boulevard Samdech Preah Sihanouk ab in die Straße 103. Abseits der Hauptadern durch die Stadt haben die Straßen nur noch Nummern und auch keinen festen Belag mehr; ab jetzt vorwiegend Schlaglöcher, Schlammpfützen, verstreuter Müll. Arme-Leute-Milieu. Phnom Penh, Oktober 1998.

Irgendwann eine Mauer mit Stacheldrahtkrone – ein Tor, das offen steht – flache fahlgelbe Gebäude in Hufeisen-Formation, wie man sie häufig in Schulen findet. Auf dem Hof ist die Fahne mit den fünf Türmen von Angkor Wat hochgezogen. Das sei wirklich einmal eine Grundschule und ein Lyzeum gewesen, bis 1975, sagt Ros Than San, mein kambodschanischer Begleiter. Der Name: Tuol Sleng, was übersetzt etwa „Hügel mit dem giftigen Baum" bedeutet. Aber zwischen dem 17. April 1975 und dem 7. Januar 1979 hieß das hier nur S-21. Drei Jahre, acht Monate, 20 Tage lang. Tritt ein, laß alle Hoffnung fahren.

Räume im Halbdunkel, allein durch Türen fällt ein Bündel Helligkeit. An den Wänden Fotos, unzählige Fotos, Männer, Frauen, Kinder in Kleinformat und schwarzweiß. Ich schaue in Gesichter: Da ist die Frau mit dem Baby auf dem Arm, die Nummer 462, eingeliefert am 14.5.78 – eine einzelne Träne ist zu sehen; oder das Foto der Nummern 186 und 187, kleine Jungen, Geschwister vielleicht – die Augen des einen angstgeweitet auf den Fotografen gerichtet, die des anderen ohne Ausdruck, als sei er nicht mehr von dieser Welt. Und noch einmal eine Wand, und wieder ein Raum (fünf Räume insgesamt), und Fotos, Fotos. Ich weiß, daß alle, die hier abgebildet sind, nicht mehr leben. Sie wurden gefoltert und nach Choeung Ek, der Schädelstätte, gebracht und getötet. Und die Fotos wanderten in die Akten zu den Dossiers mit den Protokollen der „Vernehmungen"; ungefähr 20.000 Opfer sollen es in S-21 gewesen sein. Selten ist Völkermord so buchhalterisch penibel und pervers dokumentiert worden.

Blick auf das „Völkermord-Museum" Tuol Sleng, das während der Pol Pot-Herrschaft das zentrale Folterzentrum S-21 war (Foto: Manfred Rohde)

Doch damit nicht genug. Im Seitengebäude sind noch die Folterzellen erhalten: metallene Bettgestelle und die Handschellen, mit denen die Gefangenen während der Folter gefesselt waren – Peitschen, Zangen, andere Marter-Instrumente – eiserne Behälter, in die die Notdurft zu entrichten war. Und auf dem Boden, im Laufe der Jahre nahezu verblaßt, Blutlachen; als die Peiniger am Ende keine Zeit mehr für Transporte nach Choeung Ek hatten, wurden die Opfer hier ermordet. Bilder des Ekels und Entsetzens. Es braucht nicht viel Phantasie sich vorzustellen, was in diesen Räumen geschehen sein muß. „Manchmal haben sie die Opfer auch auf den Hof gebracht und sie dort gefoltert. Alle konnten dann hören, wie sie schrieen", sagt 18 Jahre danach der Ex-Gefangene Nummer 55, Vann Nath, der einer der sieben Überlebenden von S-21 ist. „Ich höre sie noch immer schreien."

Eine der Folterzellen im Gefängnis S-21, die heute in Tuol Sleng besichtigt werden können; links an der Wand ein Foto vom Januar 1979, als in diesen Räumen die letzten Opfer tot aufgefunden wurden (Foto: Manfred Rohde)

Wenn ein Regime mitunter nach den Einrichtungen beurteilt wird, die es für sich arbeiten läßt, dann ist Tuol Sleng für die Herrschaft der Roten Khmer in Kambodscha ein entlarvendes Beispiel. Sie haben ihre zynische Philosophie sogar in Zehn Gebote für Gefangene gefaßt und diese in den Zellen ausgehängt: „Wenn du die Regeln nicht befolgst", lautet da das zehnte Gebot, „wirst du zehn Schläge mit der Peitsche oder fünf mit dem Elektrostab bekommen," aber gleichzeitig warnt das sechste: „Schreie nicht, wenn du ausgepeitscht oder mit Elektroschocks behandelt wirst."

Frühe Fotos von zwei der grausamsten Roten Khmer, die heute im Büro von Tuol Sleng zusehen sind. Links Duch, der oberste Chef des Folterzentrums S-21, und rechts Ta Mok, der den Beinamen „Der Schlächter" hatte (Foto: Manfred Rohde)

Tuol Sleng diente dem Schreckensregime der Roten Khmer unter dem Kürzel S-21 (das für Sicherheitsbüro 21 stand) als Zentralgefängnis für all die, die die damaligen Machthaber aus Verfolgungsangst oder in ideologischer Verblendung als „Feinde" betrachteten. Aber wer „Feind", *khmang*, war, wer den Oberen warum suspekt, wer deshalb entsprechend ihrer unmenschlichen Regeln „vernichtet" werden mußte – anhand der in S-21 Einsitzenden konnten die Fragen nicht geklärt werden. Alle Bevölkerungsschichten waren vertreten: nicht nur die sogenannten logischen Feinde der Kommunisten, also Intellektuelle wie Lehrer oder Mediziner – Ingenieure waren unter den Gefangenen, Ausländer sowieso, aber selbst die eigentlich eKlientel ihrer „Demokratischen Revolution", die Arbeiter und Bauern, und auch die eigenen Kader schonte die Todesmaschinerie der Roten Khmer nicht. Für alle, bis auf sieben, war Tuol Sleng ein Ort ohne Wiederkehr.

Im Mittelgebäude bin ich noch in den ersten Stock gestiegen. Dort sei früher das Büro des Chefs von S-21 gewesen, hat Ros Than San in Erfahrung gebracht. Ich treffe zwei Frauen, ein Kind spielt unter Schreibtischen; sie verwalten, was heute im Völkermord-Museum" Tuol Sleng noch zu verwalten ist – die Akten der 20.000 Toten sind längst abtransportiert. In den Schränken ein paar Ordner, hinter verstaubten Glasscheiben Fotos, eines davon in Großformat. Wer ist der Mann auf diesem Foto? Die Frage wird von den Frauen zuvorkommend beantwortet: das ist der Mr. Duch, der mit richtigem Namen Kaing Kek Ieu heißt. Schmales Gesicht, freundliches Lächeln, aber Duch war einer der Grausamsten, der oberste Leiter von S-21, verantwortlich für alles, was hier an Scheußlichkeiten geschehen ist; er habe seinerzeit nur auf Befehl gehandelt und sei ohne Schuld, hat er sich später verteidigt, sein Vorgesetzter sei Son Sen gewesen, der Oberkommandierende der Streitkräfte der Roten Khmer, der Chef der Geheimpolizei. Son Sen, das ist der hier, sagen die Frauen von der Verwaltung und zeigen auf ein anderes Foto. Auch Son Sen hat in späteren Jahren alle Beteiligung und Schuld von sich gewiesen und den Mann als Hauptschuldigen benannt, der immer und von allen zitiert wird, dessen Foto auch im Büro zu besichtigen ist: runder Schädel, offenes Lachen, eine schwarze Schlägermütze auf dem Kopf und um den Hals einen rotweißkarierten Schal. Das ist Pol Pot, sagen die Frauen und kichern, wie es Kambodschaner meistens tun, wenn sie verlegen sind.

Pol Pot. Der Name weckt schreckliche Bilder, Erinnerungen zum Beispiel an jene „Killing Fields", die Synonym für Völkermord geworden sind, für eine gnadenlose, menschenverachtende Ideologie, die eine Million, zwei Millionen Menschen in den Tod schickte, „vernichtete", wie es in der Terminologie der Roten Khmer hieß – das genaue Ausmaß des Sterbens wird nie in Zahlen festgehalten werden können. Und alles geschah im Namen dieses Mannes: Pol Pot. Vom 17. April 1975 bis 7. Januar 1979. Drei Jahre, acht Monate, 20 Tage lang. Aber wer war Pol Pot?

Der Name Pol Pot war nur *nom de guerre*. Geboren wurde er als Saloth Sar am 25. Mai 1928, was allerdings nicht gesichert ist. Geburtsort das Dorf Prek Sbauv nicht weit entfernt von der Provinz-

hauptstadt Kampong Thom, in dem Vater Saloth Pen als wohl-
habender Bauer galt – Reisfelder, Zugvieh. Saloth Sar war das achte
von neun Kindern. Es ist bestätigt, daß die Familie direkte Beziehungen zum Königshaus in Phnom Penh hatte: erst durch Kusine Meak,
die Tänzerin im Königlichen Ballett war und, nicht ungewöhnlich
bei Hofe, zur Nebenfrau des Prinzen und späteren Königs Sisowath
Monivong avancierte und diesem sogar einen Sohn gebar, und anschließend durch Schwester Saroeun, die es ebenfalls bis zur festen
Gespielin Monivongs brachte. Und es ist auch nachgewiesen, daß
der Knabe Saloth Sar in seinen frühen Jahren dank Kusine und
Schwester hin und wieder im Königlichen Palast hat vorbeischnup-
pern dürfen – offensichtlich ohne Einwirkung. Eine Zeitlang soll er
sogar als buddhistischer Lehrling in einer Pagode in Phnom Penh
gedient haben. Soweit das eher exotische Umfeld des jungen Saloth
Sar, der ein sehr umgängliches Kind gewesen sein soll.

Die Politik kam ins Spiel, als er 1949 Student in Paris und dem
damaligen Trend entsprechend Kommunist wurde, genauer gesagt
Mitglied der „Kommunistischen Partei Frankreichs". Das war 1952.

Aus dieser Zeit ist ein Artikel überliefert, den er unter dem
bezeichnende nPseudonym *Khmer Original* schrieb. Zwei Beobach-
tungen sind festzuhalten: daß sich Saloth Sar dünkelhaft als jemand
empfahl, der ein berufener Führer Kambodschas sein könne, und
daß er unverschlüsselt angekündigt hat, worauf er seine politische
Arbeit konzentrieren wolle. Titel des Artikels: „Monarchie oder
Demokratie." Natürlich ging es gegen die Monarchie. Da er aber
wußte, daß Demokratie für Kambodscha ein Wort ohne rechten
Inhalt war, bot er als Ersatz den Buddhismus an: „Demokratie wird
den buddhistischen Moralismus erneuern, denn der große Lord
Buddha war der erste, der uns Demokratie gelehrt hat." Und er
attackierte König Norodom Sihanouk, dessen Kreuzzug für die Unabhängigkeit Kambodschas nur dazu diene, sich selbst zu profilieren,
um dann „all die auszuschließen, die sich der Politik des Königs
widersetzten; das wird zur Auflösung der oppositionellen Parteien
führen und schließlich zu einem Bürgerkrieg, der alles verbrennen
wird". So unrecht hatte Saloth Sar damals nicht – nur nahm es keiner
derjenigen, die es anging, ernst, am wenigsten der König. ,

Der nahm den Namen Saloth Sar, wie überliefert ist, eigentlich
erst 1963 mit Bewußtsein wahr, als ihm sein damaliger Polizeichef

Lon Nol nach Demonstrationen linker Gruppen in Siem Reap eine Schwarze Liste sogenannter Subversiver vorlegte, in der auch Saloth Sar genannt wurde. Dabei war dieser schon seit seiner Rückkehr aus Frankreich 1953 im kommunistischen Dunstkreis tätig gewesen und hatte mit Gesinnungsgenossen die „Kommunistische Partei von Kampuchea" (CPK) gegründet. Diese gegen die Monarchie gerichteten Entwicklungen waren dem König zwar nicht unbekannt, aber er hat sie all die Zeit im Gefühl seiner Allmacht wohl als zu unbedeutend eingestuft, als daß sie ihm gefährlich werden könnten.

Die Schwarze Liste zwang Saloth Sar endgültig in den Untergrund. Lon Nols Polizei habe ihn beobachtet, hat er später jugoslawischen Journalisten gesagt, „Sie kannten mich, aber sie wußten nicht genau, wer ich war." Mit ihm tauchten all die ab, die damals schon zu den Führern der Bewegung gehörten und deren Namen dann später auch für die menschenverachtende Ideologie der Roten Khmer standen: Ieng Sary, Son Sen, Nuon Chea, seine Frau Khieu Ponnary. Saloth Sar war damals Generalsekretär der Partei, meist wurde er jedoch als *bong ti muoy* angesprochen, als „Bruder Nummer Eins". Von Pol Pot war immer noch nicht die Rede.

Sie hätten, so war später in Partei-Papieren nachzulesen, ihre Revolution „mit leeren Händen" begonnen, was sich ab 1967/68 besserte, als die kambodschanischen Kommunisten sich mit den Glaubensbrüdern aus Nordvietnam zusammenschlossen und die blindwütige Repressionspolitik Sihanouks ihnen mehr und mehr Zulauf an Kriegern bescherte. Der Ex-König war inzwischen zum „Feind Nummer Eins" aufgestiegen und Hauptziel des von ihnen soeben ausgerufenen „Bewaffneten Kampfes". Während sich die versprengten Haufen des Partei-Volks in den Dschungellagern zu einer besessenen schlagkräftigen Truppe hochtrainierten, waren „die Brüder oft für Monate in Geschäften abwesend". Das zielte vor allem auf Saloth Sar und Ieng Sary und deren Besuche in Hanoi und Peking, wo damals die Verbündeten saßen.

Diese bestimmten auch, was zu geschehen hatte, nachdem die rechten Widerständler in Kambodscha den linken zuvorgekommen waren und das Staatsoberhaupt Prinz Norodom Sihanouk am 18. März 1970 aus Amt und Würden geputscht hatten. Nur kurze Zeit später schlossen sich die beiden verfeindeten Lager, die sogenannten Revolutionäre der „Kommunistischen Partei von Kampuchea" und Sihanouk, der Königliche „Feind Nummer Eins", zur „Nationalen Einheitsfront von Kampuchea" („Front Uni National du Kampuchea", FUNK) zusammen. Ziel: gemeinsam mit den nordvietnamesischen Streitkräften den Putsch-General Lon Nol und dessen amerikanische Alliierten aus Kambodscha zu entfernen.

Saloth Sar hatte keine Schwierigkeiten mit dieser Konstruktion: Zum erstenmal war er anerkannter Hauptdarsteller auf der Bühne Kambodscha, und er konnte davon ausgehen, daß die Vietnamesen kein Interesse daran hatten, Sihanouk wieder zu alten Würden kommen zu lassen, auch wenn dieser offiziell als Führer der Einheitsfront auftreten durfte – das machte sich international hervorragend, der Ex-König als Symbol des „Freiheitskampfes", und außerdem war er, Saloth Sar, sowieso der eigentliche Kopf dieser seltsamen Allianz

Und Sihanouk selbst fühlte sich, wie denn sonst, geschmeichelt und war fürs erste damit zufrieden, daß er zumindest indirekt die Möglichkeit hatte, sich an Lon Nol und den Amerikanern für deren Frevel an seiner Person zu rächen. „Lon Nol hat Kambodscha betrogen. Mein Kambodscha war unabhängig und neutral, aber er hat daraus ein abhängiges proamerikanisches Kambodscha gemacht. Deshalb mußte ich zurückschlagen, um mein Land zu befreien. Damals erschienen mir die Roten Khmer noch nicht als Killer des kambodschanischen Volkes, sie schienen Revolutionäre und Patrioten zu sein – deshalb hatte ich keinen Grund, nicht mit den Roten Khmer innerhalb der ‚Front' zusammenzuarbeiten." Erklärungsversuche des Ex-Königs gegenüber dem deutschen Indochina-Experten Peter Schier fast zehn Jahre später.

Da verbrachte also der eine seine Tage zusammen mit Frau Monique in einer komfortablen Villa in Beijing an der „Straße des Anti-Imperialismus", die ihm die chinesische Regierung überlassen hatte, und ließ sich willig als Aushängeschild mißbrauchen – Sihanouks „Nationale Einheitsfront" war damals die gängige Formel. Und der andere blieb, wie eh und je, vorwiegend unsichtbar. Saloth Sar wurde im Partei-Hauptquartier in den Wäldern der Ost-Provinz Rattanakiri vermutet, wo er sich um die ideologische Ausrichtung seiner Politik zu kümmern schien – ohne die sei „Eine Revolution wie ein Blinder, der von einem Platz zum andern torkelt", ist ihm als Zitat zugeschrieben worden. Derweil war sein treuer Weggenosse Khieu

Samphan als Sprachrohr der „Demokratischen Revolution" der Roten Khmer unterwegs.

Es ist in diesem Zusammenhang von einem Ereignis aus dem Februar 1973 zu berichten – selten hat es in der Weltpolitik eine derart perfekte PR-Show gegeben. Da reisten, „begleitet" vom Genossen Ieng Sary, der Prinz Norodom Sihanouk und seine Frau Monique von Beijing aus nach Vietnam, acht Tage lang mühten sie sich per Jeep über den berühmten Ho Chi Minh-Pfad Richtung Kambodscha, wo sie von der Elite der Roten Khmer zeremoniell empfangen wurden: von Khieu Samphan, von Son Sen; auch Saloth Sar und Ehefrau Khieu Ponnary gaben sich die Ehre. Endstation der Königlichen *Tour de Cambodge* war ein Dschungellager in den „Befreiten Gebieten" am Fuße des legendären Jayavarman-Hügels Phnom Kulen. Wieder wurde hier kambodschanische Geschichte geschrieben, aber nichts schien wirklich.

Mehrere Tage volles Programm. Sihanouk lächelnd bei einheimischer Folklore – Sihanouk in lockerer Pose vor einem Tempel in Angkor, an einem Wasserfall – Sihanouk Schulter an Schulter, Arm in Arm mit seinen Gastgebern, wie diese trug auch er die primitive schwarze Kleidung der Bauern, die später so etwas wie die Uniform der Roten Khmer werden sollte. Und alles wurde von chinesischen Kameramännern in Bild und Film dokumentiert. Weltweit konnte so jeder sehen, wie bedeutend dieser Sihanouk immer noch für sein Land war und welch innige Beziehungen er zu den Kämpfern der Front pflegte. Dabei war alles nur getürkt. Daß er Saloth Sar und seine Genossen durch Bruderkuß und Umarmung geradezu aufbaute, wenn nicht sogar adelte, war von diesen exakt so gewollt.

Sihanouk hat seinen Part in der Inszenierung hervorragend bewältigt; nichts anderes wäre ihm allerdings möglich gewesen. Er war sich seiner Abhängigkeit als Gefangener am Phnom Kulen durchaus bewußt und auch, wie skrupellos sie ihn benutzten. Irgendwann hat er sich beklagt, daß er während dieser Reise durch Kambodscha nicht mit seinen „Kindern" sprechen durfte – aber die waren gar nicht echt, sondern nichts weiter als ausgesuchte kommunistische Kader mit Familien und Teil der Show.

Aber da machte zu jener Zeit im Land ja auch noch der Genera Lon Nol Furore, der inzwischen den abservierten Prinz Sihanouk in absentia zum Tode verurteilt, der das „Königreich Kambodscha" in eine „Khmer Republik" umgewandelt und sich zum Staatsoberhaupt aufgeschwungen hatte. Ansonsten wurde sehr viel Sonderliches über ihn verbreitet. Denn General Lon Nol hatte das Volk unverschlüsselt zu einem Heiligen Krieg gegen den Kommunismus aufgerufen:

- weil er sich ebenso für göttlich hielt wie es seinerzeit die Könige von Angkor taten;
- weil er den Buddhismus und die buddhistische Kultur bedroht sah;
- weil er glaubte, von Lord Buddha auserwählt zu sein, diesen Heiligen Krieg gegen die *thmil*, die Ungläubigen aus dem Ausland zu führen;
- weil er die Rasse der Khmer von schädlichen äußeren Einflüssen freihalten oder säubern wollte, die für ihn vor allem aus Vietnam kamen.

Die Vietnamesen wollten, so hat er es damals niedergeschrieben, „unsere Zivilisation zerstören; sie wollten unser Volk nicht bloß unterwerfen, sondern unsere Lebensart verändern ... und die Religion auslöschen." Das war exakt der Nährboden, in dem solch giftige Pflanzen wie Rassismus und Fremdenhaß gedeihen.

Damit zurück zu Saloth Sar. Dessen revolutionäre Ideologie hatte inzwischen auch klarere Umrisse erhalten. Daß die kommunistischen Kader aus dem Umfeld armer Bauern und Arbeiter zu holen seien, „auszugraben tief aus der Erde wie Diamanten", konnte als Erkenntnis nicht überraschen. Aber wieder war die Rede von „Reinheit der Rasse", davon daß die Nation der Khmer von außen und von fremden Mächten bedroht werde, die es zu bekämpfen gelte, damit das neue Kambodscha seinen Platz als rechtmäßiger Nachfolger des glanzvollen Reiches von Angkor einnehmen könne. Nach Saloth Sar war ihre Revolution „Ein göttliches Werk, zu eindrucksvoll und von zu reinem Charakter, als daß sie von menschlichen Wesen hätte gemacht sein können – beispiellos in der tausendjährigen Geschicht unseres Landes". Und die Partei werde „die Unsterblichkeit der kambodschanischen Rasse garantieren", weshalb es auch keiner wagen sollte, sich dieser Revolution, will heißen den Führern der Partei entgegenzustellen. Wer Feind oder Widersacher in diesem Zusammenhang war, bestimmten diese allein.

Lon Nol und Saloth Sar – Widerparts zwar im kambodschanischen Bürgerkrieg zwischen 1970 und 1975, ideologisch gesehen aber Seite an Seite. Eine schreckliche Konstellation für das Land. Alles entwickelte sich nahezu zwangsläufig.

Lon Nol schwankte bald nur noch zwischen diktatorischem Machtdünkel und mystischer Verblendung und ließ schließlich sogar seine Astrologen bestimmen, wann und wie er seinen Kampf gegen die „Feinde des Buddhismus" zu führen habe. Aber auch die konnten dem angeschlagenen General mit ihren Sterndeutungen nicht mehr helfen, genauso wenig wie die Amerikaner mit ihren B-52 Bombern – irgendwann zogen sich diese sogar ganz zurück.

Derweil hatten die Roten Khmer die Wälder verlassen und waren unter dem Oberbefehl des „Bruder Nummer Eins" zum offenen Angriff gegen das Lon Nol-Regime angetreten. Schon Ende 1973 tauchten sie dicht vor Phnom Penh auf, wurden aber noch einmal zurückgeworfen. Ein Jahr später, als die Amerikaner nicht mehr präsent waren, riegelten sie die Nationalstraße 4 zwischen der Hafenstadt Kampong Som (dem früheren Sihanoukville) und Phnom Penh und damit sämtlichen Nachschub für die Hauptstadt ab – der Mekong war durch kommunistische Treibminen für Versorgungsschiffe ebenfalls unbenutzbar geworden, so daß vor allem die Reis-Lieferungen für die Stadt-Bevölkerung, die auf zwei Millionen angewachsen war, nicht durchkamen. Um diese Zeit hatte sich Lon Nol bereits nach Hawaii in Sicherheit gebracht, mit einer Million US-Dollar im Gepäck. (1985 ist er in Kalifornien gestorben).

Am 17. April 1975, morgens, war Phnom Penh in der Hand der Roten Khmer. Über die Boulevards der Metropole, so haben es Augenzeugen berichtet, marschierten Soldaten, alle im einfachen Tuch kambodschanischer Bauern, alle schwerbewaffnet und sehr jung. Am Straßenrand hatte sich die Bevölkerung versammelt, um die Krieger willkommen zu heißen. Aber die bewegten sich schweigend, teilnahmslos, in ihren Blicken nichts als Verachtung. Was die Menschen, die ihnen freudig zuwinkten, nicht wissen konnten, was sie aber sehr bald leidvoll erfahren mußten: Für die Marschierer waren sie Feinde, weil sie nicht zu ihnen gehörten, weil sie an ihrem revolutionären Kampf nicht teilgenommen hatten, in dem allein die Partei, die Armee und die Arbeiter und Bauern siegreich waren. So hatten sie es an den Schulungsabenden gelernt. Sie waren nach

Phnom Penh gekommen, um auch hier mit dem „Feind" abzurechnen.

Von Beijing aus ließ sich an diesem 17. April auch Prinz Norodom Sihanouk vernehmen, der sogenannte Führer der sogenannten „Nationalen Einheitsfront": In einer öffentlichen Erklärung bejubelte er den Sieg der Rebellen und frohlockend feierte er die Niederlage Lon Nols und der amerikanischen Imperialisten; vor allem dieser Tatbestand tat ihm gut.

Sofort nach dem Einmarsch der Roten Khmer begann deren „Säuberung": Viele hundert Offiziere und Beamte wurden hingerichtet, innerhalb weniger Tage die gesamte Bevölkerung Phnom Penhs, fast zwei Millionen Menschen zwangsweise evakuiert, aufs Land verbracht, zur Arbeit auf jene Felder, die später nur noch „Killing Fields" hießen. Kambodscha im Jahre Null der neuen Zeitrechnung. Die Schreckensherrschaft der Roten Khmer hatte begonnen; drei Jahre, acht Monate, 20 Tage sollte sie dauern. Und endlich bekam sie auch einen Namen.

Als Saloth Sar am 23. April in Phnom Penh auftauchte, nach zwölf Jahren Untergrund, fand er eine tote Stadt vor, so wie er es befohlen hatte. Und er genoß seinen Triumph. Jetzt hielt er auch die Zeit für gekommen, den alten bürgerlichen Namen abzustreifen und seinen *nom de guerre* offiziell zu führen: Pol Pot.

Aber noch war, zumindest nominell und nach außen hin, Prinz Norodom Sihanouk Staatsoberhaupt und Führer der unheiligen Allianz ,und er wurde in diesen ersten Monaten auch dringend von den Roten Khmer gebraucht: in bewährter Funktion als Aushängeschild.

Also machte sich Sihanouk, wie Pol Pot es befahl und vielleicht auch weil die Chinesen es wollten, im September 1975 von Beijing aus auf den Weg: erst nach Phnom Penh, wo er seine Mutter Königin Kossamak beerdigen durfte und wo es ihm sicher nicht verborgen bleiben konnte, was dort inzwischen an Ungeheuerlichem geschehen war – und dann in offizieller Mission, als oberster Repräsentant des neuen Regimes in Kambodscha nach New York zur Generalversammlung der Vereinten Nationen; sein Begleiter, sprich Aufpasser wieder einmal der Genosse Ieng Sary, der jetzt als Außenminister diente. ,

Auch diesmal spielte Sihanouk seine Rolle vor der Weltöffentlichkeit vorzüglich. Trotz besseren Wissens zerstreute er die Zweifel, die bei der UNO aufgrund von Berichten über Exekutionen aufgekommen waren; er schilderte den „wahren" Hergang der Evakuierung von Phnom Penh – die Bevölkerung sei freiwillig zur Arbeit aufs Land gezogen; er pries die Errungenschaften der Revolution, das neue Regime brauche keine Hilfe, ihm könne vertraut werden. Die UNO war es zufrieden – und der Prinz kehrte nach weiteren Besuchen in anderen Ländern nach Kambodscha zurück, weil er, wie er selbst sagte, sein Volk liebte und das Schicksal seines Volkes teilen wollte.

Die Roten Khmer haben ihm nichts erspart und ihn „ausgespuckt wie einen Kirschkern", wie er irgendwann erkannt hat. Sihanouk wurde nicht länger gebraucht, also erlaubten sie ihm den „Rücktritt", das heißt: sie enthoben ihn auch seiner nominellen Würden und setzten ihn und seine engere Familie im Königlichen Palast unter Hausarrest – drei Jahre lang, von Januar 1976 bis Januar 1979. Weil er sich der Revolution angeschlossen habe, befand zynisch Pol Pot höchstpersönlich, werde Sihanouk nicht getötet. (Daß fünf seiner Kinder und 14 Enkel sowie enge Verwandte von Frau Monique von den Roten Khmer ermordet wurden, hat der Prinz erst viel später erfahren).

Ende 1975 hatte sich das neue Regime eine Verfassung gegeben, die den Buddhismus als „Reaktionäre Religion" verbot und die Monarchie als „Korrupte, reaktionäre Kultur", und es nannte sich fortan „Demokratisches Kampuchea" (DK). In ihrer Nationalhymne *Dap Prampi Mesa Chokchey*, „Glorreicher 17. April", haben sie gleich zu Anfang festgeschrieben, wie sie die Zukunft des Landes gestalten wollten: „Helles rotes Blut, das Städte und Ebenen Kambodschas, unseres Mutterlands, bedeckt, erhabenes Blut der Arbeiter und Bauern, Blut der revolutionären Kämpferinnen und Kämpfer – es ist das Blut, das sich verwandelt in erbarmungslosen Haß und entschlossenen Kampf."

Erinnerungen an meinen Besuch in Kambodscha Anfang 1990 – Schauplatz Kampong Thom, die Heimatprovinz Pol Pots.

Eine Schulklasse ist abkommandiert, sie hat Schützengräben an den Ufern des Flusses Chimit auszuheben. Da handelt es sich nicht um eine Übung, mit der Wehrbereitschaft demonstriert werden soll, das ist bitterer Ernst: Einheiten der Roten Khmer haben ihren Ort Kampong Thmar angegriffen, mehrfach schon, zuletzt vor ein paar

Tagen. Ziel der Attacke, die nachts stattfand, war die strategisch wichtige Brücke über den Chimit gewesen. Hierüber wickelt die Provinz Kampong Thom ihr Hauptgeschäft ab, Holz aus dem waldreichen Hinterland. Wer diese Brücke sprengt, trifft den Nerv der Provinz.

Dieses Kampong Thmar an der Nationalstraße 6 ist kein beliebiger Ort in Kambodscha: Drei Kilometer von hier haben die Roten Khmer während ihrer blutigen Herrschaft Tausende in den Tod getrieben. Zwangsläufig fällt das schreckliche Wort „Killing Fields". Ich schaue von oben auf eine Ebene, die sich am Horizont verliert, 20.000 Hektar. Hier sollte ein Damm aufgeschüttet und Wasser gestaut werden, für neue und immer mehr Reisfelder. Es war eines jener zahlreichen Projekte zur Bewässerung von Land, die die Partei für alle Provinzen angeordnet hatte: dreimal im Jahr sollte geerntet werden, drei Tonnen pro Hektar mußten es sein, so war es im Vierjahresplan der Partei vorgegeben. „Erster Januar" hieß dieses Projekt bei Kampong Thmar, warum – vielleicht weil es im Januar begonnen wurde und im Mai, wenn die jungen Reispflanzen gesteckt werden, vollendet sein mußte.

Fernsehbilder tauchen vor meinem Auge auf, schwarzweiß und aus der Entfernung aufgenommen, auch die Kameras schauten von oben in die Ebene. Da bewegen sich Menschen, viele Menschen, Tausende müssen es sein. Sie bilden unendliche Reihen, ameisengleich, kriechen vor und zurück, bis an den Horizont. Sie wühlen in der Erde, graben mit Schaufeln und Spaten und bloßen Händen und schleppen Erdreich und Steine in Bambus-Körben auf dem Kopf oder in Stangen über der Schulter, vor und zurück. Es gibt keine Pause, tags nicht und auch nicht nachts, dann erhellen Lampen das Gelände; 24 Stunden Zwangsarbeit in Schichten. Sie sind bis Mai mit dem „Damm Erster Januar" fertiggeworden – wie viele starben, um dem Befehl nachzukommen, erschöpft, unterernährt, krank, seelisch zerstört, ist nicht überliefert. Dafür aber: Irgendwann später, während der Regenzeit, ist der Damm gebrochen, weil die Partei einen bei solchen Damm-Projekten unerläßlichen Abfluß-Kanal nicht bauen ließ, um Zeit zu sparen. Noch einmal mußten viele Menschen sterben. Auszug aus den Spruchweisheiten der Unmenschen: „Dich zu behalten, ist kein Gewinn – dich zu verlieren, kein Verlust."

Auf dem Weg vom „Damm Erster Januar" zurück zur Ortschaft Kampong Thmar, in der sie weiter an ihren Schützengräben arbeiten, sind wir an einer Pagode vorbeigekommen. Da waren Schädelknochen und anderes Gebein gestapelt und zur Schau gestellt, wie wir es schon häufig im Land gesehen haben: sterbliche Überreste der Toten vom Damm, hat uns ein Mönch gesagt.

Die Menschen, die hier und landesweit in vielen anderen „Killing Fields" zugrundegingen – es waren zumeist, entsprechend der Sprachregelung der Roten Khmer, die „Leute des 17. April", die „Neuen Leute", wie sie auch genannt wurden, jene die im Gegensatz zu den „Alten", den Revolutionären der Ersten Stunde, abseits, wenn nicht auf der anderen Seite des politischen Spektrums gestanden hatten und erst seit dem 17. April 1975 dazugehörten, folglich „Parasiten" waren, „Feinde" sogar.

Sie waren es, die gleich in den ersten Tagen Phnom Penh verlassen mußten; die auf dem Lande in Arbeitslagern zusammengepfercht wurden; die in Kooperativen lebten, in denen die traditionelle Familie außer Kraft gesetzt war, wenn die Frauen von den Männern, die Kinder von den Müttern getrennt wurden. Eigentum war nicht mehr erlaubt, was sie besessen hatten, war dem Kollekti zugefallen – so war es gleich in Artikel 2 der neuen Verfassung festgeschrieben worden.

Für sie gab es nur Arbeit, häufig mehr als zwölf Stunden lang. Wer nicht mehr konnte, wurde mit Gewalt vorwärtsgetrieben („Kranke sind Opfer ihrer Einbildung"). Wenn sie nicht arbeiteten, stand „Politische Erziehung" auf dem Programm – da hörten sie vor allem diese Warnung: „Wer protestiert ist ein Feind, wer sich widersetzt eine Leiche." Aber meist war *angkar* das Thema. *Angkar*, das hieß übersetzt Organisation, das war die Partei und in letzter Konsequenz die allmächtige Nummer Eins der Partei, Pol Pot. Die Menschen in den Arbeitslagern kannten nur *angkar*, die Organisation – die Geheimnisvolle, die Allgegenwärtige, die Grausame: „*Angkar* hat so viele Augen wie eine Ananas", lernten sie in den Schulungen, oder auch: „*Angkar* ist nur grausam gegen die, die ihren Zorn provozieren." Also taten sie, was die Organisation befahl; nur so hatten sie eine kleine Chance, die „Killing Fields" als Lebende zu verlassen.

Was hinter all dem steckte? Es war vor allem Angst – die Angst der Partei und ihrer Oberen vor „Feinden", die den Erfolg ihrer

Revolution zunichte machen konnten, ein ständiges Gefühl der Unsicherheit, keinem trauen zu können, den „Leuten des 17. April" nicht, denen nicht, die nicht zur Partei gehörten, nicht einmal den engsten Freunden und Genossen. Und die Angst schlug um in Schrecken und Terror: „Es ist besser, zehn Personen zu Unrecht zu verhaften, als eine fälschlich frei laufenzulassen."

Das wurde 1978 exzessiv in die Tat umgesetzt, als nahezu die gesamten Kader der östlichen Verwaltungszone ausgelöscht wurden, weil sie verdächtigt worden waren, gegen die Interessen der Partei gehandelt zu haben, so Pol Pot. Hauptakteure der blutigen „Säuberung" waren die militärischen Befehlshaber der benachbarten Verwaltungszonen Südwest und Zentral: die Generäle Ta Mok und Ke Pauk.

Der gefährlichste „Feind" für sein „Demokratisches Kampuchea" saß, entsprechend dem Weltbild Pol Pots, allerdings jenseits des Mekong im benachbarten Vietnam. Auch wenn Pol Pot die militärische Beihilfe der nordvietnamesischen Armee nicht verschmäht hatte, um seine Revolution in Gang zu bringen – in erster Linie waren die Vietnamesen gemeint, als er über Gefahren für eine reinrassige Nation Kambodscha fabulierte, die in der glorreichen Tradition der Angkor-Könige wiedererstehen müsse.

Nachdem Pol Pot mit seiner „Kommunistischen Partei" (CPK) die Macht in Kambodscha übernommen hatte, waren die Beziehungen zwischen den Nachbarn immer schlechter geworden, Aggressionen, Grenzverletzungen beider Seiten an der Tagesordnung. Und sie wurden bösartiger, auch wenn nach außen freundschaftliches Einvernehmen vorgegaukelt wurde. Bis es im September 1977 eskalierte. Da überfielen Truppen der 3. und 4. Division aus der kambodschanischen Zone Ost ein vietnamesisches Dorf in der Nähe der Bezirkshauptstadt Tay Ninh 30 Kilometer von der Grenze entfernt und massakrierten die Bevölkerung: Von abgeschlagenen Köpfen, aufgeschlitzten Leibern und ähnlichen Scheußlichkeiten der Roten Khmer hat es sogar Bild-Dokumente gegeben.

Die Vietnamesen schlugen prompt zurück und marschierten nahezu ungehindert bis 50 Kilometer vor Pol Pots Hauptstadt; das sollte diesem Warnung sein, daß es den Vietnamesen ein Leichtes sei, ihn zu stürzen. Aber dank chinesischer Rückendeckung und aus eigener Selbstüberschätzung hielt er sich und seine Roten Khmer für unverwundbar, womit er sich deutlich verkalkuliert hätte.

Es war um diese Zeit, daß man sich in Pol Pots Machtzentrum wieder an den Prinzen Norodom Sihanouk erinnerte – der saß nach wie vor in seinem Palast unter Hausarrest. Die Regierung in Phnom Penh konnte mit einer härteren Gangart der Vietnamesen rechnen und hatte für diesen Fall eine Rolle für Sihanouk parat: Er wäre, im Falle einer Invasion der Vietnamesen, genau der Richtige und Kompetente, wieder vor die UNO zu treten und vor der Weltöffentlichkeit die Vietnamesen ob ihres Übergriffs zu brandmarken (was Sihanouk später dann auch tat).

Die Invasion der Vietnamesen fand um die Jahreswende 1978/79 statt. Die Truppen der Roten Khmer leisteten ihnen kaum Gegenwehr, so daß sie, was sie gar nicht vorgehabt hatten, bis nach Phnom Penh durchstießen, das sie am 7. Januar 1979 erreichten. Wenig später war nahezu ganz Kambodscha erobert.

Endzeitstimmung in Phnom Penh. Bei Tee und Kuchen bemühte sich der grausame Pol Pot vier Stunden lang um den Prinzen Sihanouk – der „Bruder Nummer Eins" sei charmant und sanft gewesen, hat Sihanouk seinen Memoiren anvertraut, so müsse jener Blaubart aus der Legende einst seine Opfer bezirzt haben.

Blaubart Pol Pot und seine Getreuen Ieng Sary, Khieu Samphan, Nuon Chea und Son Sen, auch Duch, der Folterer von S-21 – sie machten sich davon: die einen per Hubschrauber (Pol Pot), die anderen per Eisenbahn (Ieng Sary), alle Richtung Thailand, wo sie untertauchten.

Prinz Norodom Sihanouk und Frau Monique wurden nach Beijing ausgeflogen. Als die Nachricht vom Fall Phnom Penhs dort eintraf, ließ sich Sihanouk gerade von Freunden mit einem Bankett feiern. Er erhob sein Glas und bat die Anwesenden, mit ihm auf die Zukunft und den baldigen Sieg des „Demokratischen Kampuchea" anzustoßen. Was sie taten.

Als die vietnamesischen Streitkräfte in Phnom Penh einrücken, sind nicht viele Menschen auf den Boulevards; die Stadt ist immer noch ohne Leben. Im Zentralgefängnis S-21 finden sie, gefesselt an die eisernen Bettgestelle, in ihrem Blut liegend, die letzten 14 Opfer des Pol Pot-Regimes, tot, kurz vor dem Zusammenbruch noch ermordet. Sie wurden später im Schulhof begraben, gleich unterhalb des Galgens, von dem aus die Gefangenen während der Folter in die Wasserbehälter niedergelassen wurden. Auch die existieren noch in Tuol Sleng

Mit den vietnamesischen Truppen waren einige Kambodschaner nach Phnom Penh gekommen, die lange Zeit in der Zone Ost als Kader der Roten Khmer gedient, aber sich irgendwann von Pol Pot gelöst hatten, die nach Vietnam wechselten und dann am 2. Dezember 1978 die „Nationale Einheitsfront Kampucheas zur Rettung der Nation" („Kampuchean National United Front for National Salvation", KNUFNS) gegründet hatten. Es waren jene Männer, die Kambodscha während des nächsten Jahrzehnts und sogar darüber hinaus führen sollten. Ihre Namen: Heng Samrin, Chea Sim und, der Jüngste von ihnen, gerade 27 Jahre alt, Hun Sen.

Zauberformel Samaki

Die Vietnamesen in Kambodscha

Generalmajor Nguyen Dinh Chuc, Kommandeur des vietnamesischen Frontabschnitts 979 bittet für sich und seine Soldaten gehor-
samst um Erlaubnis, Kambodscha verlassen zu dürfen. Neben ihm
hat Generalmajor Khieu Anh Lan, der Kollege vom Frontabschnitt
479, Haltung angenommen. Vor dem Königlichen Palast raufen sich
Journalisten und Kameramänner aus aller Welt um die beste Sicht
auf „Das historische Ereignis". Es ist der 25. September 1989 in
Phnom Penh, morgens sieben Uhr. Vietnam zieht seine Truppen
endgültig aus Kambodscha ab.

Ministerpräsident Hun Sen (Mitte mit Brille) verabschiedet einen vietnamesischen
General am Tag des Truppenabzugs im September 1989 (Foto: Manfred Rohde)

Und artig verneigt sich auf der Ehrentribüne Heng Samrin, der
Staatsratsvorsitzende Kambodschas, und dankt den Generälen aus
Vietnam, die mit ihren Soldaten zehn lange Jahre bei der Verteidigung seines Landes und seines Volkes geholfen hätten – „Die traditionellen Beziehungen zwischen den Völkern, den Parteien und

Regierungen unserer beider Staaten Vietnam und Kambodscha"
(und er nannte Freundschaft, Solidarität und gegenseitige Hilfe)
würden weiterhin die entscheidenden Grundlagen für ihre gemeinsamen Anstrengungen sein. Hinter Heng Samrin haben sich Kambodschas Polit-Größen aufgebaut, lauter „Alte Kämpfer": Chea Sim,
der Generalsekretär der „Einheitsfront zur Rettung der Nation";
Math Ly, der Chef der Gewerkschaft; Tea Banh, der Verteidigungsminister; und schließlich der Mann, von dem es nicht zu Unrecht
heißt, er sei der Einflußreichste und Mächtigste in Kambodscha,
Ministerpräsident Hun Sen. Auf einem Transparent nahebei steht
zu lesen: „Laßt uns von der Ausdauer und dem Kampfgeist des vietnamesischen Brudervolks lernen."

Ehrlicher Beifall, Hochrufe, Musik mit Pauken und Trompeten
für die scheidenden Vietnamesen. Der Rückzug ist freigegeben. Viel
Glück auf dem Heimweg wünscht ihnen der Genosse Heng Samrin.
Erst rumpeln Panzer am Königlichen Palast vorbei; Militärlastwagen,
vollgepackt mit Soldaten, folgen. Im Gegensatz zur Verabschiedung
der französischen Truppen 1953 an gleicher Stelle scheint diesmal
die Sonne.

Ich habe damals mit meinem Kamera-Team den Truppenabzug
begleiten können. An den Ausfallstraßen Richtung Vietnam winkend
Menschen, überall Fähnchen, kambodschanische und viele vietnamesische. Den Vorbeifahrenden wurden Kokosnüsse gereicht. Das
sah nicht unbedingt immer arrangiert aus und verriet durchaus einiges
über die Gefühle der Bevölkerung. Sie alle hier wissen, daß ohne den
Einsatz der Vietnamesen das Mörder-Regime Pol Pots 1979 nicht
vertrieben worden wäre; sie haben letztlich auch registrieren können, daß der Neubeginn in Kambodscha ohne Vietnamesen nicht
stattgefunden hätte. Dennoch haben sie jetzt nichts dagegen, wenn
diese Truppen abgezogen werden – man hat sie sicher die ganze Zeit
akzeptiert, aber ob man sie immer gemocht hat, ist eine andere Geschichte. Sie wollten schließlich überleben. Zwiespältiges, Einleuch-
tendes. Dazu die bange Gewißheit, daß die schrecklichen Roten
Khmer immer noch das Land bedrohen, nach dem Rückzug der
Vietnamesen vielleicht mehr denn je.

Bei Neak Luong mußten die abziehenden Truppen über den Flu
– hier ist der Mekong besonders breit. Auf der einen Seite Tänze nach
traditioneller Khmer-Art, auf der anderen Seite schrille Rock-Musik

einer kambodschanischen Militärband. Neak Luong war schon immer ein aufregender Ort – mit seinem überbordenden Betrieb, den fliegenden Händlern, den Restaurants, in denen Schlangen und Schildkröten und vor allem die Riesen-Shrimps aus dem Mekong als Delikatesse angeboten werden – mit seinen wilden Erinnerungen. Di Leute von Neak Luong haben viele Soldaten erlebt, und fast immer sind diese kämpfend durch den Ort gezogen, als es unter Lon Nol hier eine Garnison gab und am Fluß einen Marine-Stützpunkt, als Pol Pots Untergrundarmee hier den Widerstand der von den USA unterstützten Lon Nol-Truppen in tagelangen Gefechten brach. Und auch di Amerikaner haben sie kennengelernt: Im August 1973 warfen US-Bomber, irrtümlich, Neak Luong in Schutt und Asche und töteten 138 Menschen. Schließlich waren es im Januar 1979 die Vietnamesen, die hier den Mekong überquerten, nur in umgekehrter Richtung – damals stießen sie nach Phnom Penh vor.

Jetzt führt General Khieu Anh Lan die vietnamesischen Truppen wieder zurück. Sechs Tage hat sich der Riesenwurm der über 700 Mannschafts- und Transportwagen quer durch Kambodscha gequält, von den umkämpften West-Provinzen Siem Reap und Battambang nahe Thailand nach Osten Richtung Vietnam. Von den Verlusten, die sie in zehn Jahren erlitten hatten, wurde kaum gesprochen – fast 50.000 Tote haben sie zu beklagen, aber, so sagten sie bilanzierend, insgesamt war es den Einsatz wert. Am Grenzübergang Bavet/Moc Bai haben die Kambodschaner als Dank zum Abschied sogar einen Triumph-Bogen gebaut.

26. September 1989, wieder sieben Uhr morgens. In Bavet noch einmal Blumen und Reden, dazu ein original vietnamesischer Drachentanz als Einstimmung auf die Heimat sozusagen. Dann die letzten Schritte in Kambodscha. Der vietnamesische General Khieu Anh Lan, der seit 1979 dabei war, wird vom Parteisekretär der Provinz Svay Rieng, Heng Samkai, und vom Gouverneur Hock Lundy über die Grenze geleitet. Dem Oberkommandierenden folgen hier und an anderen Übergängen 26.000 Soldaten, die letzten noch in Kambodscha verbliebenen. Damit war Kambodscha, ein Jahr früher als angekündigt, frei von vietnamesischen Truppen.

Aber Ruhe sollte es deshalb nicht geben. Nur wenige Tage später wurde die Weltöffentlichkeit von China alarmiert: es gebe „Klare Tatsachen, daß Vietnam nicht wirklich alle Streitkräfte [aus Kambodscha] abgezogen" habe, und auf der Vollversammlung der Vereinten Nationen wurden die Zweifel von Thailand, Singapur und von China ein weiteres Mal vorgebracht, glaubhafte Beweise für die Anschuldigungen allerdings nicht. In diesem Zusammenhang ist festzuhalten, was auch durch Dokumente lückenlos belegt wurde, daß Kambodschas Ministerpräsident Hun Sen in Übereinstimmung mit Vietnam seinerzeit willens gewesen ist und seinen guten Willen auch mit dem thailändischen Premierminister Chatichai Choonhavan diskutiert hatte, einen von den Vereinten Nationen bestellten „International Control Mechanism" (ICM) als Überwachungsinstanz während des Truppenrückzugs zuzulassen. Dieser ICM sollt unter der Schirmherrschaft der sogenannten „Internationalen Pariser Konferenz über Kambodscha" (PICC) arbeiten und hätte so gesicherte Informationen über die Wahrhaftigkeit des vietnamesischen Truppenabzugs liefern können. Wozu es aber nicht kam: UNO und PICC konnten sich nicht (oder wollten sich nicht) darauf einigen, solch eine internationale Überwachung in Gang zu bringen. Der Grund? Die UNO sah sich dazu nicht in der Lage, weil Hun Sens damaliges Kambodscha von den Vereinten Nationen nicht anerkannt und deshalb auch nicht zu kontrollieren war. Der weltweiten Front gegen Kambodscha und Vietnam paßte diese Nullnummer natürlich prächtig ins Konzept.

Rückblick auf den 7. Januar 1979. An diesem Sonntag hatten 140.000 vietnamesische Soldaten ihren Angriff auf das Terror-Regime des Pol Pot abgeschlossen und Kambodscha unter ihren Einfluß gebracht; in ihrem Schlepptau befand sich auch eine Hundertschaft einheimischer Politiker, die dazu ausersehen war, die neue Regierung im Land zu bilden. „Als ich nach Phnom Penh kam, war es eine tote Stadt, 70 Menschen lebten hier noch, sonst gab es nur Verwüstung und Tod", erinnerte sich einer von ihnen, Pen Sovan, der beim Einmarsch ein kambodschanisches Truppen-Kontingent von 20.000 befehligt hatte und später Verteidigungsminister und kurz auch Ministerpräsident der neu entstehenden „Volksrepublik Kampuchea" (PRK) wurde. Er ist auch nach Tuol Sleng gegangen, ins berüchtigte S-21, „Ich habe geweint, als ich sah, was die Roten Khmer alles getan haben."

Sie waren am 7. Januar 1979, so stand es in ihrem Programm, in Kambodscha angetreten, um alles neu und alles besser zu machen; es gab allerdings auch welche, die das völlig anders sahen. An diesem Tag ging ein Bruch durch das Land, durch die kambodschanische Bevölkerung, der auch nach zehn Jahren nicht überwunden war und eigentlich bis heute fortwirkt.

Das Reizwort lautete Vietnam. Da formierten sich von Anfang an zwei unversöhnliche, feindliche Lager: jene, die die Vietnamesen willkommen hießen und fortan mit ihnen arbeiteten, in dem einen Lager und im anderen die, die die Vietnamesen mit allen Mitteln bekämpften.

Argumentierten die einen: Am 7. Januar 1979 haben die vietnamesischen Truppen Kambodscha befreit; das war „für die Menschen hier wie eine zweite Geburt, als sie ihre Rechte und Freiheiten, ihre Hoffnung vor allem wiedererlangten" (Chea Sim). Und sie verwiesen darauf, daß dank der Hilfe der Vietnamesen der Massenmörder Pol Pot außer Landes gejagt und Kambodscha vor dem drohenden Untergang gerettet werden konnte, wofür man diesen Dankbarkeit schulde. Auch wenn sie in vielem von Vietnam gegängelt werden, war von der Bevölkerung zu hören, es sei besser abhängig zu sein als tot. Also sind sie im Lande geblieben, nicht davongelaufen wie so viele und versuchen, trotz aller Schwierigkeiten, mit den Vietnamesen zusammenzuarbeiten und so zu überleben.

Hielten die anderen dagegen: Am 7. Januar 1979 haben die vietnamesischen Truppen Kambodscha besetzt; es war eine Invasion und damit eine Verletzung internationalen Rechts: hier habe eine Nation in Ausübung ihrer hemmungslosen Expansionspolitik eine andere Nation unter ihre Gewalt zwingen wollen. Bekannte Begriffe waren zu hören, Kolonialisierung und Vietnamisierung – so habe es Vietnam immer mit Kambodscha versucht. Deshalb hätten sie das Land verlassen müssen, deshalb sei es legal und gerechtfertigt, die vietnamesischen Invasoren und deren kambodschanisches Marionetten-Regime zu bekämpfen, andernfalls „werden die Vietnamesen immer und für alle Zeiten die Herren von Kambodscha sein" (Prinz Sihanouk).

Daß die Beziehungen zwischen Kambodscha und Vietnam im historischen Kontext nicht immer unbedingt harmonisch waren – daß Kambodschas Machthaber sich seit dem 17. Jahrhundert und wohl schon früher vom vietnamesischen Nachbarn bedroht fühlten und einige Male auch bekriegt wurden – daß vietnamesische Expansionsgelüste zum Beispiel aufgrund der wirtschaftlichen Ressourcen in Kambodscha (Reis) keine Erfindung waren – das alles ist vielfach beschrieben worden, wenn es darum ging, das Mißtrauen der Kambodschaner gegenüber Vietnam plausibel zu machen. Und dieses Mißtrauen war in den letzten Jahren bis 1979 von kambodschanischer Seite nicht immer nur propagandistisch aufgeheizt worden: Zu verweisen ist auf die religiös eingefärbten antivietnamesischen Exzesse à la Lon Nol um 1973/74 und auf die nationalistischen Hetzkampagnen Pol Pots gegen Vietnam um 1978. Natürlich war Vietnam in Kambodscha ein Reizthema.

Warum also sollte es diesmal beim Einmarsch der Vietnamesen am 7. Januar 1979 anders sein, fragten zweifelnd die einen. Die anderen widersprachen: Es sei anders, es sei der Anfang eines neuen, freundschaftlichen Verhältnisses zwischen Kambodscha und Vietnam.

Am 2. Dezember 1978 irgendwo in den dichten Wäldern der kambodschanischen Ost-Provinz Kratie nahe Vietnam. An geheimem Ort nahe Snuol einige Männer, Diskussionen, politische Programme, Zukunftsvisionen. Und ein ehrgeiziges Ziel: das Pol Pot-Regime sollte gestürzt werden, und sie wollten in Phnom Penh die Macht übernehmen – mit Hilfe der Vietnamesen natürlich, die einen hochkarätigen Ehrengast geschickt hatten, Le Duc Tho, der 1973 für Vietnam den Waffenstillstand mit den Amerikanern ausgehandelt hatte. Ohne diese, das wußten sie in Snuol, hätten sie keine Chance. So entstand die „Nationale Einheitsfront Kampucheas zur Rettung der Nation". Inbrünstig sangen sie ihre neue Nationalhymne

Die Namen der Rebellen von Snuol waren nicht vielen geläufig: Heng Samrin und Chea Sim zum Beispiel, bis vor kurzem noch Truppen-Kommandeure bei den Roten Khmer in den östlichen Verwaltungsbezirken *damban 20* und *21*, die sich jedoch von Pol Pots mörderischer Ideologie losgesagt hatten – oder auch Pen Sovan, kambodschanischer Alt-Kommunist, der lange Jahre in Hanoi im Exil war. Heng Samrin wurde zum Regierungschef im Wartestand ernannt, Chea Sim zu seinem Stellvertreter; Pen Sovan war der Verantwortliche für militärische Fragen. Irgendwie tat sich auch, so ist berichtet worden, ein wendiger 27jähriger hervor, den sie zum Vertreter der Jugend machten; bald darauf sollte er Außenminister sein. Der Name: Hun Sen.

Fünf Wochen später saßen sie bereits alle, dank der Vietnamesen, in Phnom Penh in Amt und Würden – als Regierung der neu ausgerufenen „Volksrepublik Kampuchea"; nur 200 Parteimitglieder waren sie insgesamt.

Das damalige Urteil des Prinzen Norodom Sihanouk über die neuen Herren war nicht positiv: „Heng Samrin war ein Roter Khmer, ein Killer; er kann Menschen töten, aber kein Land verwalten. Und Hun Sen, der sogenannte Außenminister, er hat keinerlei Erfahrung; er war noch in der Schule als ich schon Staatsoberhaupt von Kambodscha war ... Er ist eine Null ... Was kann man mit Nullen anfangen: null plus null plus null bleibt null." So weit die Meinung der einen Seite.

Die andere Seite konnte Handfesteres bieten: ein elf Punkte umfassendes politisches Programm, das Kambodscha in die Normalität zurückführen sollte. Alles was unter Pol Pot hierzulande verboten gewesen war, bei Todesstrafe verboten, wurde wieder in Kraft gesetzt. Zum Beispiel: die Freiheit des Glaubens – der Buddhismus war nicht länger „Reaktionäre Religion". Zum Beispiel: die Bewegungsfreiheit – den Menschen war nicht mehr diktiert, wo sie zu leben und zu arbeiten hatten; sie konnten fortan ihren Aufenthaltsort selbst bestimmen. Und sie konnten wieder im Familienverbund leben und ihre Felder bestellen, und was sie dank ihrer Arbeit ernteten oder anschafften, gehörte ihnen auch. Märkte wurden eröffnet, auf denen der Handel nicht reglementiert war; Schulen und Krankenhäuser entstanden neu. Die Regierung setzte auf *laisser-faire* und hoffte bei der Bevölkerung auf Eigeninitiative.

Samaki hieß das Zauberwort – in der Übersetzung Solidarität. Und die war dringend nötig, denn der Neueinstieg in den ersten Monaten nach dem Desaster Pol Potscher Ideologie war nicht einfach und auch nicht störungsfrei.

Viele hunderttausend Kambodschaner irrten 1979 und auch später noch im Land umher. Sie hatten die „Killing Fields" überlebt und sich nicht, wie andere (300.000 sollen es gewesen sein), den flüchtenden Truppen der Roten Khmer Richtung Thailand angeschlossen; jetzt waren sie auf der Suche nach ihren Verwandten, sie wollten zurück in ihre Dörfer und Häuser, die aber überwiegend zerstört, oder auf ihre Reisfelder, die verwüstet waren.

Viele hunderttausend Kambodschaner hungerten in dieser Zeit, weil die Vorräte, wo es welche gab, schnell aufgebraucht waren und mit einer ausreichenden neuen Reisernte nicht gerechnet werden konnte; während der letzten militärischen Auseinandersetzungen war die Feldbestellung nahezu unterblieben. Die Hungersnot stellte sich zwangsläufig ein – und noch einmal suchten Unzählige ihr Heil in den Flüchtlingslagern in Thailand.

So hatten die Roten Khmer Kambodscha hinterlassen: das Land ausgeblutet, die Menschen (so sie überlebt hatten) entwurzelt, die Infrastruktur zerstört. Von 450 Ärzten vor 1975 waren 1979 nur noch 45 in Kambodscha tätig, von 22.000 Lehrern Anfang 1970 nicht mehr als 7.000. Für die Daheimgebliebenen ging es erneut um bloßes Überleben. Daß sie das nur im Schulterschluß mit den Vietnamesen tun konnten, störte sie damals nicht im geringsten.

Phnom Penh, 18. Februar 1979. Die Ministerpräsidenten Heng Samrin und Pham Van Dong unterzeichnen einen „Vertrag über Frieden, Freundschaft und Zusammenarbeit" zwischen Kambodscha und Vietnam, der auf 25 Jahre festgelegt ist. Das entscheidende Wort auch hier: Solidarität, *samaki*, auch wenn die militärische Solidarität besondere Aufmerksamkeit erfuhr. „Beide Seiten verpflichten sich, alles in ihren Kräften Stehende zu tun, die traditionelle militärische Solidarität, Freundschaft und brüderliche Zusammenarbeit zwischen Vietnam und Kampuchea zu verteidigen und beständig zu entwickeln sowie gegenseitiges Vertrauen und gegenseitigen Beistand auf allen Gebieten, auf der Grundlage des Respekts vor der Unabhängigkeit, der Souveränität und den rechtmäßigen Interessen eines jeden und der Nichteinmischung in die inneren Angelegenheiten des anderen ..."

Dieser Vertrag war, selbstverständlich, für die eine Seite, die antivietnamesische, der endgültige und „schlüssige Beweis", daß Vietnam sich Kambodscha völlig einverleibt hatte und die neuen Herren in Phnom Penh nichts als „Lakaien" und „Marionetten" der Vietnamesen darstellten.

Für die andere Seite war der Freundschaftspakt, auch selbstverständlich, so etwas wie eine Sicherheitsgarantie für die Zukunft. Insofern konnte es auch nicht überraschen und bot es sich geradezu als zwingender Schritt an, daß die militärische Solidarität zwischen den beiden Staaten forciert wurde: Das Mörder-Regime der Roten Khmer, und mit ihnen einige potente Verbündete, wartete nämlich weiter auf seine Gelegenheit, nach Kambodscha zurückzukehren und dort die Macht zu übernehmen, 1979 schon und die ganzen zehn Jahre danach.

Eigene Eindrücke aus dem Jahre 1985. Wir sind im Tempel Ta Prohm gewesen, in dem eine schöne Geschichte aus Kambodschas glanzvoller Vergangenheit erzählt wird: vom großen König Suryavarman II., der sich vom Lächeln einer Bauerntochter bezaubern ließ und sich mit diesem Tempel erkenntlich zeigte. Die Stimmung war sanft und verspielt, im Innenhof machten drei Männer Musik. Aber da patrouillierten, die Gewehre geschultert, Soldaten durch das Gelände, mißtrauisch beobachteten sie die Fremden. Eindrücke, die auseinanderlaufen, die nicht zu einem Bild zusammenpassen wollen. Wer mag schon an Schlimmes denken bei der Erinnerung an die friedliche Romanze zwischen dem König und dem Mädchen aus dem Volk.

Der Weg vom Tempel Ta Prohm nach Phnom Penh führt über die Nationalstraße 2, die in der Regenzeit wieder einmal schwer gelitten hat. Alle paar hundert Meter, wann immer die Straße Wasserläufe oder Kanäle zu überqueren hat, roh gezimmerte Hütten, Unterstände, Wachen, manchmal auch Kontrollen. Es sind Angehörige der dörflichen Miliz, die die Brücken und andere wichtige Punkte an der Straße schützen sollen. „Wir leben immer noch im Krieg", erklären die Wachen; der findet nicht überall statt, vielleicht in einer anderen Provinz, vielleicht wird der Feind aber auch plötzlich ganz in der Nähe zuschlagen. „Da wollen wir gewappnet sein." Sie haben einfach zu viel zu verlieren, was sie sich in den letzten sieben Jahren mühevoll erarbeiten mußten. Der Feind – natürlich sind immer noch die Roten Khmer gemeint.

Zurück in Phnom Penh. Am Denkmal der Unabhängigkeit, das noch aus der Zeit Sihanouks stammt, wehen rote Fahnen. Ein besonderer Anlaß, 2. Dezember. An diesem Tag feiern sie hier die siebente Wiederkehr der Gründung der „Nationalen Einheitsfront Kampucheas". Die politische Prominenz des Landes ist nahezu vollzählig erschienen, nur Parteichef Heng Samrin fehlt. Die beiden mächtigsten nach ihm marschieren vorneweg: die Nummer Zwei Chea Sim, der Vorsitzende der Nationalen Front sowie der Nationalversammlung, und der Genosse Hun Sen, der vor kurzem zum Ministerpräsidenten avanciert ist. Ein Kranz wird niedergelegt, der politische Festakt nach sozialistischem Ritual schließt sich an. Rückschau auf den 2. Dezember 1978. Damals hieß die Front noch „Nationale Einheitsfront Kampucheas zur Rettung der Nation"'(vor Pol Pot nämlich); mittlerweile wurde sie zukunftsweisend umgetauft in „Nationale Front für den Wiederaufbau und die Verteidigung des Vaterlandes" – Wiederaufbau im Innern, Verteidigung nach außen (gegen Pol Pot zum Beispiel). Und das natürlich mit Hilfe der Vietnamesen, die einen hochrangigen Vertreter zur Geburtstagsfeier geschickt haben: Huynh Tan Phat, Vizepräsident des vietnamesischen Staatsrats. Der Geist des 2. Dezember wird beschworen, der nichts anderes sei als jene Solidarität, *samaki*, die das Land zu Unabhängigkeit, Frieden und Freiheit führen werde, so Chea Sim in seiner Festrede. Viel Optimismus, auch für die Zukunft ohne Vietnamesen, klingt durch, der bisweilen die politischen Formeln sprengt, sich aber nicht festlegen mag, weil sie hier noch einen sehr ungewissen und sehr schweren Weg vor sich haben.

Auf einer Fahrt über Land können wir erleben, was beim Festakt gemeint war. Im Gelände abseits der Hauptstraße entdecken wir Arbeiter, die aber gar nicht wie Arbeiter aussehen. Sie sind aus Phnom Penh hierher gekarrt worden, Studenten der Medizinischen Fakultät, Angestellte aus dem Gesundheitsministerium, und sollen für ein paar Stunden helfen, im Dorf Takdol die lädierten Wege auszubessern. Hier handelt es sich nicht um Spontan-Aktionen, erfahren wir, das zählt zum Aufbau-Programm der Regierung. Regelmäßig werden die Menschen überall im Land zu solchen Arbeitseinsätzen angehalten – Straßenbau, Deichbau, Kanalbau, Arbeiten in den Reisfeldern. 100.000 solcher Solidaritäts-Gruppen sind unterwegs. Das Zauberwort, wie gesagt: *samaki*. Zwar ist dabei nicht jene politische oder militärische Solidarität zwischen Kambodscha und Vietnam gemeint, sondern, was fast noch wichtiger ist, die im Volk selbst.

Auch 1985, im November, ein Interview mit Ministerpräsident Hun Sen. Ein schmuckloser Raum, ein unelegantes Sofa, Möbel nach der Art, die manchmal sozialistisch schick genannt wird. Der Ministerpräsident grüßt, wie es Kambodschaner traditionell tun: die Handflächen (wie zum Gebet) zusammengelegt, die Verbeugung, das Lächeln der Khmer. Hun Sen nimmt sich Zeit. Er ist jetzt 34 und damit der jüngste Ministerpräsident der Welt. Sein Blick wirkt immer etwas starr, seit er im Krieg das linke Auge verloren hat und jetzt ein künstliches trägt. Die Stimme ist hell und bestimmt und dennoch irgendwie sanft, als er mir antwortet: „Ich kann sagen, daß wir die schwierigste Zeit hinter uns haben, dank der Anstrengungen des kambodschanischen Volkes unter der Führerschaft der Partei und der Regierung und auch dank der Hilfe der sozialistischen Bruderstaaten. Jetzt, 1985, sind wir in einer Periode wirtschaftlicher und sozialer Rehabilitierung und Weiterentwicklung, obwohl auch wahr ist, daß wir uns immer noch zwischen Frieden und Krieg befinden. Aber die Probleme, die dem Land daraus entstehen, werden auf keinen Fall zum Zusammenbruch unseres Regimes führen."

Es herrschte in der Tat Krieg in Kambodscha. Versuche, die pro-vietnamesische „Volksrepublik Kampuchea" mit ihren Regierungen Heng Samrin und Hun Sen zu destabilisieren und das Land von den Vietnamesen zu „befreien", hat es von 1979 an bis in die frühen neunziger Jahre gegeben. Dazu hatten sich in den Dschungelgebieten beiderseits der kambodschanisch-thailändischen Grenze drei Widerstandsgruppen etabliert und ihre mehr oder minder gemeinsamen Bemühungen zum „Nationalen Unabhängigkeitskampf der Khmer" hochstilisiert, der in Wirklichkeit ein verbissener, brutaler Guerilla-Krieg mit punktuellen Störaktionen in ganz Kambodscha war.

Natürlich stellten die gefürchteten Roten Khmer mit schätzungsweise 30.000 Mann (die sogenannte „Nationale Armee des Demokratischen Kampuchea") das größte Rebellen-Kontingent. Sie waren zwar die Restbestände der von den Vietnamesen zerschlagenen Pol Pot-Truppe, aber sie hatten ohne Zweifel die meiste Erfahrung als Guerilla, sicher auch die höchste Motivation und waren zudem am besten organisiert und ausgerüstet. Thailand hatte sie nach ihrer Niederlage physisch wieder hochgepäppelt, während China mit Waffen und Munition und die USA politisch und finanziell Hilfestellung leisteten. Ihre Führer waren die Altbekannten: Son Sen als Oberkommandierender, Ieng Sary, Nuon Chea, Ta Mok, der als „Der Schlächter" verrufen war. Der „Bruder Nummer Eins" Pol Pot hatte in Interviews Ende 1979 seine Völkermord-Quote von nahezu zwei Millionen zwar heruntergespielt, eventuelle Tote aber damit gerechtfertigt, daß es Leute „Mit vietnamesischem Kopf und kambodschanischem Körper" gewesen seien, also Feinde der Revolution, und Vietnam seinerseits des Völkermords bezichtigt und war dann auf lange Zeit ins Nirgendwo abgetaucht, aus dem ihn auch Interview-Angebote in Höhe von 300.000 US-Dollar nicht hervorlocken konnten. Auch als Ministerpräsident des „Demokratischen Kampuchea" (DK) trat er zurück, was aber sicher nicht bedeutete, daß er die Macht abgegeben hatte, sondern eher, daß sein Name inzwischen zum Synonym für die „Killing Fields" geworden war und sein „Grausames Gesicht" im weltpolitischen Schacher unerwünschte Negativ-Wirkung hätte haben können. Dementsprechend wurde Khieu Samphan, Pol Pots nomineller Nachfolger als Ministerpräsident, als das „Menschliche Gesicht" der Roten Khmer aufgebaut.

Die zweite Widerstandsgruppe, die „Nationale Front zur Befreiung des Khmer-Volks" („Front National de Libération du Peuple Khmer", FNLPK), rekrutierte sich in der Hauptsache aus Leuten, die 1970 aktiv am Sturz des Prinzen Norodom Sihanouk beteiligt und als Sympathisanten des Putsch-Generals Lon Nol und dessen „Khmer Republik" bekannt waren. Ihre Truppenstärke wurde auf knapp 5.000 geschätzt, Befehlshaber war der Ex-Ministerpräsident Son Sann. Von Insidern wurde berichtet, daß diese „Republikaner" mehr mit internem Posten-Gerangel beschäftigt waren als mit irgendeiner Art Widerstand.

Und dann gab es noch FUNCINPEC, „Front Uni National pour un Cambodge Indépendant, Neutre, Pacifique et Coopératif" (d. h. „Nationale Einheitsfront für ein unabhängiges, neutrales, friedliches und genossenschaftliches Kambodscha"), die im März 1981 von keinem anderen als Norodom Sihanouk selbst gegründet worden war und etwa 10.000 Mann unter Waffen hatte, die von Sihanouks Sohn Prinz Norodom Ranariddh befehligt wurden. Daß diese „royalistische" Widerstandsgruppe sich durch militärische Schlagkraft hervorgetan hat, ist nicht gerühmt worden.

Bekannte Tatsache ist jedoch, daß die Führer dieser drei kambodschanischen Widerstandsgruppen einander zutiefst verachteten, was in Anbetracht ihrer unterschiedlichen politischen Lebensläufe und Ideologien nicht verwunderlich war. Vor allem Sihanouk mochte sich nicht länger mit den verhaßten Roten Khmer gemein machen. Zwar hatte der Prinz Anfang 1979 in alter Funktion als königlich-kambodschanischer Saubermann mit einem seiner Auftritte in New York dem von den Vietnamesen entmachteten Pol Pot-Regime „Demokratisches Kampuchea" die weitere Anerkennung durch die UNO gesichert und damit der mit Vietnam liierten „Volksrepublik Kampuchea" den Weg in die Staatengemeinschaft verbaut, aber zum erstenmal war bei ihm Empörung über den Mißbrauch seiner Person deutlich geworden, weshalb er sich gekränkt nach Beijing ins Exil absetzte. Zumindest hatte es diesen Anschein, als er im September 1979 in einem „Offenen Brief an die Mitgliedstaaten der Organisation der Vereinten Nationen" deutliche, unversöhnliche Worte fand: „Ich bitte Sie mit äußerster Dringlichkeit, Ihre allzu lang praktizierte wohlwollende Haltung gegenüber der ‚Regierung des Demokratischen Kampuchea' des Mr. Pol Pot zu revidieren, die Sie unzulässig als die alleinige und authentische Vertretung der Nation und des Volkes von Kambodscha betrachten." Und: „Diese ‚Regierung', die nie jemand anderen vertreten hat als sich selbst und die nur mit abscheulichstem Terror regierte, hat systematisch alle Freiheiten und Menschenrechte, nationale Gesetze und sogar Ihre eigene [UN-]Charta verletzt und mit Füßen getreten." Weshalb Prinz Sihanouk entschieden dafür plädierte, den Sitz Kambodschas in der UNO unbesetzt zu lassen.

Sihanouks Auffassung stand jedoch nicht im Einklang mit den politischen Zielen einiger Großmächte, was zur Folge hatte, daß die Vereinten Nationen seiner Bitte nicht entsprachen und das Exil-Regime des Mörders Pol Pot ab 1979 zwölf Jahre lang als Vertreter Kambodschas in der UNO Sitz und Stimme bekam und die „Volksrepublik Kampuchea" als „Unrechtsstaat" und „Marionette Vietnams" verfemt war, das heißt weltweit nicht anerkannt, das heißt ebenfalls von jeglicher internationaler Hilfe vor allem seitens der Vereinten Nationen und ihrer Unter-Organisationen abgeschnitten.

Warum die gesamte Welt über viele Jahre einem nachgewiesenen Völkermord-Regime zu Gefallen war, ist nach humanitären Gesichtspunkten nur sehr schwer zu verstehen, hat aber politische Hintergründe: wenn etwa festzustellen ist, daß es den involvierten Großmächten gar nicht um Kambodscha und erst recht nicht um die Menschen in Kambodscha ging, sondern um die Befriedigung antivietnamesischer Gefühle – oder anders gesagt: daß unter Umständen gar keine Probleme entstanden wären, hätte irgendeine andere auswärtige Macht das Pol Pot-Regime außer Kraft gesetzt und nicht ausgerechnet Vietnam. Für die eine Großmacht, die USA, heißt das ohne jeden Zweifel, daß sie auf diesem Umweg nachträglich Vergeltung an

Vietnam für ihre eigene Niederlage nehmen konnte, die erst einige wenige Jahre zurücklag, weshalb antivietnamesische Politik in den Vereinigten Staaten zwangsläufig populäre Politik war, auch wenn damit einem Pol Pot hofiert wurde. „Wir hatten die Wahl zwischen moralischen Prinzipien und internationalen Gesetzen", hat damals ein amerikanischer Diplomat gesagt, „wir haben uns für die Gesetze entschieden." Und für China, die andere Großmacht, war es eine gute Gelegenheit im vermeintlichen Wettlauf um die Hegemonie in Asien, den Vietnamesen chinesische Überlegenheit zu demonstrieren und diese noch einmal für das zu bestrafen, was als Mißachtung chinesischer Interessen bezeichnet wurde, auch wenn damit einem Pol Pot eine neuerliche Möglichkeit geboten wurde, die Macht in Kambodscha zu ergreifen. Daß die ASEAN-Staaten bei diesem Anti-Vietnam-Monopoly sich als eifrige Mitspieler anboten, Thailand vor allem und die Vereinten Nationen sowieso, konnte in diesem Zusammenhang nicht überraschen.

Wie fragwürdig diese Politik war, wurde am 22. Juni 1982 deutlich. An diesem Tag schlossen sich die drei kambodschanischen Widerstandsgruppen ,obwohl miteinander verfeindet, zur „Koalitionsregierung des Demokratischen Kampuchea" zusammen, und als Präsident dieser unheiligen Allianz wurde, wer denn sonst, Prinz Norodom Sihanouk, der Mann für alle Fälle, auserkoren, genauer gesagt bestimmt. Denn was da aus der Taufe gehoben wurde, war wirklich nicht nach dem Willen aller Rebellen-Führer: Sihanouk und Son Sann hatten sich lange entschieden verweigert, Sihanouk nannte das Bündnis der drei mit Blick auf die Roten Khmer sogar einen „Pakt mit dem Teufel" und nahm das Präsidenten-Amt schließlich „resignierend" und „ohne Enthusiasmus" an. Er hätte auch gar keine andere Möglichkeit gehabt. Was zu geschehen hatte, diktierten allein die beiden Großmächte China und USA. Die hatten nämlich herausgefunden, daß es nicht von Vorteil für sie sein könne, wenn ihre politische und militärische Partnerschaft mit dem Unrechts-Regime des Pol Pot zu offenkundig werde; mit dem Prinzen Sihanouk als weltweit geachtete Galionsfigur der Kambodschaner ließ sich, so das gemeinsame perfide Kalkül, ihre Politik zugunsten der Dunkelmänner der Roten Khmer besser vertuschen und nichts-desto-weniger ungehemmt mit Stoßrichtung Vietnam weiterpraktizieren. Und mit Sihanouk an der Spitze einer sogenannten

Koalitionsregierung wäre auch der UNO-Sitz für das Exil-Regime „Demokratisches Kampuchea" auf Dauer gesichert.

Um ihre Ziele durchzusetzen, hatten die Großmächte selbst vor Erpressung der Widerstrebenden nicht zurückgeschreckt: Sihanouk und seine Einheitsfront FUNCINPEC würden von China, trotz aller persönlicher Wertschätzung des Prinzen, nur dann Waffen und sonstiges Material geliefert bekommen können, weiter   bereit sei, mit den Roten Khmer in der Koalitionsregierung zu paktieren. Und selbst Thailand als sogenannter Frontstaat und antivietnamesische Speerspitze der ASEAN-Staaten war in der Lage, Druck auf Sihanouk auszuüben: wenn er weiter seine Kämpfer auf thailändischem Territorium besuchen wolle, müsse er zustimmen, Präsident der „Koalitionsregierung Demokratisches Kampuchea" zu werden, andernfalls ...

Wer konnte sich da verweigern? Auch Prinz Sihanouk schaffte es nicht, obwohl er doch knapp drei Jahre zuvor noch anders getönt hatte. Streng genommen waren die drei Widerstandsgruppen auch nur das, was sie dem Regime der „Volksrepublik Kampuchea" immer vorwarfen: Marionetten einer fremden Macht. Vielleicht ist in diesem Zusammenhang für beide Seiten eher der Begriff „Realpolitik" angebracht.

Seit jenem 22. Juni 1982 führten die drei Widerstandsgruppen also ihren „Nationalen Unabhängigkeitskampf der Khmer" als Koalition weiter, unvermindert verbissen, verderbenbringend, hin und wieder auch kurzfristig militärisch erfolgreich, wenn sie mit Stoßtrupp-Unternehmungen überall im Land Unruhe stifteten und Dörfer überfielen. Waffen und Munition und wohl auch Gelder flossen regelmäßig, und in den überfüllten, aber vom Ausland gut versorgten Flüchtlingslagern an der Grenze fanden ihre Kämpfer Unterschlupf und Beistand. Und all die Zeit waren die Roten Khmer, wie gehabt, die Aktivsten und Stärksten. Das blieb so über 1989 hinaus bis 1991.

Im Innern Kambodschas, in der „Volksrepublik Kampuchea" die unveränderte Situation: das Land zwischen Krieg und Frieden. Nach wie vor waren die Vietnamesen mit etwa 140.000 Soldaten und Beratern aktiv, die sich verstärkt um den Aufbau und die Ausbildung einer eigenständigen kambodschanischen Armee kümmerten, was mit den Jahren annehmbare Resultate erzielt hatte, wie aus zahlreichen Manövern und selbst aus Gefechten gegen die Truppen des Widerstands ersichtlich wurde. Zahlenmäßig waren ihre 40.000 Mann den 45.000 Rebellen noch unterlegen, die zudem auch bessere Waffen zur Verfügung hatten. Aber die kambodschanische Armee konnte noch einmal rund 100.000 Milizsoldaten als Nachschub ins Feld führen. Und dann waren ja auch noch, wie gesagt, die Vietnamesen da – zumindest bis 1989.

Einen Rückzug der vietnamesischen Einheiten hatte Ministerpräsident Hun Sen schon im November 1985 im Interview mit mir angekündigt, als er den Willen seiner Regierung bekräftigte, den Streit um Kambodscha durch Verhandlungen beizulegen: „Die inneren Probleme können durch Gespräche zwischen den kambodschanischen Gruppen gelöst werden mit dem Ziel der Nationalen Aussöhnung, allerdings ohne Pol Pot. International ist der Abzug der vietnamesischen Armee aus Kambodscha Vorbedingung für eine Lösung ,genauso aber auch die Ausschaltung Pol Pots und die Auflösung seiner Stützpunkte in Thailand." Der Abschied der Vietnamesen schien da das geringste Problem zu sein.

Eigene Eindrücke aus dem Jahr 1989 vor dem Abzug der Vietnamesen.

Wenn es die Pferde-Rikschas nicht gäbe, die etwas Farbe und Lebendigkeit ins Straßenbild bringen – Sisophon wäre ein ganz trauriger Ort. Sisophon: Hauptstadt der Provinz Banteay Meanchey, strategisch wichtiger Knotenpunkt, Befehlszentrale der regionalen kambodschanischen Streitkräfte, die im umkämpften und von den Rebellen durchsetzten Niemandsland nach Thailand zusammengezogen sind. Wer weiter nach Westen will, zur Verteidigungslinie an der Grenze, die die Militärs schlicht K5 genannt haben, die im Sprachgebrauch des Volkes aber nur „Todeslinie" heißt, muß in Sisophon Station machen. Pol Pot-Soldaten, die übergelaufen sind, werden wie Trophäen präsentiert. Einer erzählt: Seine Oberen hätten immer gesagt, er müsse gegen Vietnamesen kämpfen, aber dann habe er nur gegen Khmer, gegen Landsleute gekämpft, Dörfer im Hinterland angegriffen, Minen gelegt – drei Jahre lang. Nie habe er sterbende vietnamesische Soldaten gesehen, immer nur sterbende Khmer.

Wir sind auf dem Weg von Sisophon an die thailändische Grenze. Wie eine Schneise schiebt sich die Nationalstraße 5, von den schweren Militärfahrzeugen völlig zermalmt, durchs Unterholz. Ein Schützenpanzer führt die Kolonne an, wir folgen auf offenem LKW. Selten Hütten am Weg, wenig Zivilisten, fast ausschließlich Militärs. Rechts und links in den Wäldern lauert der Feind, sagt man uns. Manchmal ist entfernt Artilleriefeuer zu hören.

Schließlich der Grenzort Poipet oder das, was in zehn Jahren Kleinkrieg zwischen Vietnamesen und kambodschanischen Regierungstruppen auf der einen Seite und den kambodschanischen Widerstandskämpfern auf der anderen übriggeblieben ist: zerschossene, verlassene Häuser, im tropischen Wildwuchs Schützengräben, Stacheldrahtverhaue, Minenfelder – die Todeslinie. Auf der Brücke über den Grenzbach Chroeuv steht ein kambodschanischer Grenzsoldat. Thailändische Posten mühen sich über den Brückensteg, der Ortskommandeur von Poipet hat sie gebeten, die Besucher zu begrüßen, was sie bereitwillig tun. Eine merkwürdige Situation: belanglose Floskeln von hüben nach drüben, Nettigkeiten – aber nicht weit von hier, auf thailändischer Seite, liegen jene Flüchtlingslager, *Site 8* zum Beispiel, die die Roten Khmer mit Billigung der Thais als Ausgangsstellunge nfür ihre Guerilla-Aktionen nach Kambodscha hinein mißbrauchen. Die Todeslinie bietet kaum wirksamen Schutz gegen den eindringenden Feind.

In diesen Tagen herrscht nervöse Spannung in den Panzer- und Artillerie-Stellungen entlang der Straße Poipet-Sisophon. Denn es ist für die Zeit ab Ende September 1989, wenn die Vietnamesen abgezogen sind, in dieser Region mit massiven Angriffen der Widerstandsgruppen, vor allem der Roten Khmer zu rechnen. Also mehr Bewegung als sonst im Raum Poipet. Regierungssoldaten sind auf dem Weg an die Front, deren Verlauf eigentlich keiner richtig kennt. Wollte man vom äußeren Aufzug der Truppe auf deren Kampfkraft schließen, wäre es mit den Chancen, den fanatischen Kriegern der Roten Khmer Paroli zu bieten, wohl kaum weit her. Aber, so wird vom Oberkommando in Phnom Penh versichert, die kambodschanische Armee und die Miliz sind besser als ihr Ruf und ihr Äußeres, nicht nur weil sie von den Vietnamesen gelernt hätten, sondern vor allem weil sie den Menschen hier eine zweifelhafte Zukunft unter den Roten Khmer ersparen möchten.

Und es sollte auch noch auf einen anderen Punkt hingewiesen werden – Ministerpräsident Hun Sen tat es im Vorfeld des Truppenrückzugs in den Pressekonferenzen der letzten Tage immer wieder, wenn sich im Halbdunkel der Säle die Journalisten und Kameramänner aus aller Welt vor ihm drängten und die Zukunft Kambodschas ohne Vietnamesen, seine eigene politische Zukunft das Hauptthema war: Alle sollten davon ausgehen, „daß das Ende der Anwesenheit der vietnamesischen Armee in Kambodscha nicht das Ende der Solidarität zwischen Kambodscha und Vietnam bedeutet", man werde einander weiter beistehen, falls es neue Bedrohungen durch feindliche Kräfte gebe; seine Regierung könne nicht erschüttert werden. Seine Stimme klingt leicht aggressiv, schrill, wie beschwörend, mitunter zuckt der Zeigefinger hervor, um den Worten Nachdruck zu verleihen. *Samaki* habe nach wie vor Gültigkeit.

Der Abschied. Noch eine Woche bis zum Rückzug. Eine Armee zieht Bilanz. Gesang leitet über zum politischen Unterricht – Thema: Was die vietnamesischen Truppen in den zehn Jahren zwischen 1979 und 1989 für Kambodscha getan haben. Es sind Soldaten des Frontabschnitts 779, die in der Provinz Kampong Cham eingesetzt und zuständig für die Sicherheit in drei weiteren Nordost-Provinzen Kambodschas waren. Jeden Monat bis zu zehnmal Feindberührung; immer waren es die berüchtigten Roten Khmer gewesen. Aber die Hauptarbeit hätten zuletzt die kambodschanischen Truppen übernommen. Oberst Huynh Van Cuu vom Stab des Abschnitts 779 spricht von den zwei Zielen, die Vietnam mit seinem Eingreifen in Kambodscha verfolgt habe, und beide Ziele seien erreicht worden: Sie hätten nach dem brutalen Morden während des Pol Pot-Regimes ein wenig zur Wiedergeburt Kambodschas beitragen können, und sie hätten die kambodschanischen Streitkräfte in die Lage versetzt, sich selbst zu verteidigen, wenn die vietnamesischen Truppen erst einmal abgezogen seien. Der Oberst hat schon einmal in dieser Region gekämpft – damals waren Amerikaner die Gegner.

Ihre Camps in den Kautschuk-Wäldern haben sie bereits verlassen. Für die wenige verbleibende Zeit sind sie in den Dörfern an der Nationalstraße 7 nahe Chup untergekommen; die Aufnahme durch die Bauern der Gegend war freundlich – das festzuhalten, ist für die vietnamesischen Soldaten wichtig. Dennoch warten sie voller Ungeduld auf den Marschbefehl Richtung Heimat. Nur noch die Abschiedszeremonie in Kampong Cham, die Blumen und Danksagungen, die vielen Tausend am Straßenrand Fähnchen schwingend und winkend. Bis zum Grenzübergang bei Samat brauchen sie nicht lange. Sie sind froh, Kambodscha endlich verlassen zu können. 25. September 1989.

Mit allen Mitteln an die Macht

Hun Sen, der starke Mann der Kommunisten

Am Abend vorher haben sie in Phnom Penh schnell noch den Müll beiseitegeräumt, der hier sonst reichlich lagert. Die neue Asphaltdecke in den Hauptstraßen ist auch rechtzeitig getrocknet. Und wie immer bei besonderen Anlässen drängen sich die Menschen „Zu vielen Tausenden", wie später verlautbart werden wird. Es sieht allerdings so aus, als sei diesmal eine gehörige Zahl aus eigenem Antrieb zum Jubeln angetreten und nicht nur, weil die Partei es befohlen hat.

Es ist der 14. November 1991 in Phnom Penh. Man wird sich das Datum merken müssen, denn es ist der Tag, an dem der Prinz Norodom Sihanouk wieder eine Hauptrolle in Kambodscha übernommen hat. In einem offenen Chevrolet Impala, Baujahr 1963, legt der Heimkehrer aus dem Exil die etwa zehn Kilometer vom Flugplatz Pochentong ins Zentrum von Phnom Penh zum historischen Palast der Khmer-Könige zurück. Man hat dem Prinzen eine Girlande aus frischen Blüten umgehängt; er strahlt, er winkt den Menschen am Straßenrand zu. Und fest hält er die Hand des Mannes, der zwölf Jahre lang sein Intimfeind gewesen ist und von dem er jetzt, so sieht es aus, nicht mehr lassen will. Der steht neben ihm im Chevrolet und strahlt nicht minder: Hun Sen, der Ministerpräsident des noch amtierenden Regimes, das kommunistisch ist, das in Kambodscha nur mit Hilfe vietnamesischer Truppen an die Macht kam und mittlerweile nicht mehr „Volksrepublik Kampuchea" heißt, sondern unverfänglich „Staat Kambodscha" („State of Cambodia", SOC). Und daß seine Regierung nicht gewillt ist, von der Macht zu lassen, hat dieser Hun Sen immer wieder deutlich gemacht.

War das ein Empfang! Der Prinz und der Premier Hand in Hand im Spalier der Jubler – sie konnten zufrieden sein. Es hatte ganz so ausgesehen, als sei der heimkehrende Sihanouk in Kambodscha willkommen, den Menschen und sogar der politischen Führung des Landes.

Auf diesen Tag des Triumphs hat der Prinz Norodom Sihanouk lange gewartet. 21 Jahre, seit die Amerikaner ihn 1970 als Staatsoberhaupt Kambodschas entmachteten, indem sie einem ihnen willfährigen kambodschanischen Hierarchen, dem bekannt korrupten und damals schon psychisch leicht destabilisierten General Lon Nol den Putsch gestatteten und auch in Naturalien, sprich Waffen bezahlten. Zu häufig und zu heftig hatte der Prinz gegen die USA aufgemupft, die auch in seinem Land ihren schmutzigen Krieg um Indochina führten. Er hatte nicht so funktioniert, wie die Amerikaner es wollten, er hatte sich geweigert, deren Marionette zu sein, was jenem Lon Nol ohne Schwierigkeiten gelang. Damals 1970 hat Sihanouk ein Interview gegeben, an das zu erinnern sich lohnt: Lügner und Gauner seien die Amerikaner; der von ihnen initiierte Putsch, seine Entmachtung verstoße gegen internationales Recht – und es klang, als wolle er sagen, er werde es ihnen schon noch zeigen, irgendwann. Die Stimme Sihanouks klirrend und krächzend, atemlos, als wollten die Wörter sich selbst überholen – so redet er auch heute noch, wenn er attackiert und dem Gegner eins auswischen will. Da war auch nichts mehr von jenem milden Lächeln, das den Kambodschanern nachgerühmt wird, sondern nur noch kalte Entschlossenheit: Er hatte sein Gesicht verloren, Schlimmeres kann einem Asiaten nicht widerfahren. Eines fernen Tages würde er, Prinz Sihanouk, den Amerikanern und der Welt seine Rechnung präsentieren. Die Rechnung ist präsentiert worden und sogar beglichen.

Als Prinz Norodom Sihanouk an diesem 14. November 1991 in Begleitung des damaligen Machthabers Hun Sen wieder in der Hauptstadt Phnom Penh einschwebte, geradezu weitergetragen wurde von den Sympathie-Bekundungen der Bevölkerung, da kam er zurück auch mit Wissen, sogar mit Billigung und Beifall eben jener Amerikaner, die ihn seinerzeit so kalt hatten schassen lassen. Auch deren Unterschrift stand, neben 17 anderen, unter dem vor gerade drei Wochen unterzeichneten sogenannten Friedensvertrag von Paris, der das Dauer-Problem Kambodscha vielleicht bald einer Lösung näherbringen würde und auch sicherstellte, daß der Prinz Norodom Sihanouk nach Kambodscha zurück durfte – mit der Aussicht sogar, wenn den Worten des Vertrags auch Taten folgten, in absehbarer Zeit als oberste politische Instanz des Landes herrschen zu können. Die Amerikaner und die anderen Nationen hatten ihm damit gleichzeitig bescheinigt, daß er, Sihanouk, und kein anderer ihr Vertrauen und ihre Unterstützung hat, zumal Partner Hun Sen nach dem Verständnis der meisten Unterzeichner unverändert jemand war, dem sie eher mißtrauten. Persönliche Genugtuung also für den Prinzen: Sihanouk hatte sein Gesicht wiedergewonnen.

Natürlich ging es um weit Wichtigeres als um Streicheleinheiten für eine einzelne geschundene Seele, als am 23. Oktober 1991 in Paris endlich dieses „Abkommen über eine umfassende politische Lösung des Kambodscha-Konflikts" Paragraph um Paragraph und Absatz um Absatz auf dem Tisch lag und mit den Unterschriften aller in Kambodscha engagierten Parteien ohne erneutes Gezeter über Wenn und Aber und Doch nicht abgesegnet wurde. Die Atmosphäre im Internationalen Kléber-Konferenzzentrum von Paris war nicht unbedingt von Freude oder Versöhnlichkeit geprägt gewesen und eine gemeinsame Feier etwa der kambodschanischen Konferenzteilnehmer hatte es auch nicht gegeben, dennoch war dieser Abschluß mehr als selbst unverbesserliche Optimisten zu glauben gewagt hatten: daß Schluß mit dem Alptraum Kambodscha sein könnte und wirklich noch ein Happy-End jener nie endenden Geschichte, die von Mord und Totschlag handelte, vom Krieg und vom Leiden ungezählter Menschen, in der von Haß, Hoffnungslosigkeit, Verzweiflung die Rede war und das Wort Tragödie häufig genug zu umschreiben hatte, was eigentlich gar nicht in Worte gefaßt werden konnte. War das die Wende zu einer positiven Entwicklung

Es macht Sinn nachzuzeichnen, wie diese Einigung über Kambodscha zustandekam. „Der Krieg ist aus", hatte in knappester Form die Frohe Botschaft gelautet, die Prinz Norodom Sihanouk, damals noch in erster Linie einer der Sprecher des kambodschanischen Widerstands und dann erst der international hofierte *Elder Statesman*, am 29. August 1991 im thailändischen Sex- und Sündenbabel Pattaya der Weltöffentlichkeit nach einer einvernehmlichen Debatte unter den kambodschanischen Bürgerkriegsparteien verkündete. Und Erzfeind Hun Sen, Ministerpräsident des bekämpften herrschenden Regimes, war der Jubel-Losung seines Vorredners beflissen gefolgt: „Der Krieg ist wirklich vorüber." Was wohl nur heißen konnte, daß im bürgerkriegsgeschüttelten Kambodscha bald Frieden, Versöhnung, innere Ruhe ins Haus stünden – Zustände allesamt, die die Kambodschaner eigentlich längst aus ihrer Erinnerung gestrichen hatten.

An jenem Tag, an dem der Prinz Sihanouk in Pattaya sein kategorisches *„The war is over"* in die Kameras der Weltmedien sprach,

lachend, kichernd, sich gehörig zur Schau stellend, ließen sich viele
Beobachter dazu verleiten, den Augenblick als historisch zu beschreiben. Wieder einmal waren die Hauptleute der am Dauerstreit beteiligten kambodschanischen Gruppierungen, jene drei Widerstandsbewegungen und das kommunistische Regime in Phnom Penh,
zusammengetroffen ;natürlich war Hun Sen als Ministerpräsident
des „Staates Kambodscha" (SOC) dabei, begleitet von seinem Außenminister Hor Nam Hong und seinem Verteidigungsminister Tea
Banh – Sihanouk war mit Sohn Prinz Norodom Ranariddh gekommen – die Roten Khmer hatten wie immer Khieu Samphan und Son
Sen geschickt – die FNLPK war mit Son Sann vertreten. Aber würde
es diesmal nicht sein wie immer bei ihren Marathonsitzungen: endlose Debatten, stures Beharren auf uralten Standpunkten, die vertrauten, verschlissenen Vorwürfe – oder vielleicht doch noch ein
Hauch von Kompromiß, der für die nächste, entscheidende Konferenz in Paris Hoffnung machte? War das nicht all die Jahre kontraproduktiv gewesen?

Zum erstenmal überhaupt hatte es „Berührungen" zwischen den
verfeindeten Lagern vom 2. bis 4. Dezember 1987 gegeben. Noch
waren damals die Vietnamesen nicht aus Kambodscha abgerückt
und das amtierende kommunistische Regime in Phnom Penh galt
international immer noch als politischer Paria – dennoch trafen sich
in Fèreen-Tardenois, einem kleinen Ort bei Paris jene zwei Kambodschaner, die bis dahin direkt noch nie persönlich miteinander zu
tun gehabt hatten und die für viele Jahre danach (selbst bis auf den
heutigen Tag) Kambodschas Geschichte bestimmen sollten: Prinz
Norodom Sihanouk und Hun Sen. Ein weiteres politisches *tête-à-tête*
der beiden Widersacher folgte wenig später am 20. Januar 1988 in
St-Germain-en-Laye ebenfalls in der Nähe von Paris. Auch wenn
ihre insgesamt fünf Zweiergespräche politisch wenig brachten, hatten sie dennoch weitreichende Bedeutung. Einmal zeigte Sihanouk
damit an, daß er persönlich handelnd in die Politik des Landes eingreifen wolle, nach dem alten Selbstverständnis, daß nur er, Sihanouk, zur Rettung Kambodschas berufen sei. Und zum anderen
hatte Hun Sen zum erstenmal für sein verfemtes Regime eine internationale Plattform erhalten, von der aus er in Zukunft seinen
Standpunkt vor der Weltöffentlichkeit verfechten konnte. War er
plötzlich nicht wer, da er jetzt auf gleicher Stufe mit dem Prinzen

Sihanouk verhandelte? Genau mit diesem Hintergedanken hatte er die Gespräche mit Sihanouk gesucht, selbst gegen den Widerstand vieler Genossen.

Auch Thailand, das als „Frontstaat" bis dahin dem kambodschanischen Widerstand dienlich gewesen war, begann Hun Sen und dessen Regime zu umwerben: „Das Schlachtfeld Indochina in einen Marktplatz zu verwandeln", gab Ministerpräsident Chatichai Choonhavan als Devise einer veränderten Politik aus – er lud Hun Sen sogar privat nach Bangkok ein:

Das Entscheidende jedoch: Es war endlich ein wenig Bewegung in eine Art Friedensprozeß in Sachen Kambodscha gekommen, der international mit den „Jakarta Informal Meetings" (JIM 1 im Juli 1988, JIM 2 im Februar 1989) und weiteren Konferenzen seinen nicht immer erfolgreichen Fortgang nahm. Hauptdarsteller in allen Fällen Norodom Sihanouk und Hun Sen, über zwei Jahre lang.

Damals in Pattaya im August 1991 lag, wenn nicht zur Verabschiedung, so doch zur Vor-Schlußberatung, erstmals in vollem Umfang jener sogenannte Friedensplan der Vereinten Nationen auf dem Tisch, den der australische Außenminister Gareth Evans nach Ideen des amerikanischen Kongreßabgeordneten Stephen Solarz Ende 1989 ausgeklügelt und auf den Weg gebracht hatte. Von da a war noch ein weiteres Jahr mit Dauer-Diskussionen vergangen, bis sich die fünf permanenten Mitglieder des UN-Sicherheitsrats (USA, Großbritannien, Sowjetunion, Frankreich und China; auf eine Endfassung geeinigt und sich die Kambodschaner aller Couleur mit ihr mehr oder weniger widerstrebend angefreundet hatten. Daß dieser Plan für eine Übergangzeit einen Obersten Nationalrat von Kambodscha vorschlug (das „Supreme National Council" oder SNC), in dem sich die Streitparteien unter der Präsidentschaft des Prinzen Sihanouk paritätisch sechs und sechs etablieren sollten, und ergänzend dazu als neutrales Überwachungsgremium UNTAC vorsah, die „UN Transitional Authority for Cambodia", die schnellstmöglich Wahlen zu organisieren hatte – das bereitete den Verhandelnden im Vorfeld keine besonderen Schwierigkeiten. (Das SNC war sogar schon im September 1990 Realität geworden). Daß in diesem UN-Friedenspaket aber immer noch einige schwer verdauliche Brocken steckten, vor allem für die Genossen aus Phnom Penh, war Grund genug gewesen zu befürchten, daß dieses alles entscheidende Patt ya-

Meeting der zwölf Kambodschaner das Schicksal seiner Vorläufer haben werde. Warum sollte es anders sein als sonst?

Der eine Brocken: die Verpflichtung der beiden kriegführenden Seiten auf Abbau ihrer Streitkräfte, deren Entwaffnung und Auflösung nach dem Buchstaben des UN-Plans total sein sollte, dem das Regime in Phnom Penh aber nur mit 40 Prozent zuzustimmen geneigt war.

Der zweite Brocken: der von den UN geforderte Verzicht auf ausdrückliche Benennung der Greueltaten der Roten Khmer mit jenen fast zwei Millionen ermordeten kambodschanischen Bürgern während deren Gewaltherrschaft 1975 bis 1979, die Phnom Penh in der Schlußakte als das bezeichnet sehen wollte, was es weltweit unwidersprochen in der Tat ist und was auch der UN-Konvention von 1948 („*On the Prevention and Punishment of Genocide*") entsprochen hätte: als blanken Völkermord. Weil die Roten Khmer als Hauptgruppe des Widerstands und angesprochene Übeltäter damit natürlich nicht einverstanden sein würden, sah der Plan vorsorglich Sanfteres, Verschwommenes vor: „Allgemein verurteilte Politik und Praxis der jüngsten Vergangenheit" („*Universally condemned policies and practices of the recent past*") – und das obwohl die USA und die Europäische Union die Untaten der Roten Khmer mittlerweile seit 1990 verdammt hatten.

Bei beiden Problemkreisen waren, wollte man sich Wege zu einer Lösung nicht erneut und damit auf Dauer verstellen, Kompromisse gefragt: in erster Linie von Phnom Penh, das wie immer in den Verhandlungen zuvor mit der Stimme seines Ministerpräsidenten Hun Sen sprach. Wenn sich dieser Hun Sen zu Wort meldet, muß man schon genau hinhören. Er mag die lauten, marktschreierischen Töne, die Gegenpart Sihanouk mit Vorliebe ins Redeprogramm einschiebt, gar nicht so sehr – selbst das Mikrophon bringt selten mehr Power. Nur manchmal legt er zu, dann wird die Stimme auch schrill und schneidend: wenn er auf die Roten Khmer und deren Anführer zu sprechen kommt und er seinen Zuhörern, ob auf Pressekonferenzen oder am Verhandlungstisch, klarzumachen versucht, daß es für deren Morden kein Verzeihen geben kann. Dann ist auch wieder der Zeigefinger in Aktion. Meist wirkt Hun Sen ernst und zurückgenommen, so als agiere er lieber von der zweiten Reihe aus; die Posen, die schauspielerischen Intermezzi, die gezielten Späße, die

Prinz Sihanouk so mag, sind ihm damals eher fremd. Was aber alles nicht bedeutet, daß er sich nicht durchzusetzen weiß und bei Verhandlungen ein Leichtgewicht als Gegner ist. Er hat es immer aufs neue bewiesen: unbeirrt, rücksichtslos, wenn er sich davon Erfolge versprach – gerissen und trickreich, wenn er den Kontrahenten ausspielen wollte.

Seit dieser Hun Sen in Kambodscha an der Macht ist, das heißt seit 1985, als er Heng Samrin als Ministerpräsident ablöste, hat er seine Machtposition im Lande zielstrebig ausgebaut und verteidigt. Daß er 1989 per Verfassungsänderung den Buddhismus auch legal wieder zur Staatsreligion erhob – daß er die seit 1979 bestehende „Volksrepublik Kampuchea", so wie es Sihanouk in einem ihrer bilateralen Gespräche angeregt hatte, in den „Staat Kambodscha" umbenannte und die bis dahin rotgelbe Landesfahne, die auffällig der vietnamesischen glich, gleich mit änderte (blau und rot mit den fünf Angkor Wat-Türmen in gelb) – daß er ausländische Unternehmen mit Investitionsvorteilen ins Land lockte, das alles war vom Zeitpunkt her geschickt eingefädelt, ließ sich damit doch bei wachsender internationaler Aufmerksamkeit für sein Regime parallel zu den Friedensverhandlungen ein rundum positives Bild seiner Regierungsarbeit zeichnen. (Da wurde schon mal über Schwachpunkte im Sozialsystem des Landes oder in der Wirtschaft und über die mehr und mehr wachsende Korruption seiner Verwaltung hinweggesehen)

Der Friedensprozeß nahm derweil Fahrt auf. Wenn es während all der Jahre politischer Hakelei um Kambodscha neben dem Prinzen Sihanouk ganz überraschend eine Leitfigur in den Verhandlungen gegeben hat, überraschend weil sie für die „falsche", aus westlicher Sicht „gegnerische" Seite agierte, dann ist es dieser Hun Sen gewesen: beweglich, taktisch versiert, kompromißbereit – er kannte alle Tricks und setzte sie ein, wann immer es ihm nutzte: ein Mann vom Schlag Sihanouk, trotz aller Gegensätzlichkeiten. So und nicht anders hat sich auch der Prinz während dieser Verhandlungsmarathons präsentiert.

Was Wunder, daß die beiden Kontrahenten aus verfeindeten Lagern einander dieserhalb anerkannten und der kambodschanische Ex-Monarch und mutmaßliches Staatsoberhaupt des zukünftigen Kambodscha nicht unbedingt etwas gegen einen Ministerpräsidenten Hun Sen an seiner Seite einzuwenden hatte – darüber hatten sie sich längst irgendwann verständigt.

Hun Sen schmiedete denn auch in Pattaya, August 1991, jene Kompromisse, die das sogenannte Miniwunder („Der Krieg ist aus") und letztendlich auch die gesamte Friedenslösung von Paris erst möglich machten: Phnom Penh erklärte sich bereit, statt nur 40 Prozent seiner Streitkräfte die geforderten 70 Prozent abzurüsten, womit sich auch die anderen Parteien einverstanden erklärten. Phnom Penh verzichtete sogar auf die strittige Vokabel „Völkermord" und stimmte den verwaschenen Formulierungen zu, die die Scheußlichkeiten des Massenmörders Pol Pot und seiner Roten Khmer aus der Sicht der Betroffenen in der Tat in unerträglicher Weise verniedlichten.

Dem Chefunterhändler aus Phnom Penh sind ob seiner Kompromisse bei der Rückkehr aus Pattaya wohl die Ohren lang gezogen worden. Für die Hartleibigen aus der kommunistischen Kader-Schmiede, Heng Samrin sei da genannt und auch Chea Sim, die ohnehin um ihren Einfluß bangten, war wirklich Unerhörtes geschehen. Dabei waren ihre Fragen, die sie dem Genossen Hun Sen stellten, gar nicht so abwegig, zeigten sie doch mögliche Gefahren für die Zukunft auf: Wer solle denn und wie wolle man eigentlich die vereinbarte Truppenreduzierung um 70 Prozent kontrollieren? Selbst wenn, wie im Vertrag vorgesehen, UN-Einheiten die Aufsicht darüber führten – bei einer regulären Armee wie der ihren se Überwachung eine vergleichsweise einfache Sache. Aber wie kontrolliere man Guerilla-Einheiten, die sich irgendwo unerreichbar im Dschungel verlieren, wie wisse man bei denen, ob abgerüstet reduziert werde oder nicht? Mit Recht zielte der Verdacht vor allem auf die Roten Khmer. Und nach Meinung der Kritiker in Phnom Penh könnten diese geradezu ermutigt werden, so ungehemmt brutal und menschenverachtend weiterzumachen wie all die Jahre, wenn man ihre Untaten nicht ungeschminkt als Völkermord bezeichnen dürfe.

Um diese Zeit war längst aktenkundig, daß die Truppen der Roten Khmer nach dem Abzug der Vietnamesen im September 1989 erhebliche militärische Erfolge im Kampf gegen die kambodschanische Regierungsarmee erzielen konnten, daß sie vor allem die Region um Pailin mit ihren lukrativen Edelstein-Minen erobert hatten, womit sie sich genügend finanzielle Mittel für ihren weiteren Kampf sicherten. So sah es in den Monaten der Friedensverhandlungen im Land aus, wie ich selbst feststellen konnte – Erinnerungen aus dem

Jahr 1990: Als Frischvermählte stellen sich der Jungbauer Hem Saron und das Mädchen Trouk Chantha vor. Als wir in das Dorf kommen, dessen Name mit Krang Tatom angegeben wird, ist die Feier in vollem Gang. Die Nachbarn sind zum Festschmaus versammelt, Musik spielt auf. Das Paar zieht von Tisch zu Tisch, um mit den Gästen den üblichen Reisschnaps *sra sar angkar* zu trinken – der Bräutigam in schwarzem Anzug und roter Rosette am Revers, die Braut im braunbeigen Kleid und hochgestecktem Haar, das eine Art Krönchen zusammenhält. Sie lassen es sich gutgehen. Hochzeit in Krang Tatom, als sei tiefster Frieden. Aber eigentlich kann das gar nicht sein. Denn wir sind unterwegs in der Provinz Kampong Speu, in Dörfern, die immer noch Schauplatz des unbarmherzigen Bürgerkriegs sein sollen und von den Horden der Roten Khmer bedroht. 75 Dörfer hätten diese in der letzten Zeit in der Gegend eingenommen, „befreit", wie es bei den Roten Khmer heißt.

Hochzeit im Krieg: Das Brautpaar im Dorf Krang Tatom, Provinz Kampong Speu, posiert mit der Dorfbevölkerung für die Fremden (Foto: Manfred Rohde)

Krang Tatom, 400 Einwohner, allesamt Habenichtse, die vom Reisanbau und von bescheidener Viehzucht leben. Das Dorf wird von der Nationalstraße 4 durchschnitten, die von Phnom Penh Richtung Süden führt. Wir befinden uns im Distrikt Phnom Slourch, „Spitzer

124

Berg" bedeutet das – gemeint sind die Hügel, die das Dorf umrahmen. Phnom Penh ist nur knapp 50 Kilometer entfernt. Wenn die Roten Khmer sich hier tatsächlich umtrieben, wäre die Hauptstadt in Gefahr – nichts anderes kann das heißen.

Soldaten sind im Dorf aufgetaucht; sie wirken erregt. Sie haben uns umzingelt, berichtet ein Soldat; in seiner Sprache sagt er, sie haben das Wasserbüffel-Horn gebildet, halbkreisförmig ausladend und zupackend. Sie, damit sind die Roten Khmer gemeint. Weitere Soldaten kommen ins Dorf. Vom „Spitzen Berg" aus hätten die Roten Khmer mit Panzerfäusten auf sie geschossen – drei Tote, sechs Verletzte. Einige aus ihrer Einheit sind als vermißt gemeldet. Deutlich irgendwo Schüsse – sehr weit entfernt kann das nicht sein. Jetzt fällt uns auch auf, daß sich überall im Gelände bewaffnete Gestalten bewegen – mag sein, daß die Hochzeits-Idylle den Blick auf die Realität verstellt hat und die Musik vom Festplatz die alltäglichen Geräusche im Dorf Krang Tatom überlagert. Wir erfahren, daß diese Stelle der Nationalstraße 4, die vom Dorf eingesehen werden kann, der umstrittene Punkt ist, das doppelte Nadelöhr: Hier kreuzen die Roten Khmer regelmäßig die Hauptverkehrsader der Regierung.

Tagsüber hocken und wachen deshalb Milizen des Regimes Hun Sen an der Straße – nachts wäre das purer Selbstmord; da gehört das Terrain allein den Roten Khmer. Und die kämpfen nicht nur mit kleinen Einheiten. Informationen, die Angst einjagen – natürlich haben sie Angst im Dorf. Aber, sagt eine Frau ganz naiv, unsere Miliz wird uns schon beschützen. Diese Miliz, so erfahren wir, hat dafür sorgen müssen, daß die Hochzeiter von Krang Tatom ihr Fest auch mit dem traditionellen *roam vong*-Tanz krönen konnten. Die Roten Khmer aus den Bergen hatten die Feier stören wollen.

Am nächsten Tag, auf dem Rückweg vom Dorf, nach wenigen Kilometern Richtung Phnom Penh, weitere Schreck-Erlebnisse: In einem Not-Hospital treffen wir Opfer dieses unsinnigen Bürgerkrieges, Soldaten, die im Kampf verwundet wurden, amputiert werden mußten. Gestern abend sind drei neue Opfer eingeliefert worden, Zivilisten, Jungbauern, ein zehnjähriges Kind. Die drei sind im Reisfeld unterwegs gewesen und auf Minen geraten. Das haben wir hier jeden Tag, in der letzten Zeit ist es schlimmer geworden, sagen die Ärzte. Wir fragen, wann es denn mit den dreien passiert sei Gestern nachmittag, lautet der Bescheid. Um diese Zeit waren wir noch im Dorf, haben alle in Krang Tatom Hochzeit gefeiert.

Schwierigkeiten im unwegsamen Gelände – eine Militärkolonne, die Nachschub in entlegene Stellungen bringen sollte, ist steckengeblieben (Foto: Manfred Rohde)

Zwischen Pattaya im August und Paris im Oktober 1991 hat es durchaus Momente gegeben, in denen der Erfolg der Groß-Aktion „Frieden für Kambodscha" auf des Messers Schneide stand. Selbst Prinz Norodom Sihanouk hatte damals Sorge, daß sich die Verfechter des harten Kurses in Phnom Penh querlegen und dem Unterhändler Hun Sen die Vollmacht für weitere Verhandlungen entziehen könnten. „Die Hardliner sind nicht sehr begeistert von der Flexibilität Hun Sens", äußerte sich der Prinz damals; „wir haben deshalb größtes Interesse daran, Hun Sen zu helfen, daß er sich weiterhin als Ministerpräsident durchsetzen kann." Das war wohl nur so zu verstehen: Würde der wendige, kompromißfähige Hun Sen jetzt als Regierungschef in Phnom Penh so kurz vor dem Ziel wanken oder gar stürzen, wäre alles kaputt, worum sie sich, er, Prinz Sihanouk, und Hun Sen all die Jahre in vielen Verhandlungen bemüht hatten – es hätte keinen Friedensvertrag gegeben.

Selten hat Sihanouk sein Verhältnis zu Hun Sen, jene überraschende Wahlverwandtschaft, so deutlich formuliert. Und was für die Spanne vor Unterzeichnung des Vertrags galt, hatte für die kom-

Minen-Opfer im Krankenhaus: ein Bauer ist beim Arbeiten im Reisfeld auf eine Mine getreten (Foto: Manfred Rohde)

menden Monate und sogar Jahre dieselbe Bedeutung. Mit Sentimentalitäten dürfte das wenig zu tun gehabt haben. Hun Sen ist im Kalkül des Prinzen eine Größe, mit der sich umgehen läßt. Und wenn umgekehrt vom Verhältnis Hun Sens zu Sihanouk die Rede ist, hat das ebenfalls Gültigkeit. Auch der Mann aus Phnom Penh ist kühler Rechner und Machtpolitiker genug, für sich selbst und mit Sihanouk als Fixpunkt zu planen. Während der Verhandlungen um Frieden in Kambodscha war Deckungsgleichheit in ihren Spekulationen festzustellen: Sihanouk würde der zukünftige Staatschef sein, vielleicht sogar König, Hun Sen neben ihm Chef der Regierung – so beider Denkspiel, das spätestens 1993, wenn alles gut gehe und entsprechend dem Friedensvertrag Wahlen mit Hilfe der Vereinten Nationen stattfinden würden, in die Realität umgesetzt sein sollte.

Prinz Norodom Sihanouk, damals 69, der 50 Jahre zuvor nach buddhistischer Tradition als Gottkönig den Thron der Khmer im Palast von Phnom Penh bestieg und irgendwann nicht mehr Gott und König, sondern nur noch Prinz und Politiker sein wollte. Und der Kommunist Hun Sen, damals 40 Jahre alt, der aus armseligen Verhältnissen stammt, aus dem Dorf Peam Krauv in der Provinz Kampong Cham, einer jener Provinzen Kambodschas, die an Vietnam grenzen, der schon in jungen Jahren Kommunist wurde, Revolutionär war und im Untergrund erst mit den Roten Khmer kämpfte und schon ab Juni 1977 gegen diese; nach dem Einmarsch der Vietnamesen 1979 und der Vertreibung der Roten Khmer avancierte er zunächst zum Außenminister und dann zum Ministerpräsidenten der von Vietnam gehätschelten „Volksrepublik Kampuchea" und hatte als solcher eigentlich nur den Bürgerkrieg im Land zu verwalten, den jene drei Widerstandsgruppen, die Roten Khmer vor allem, von Thailand aus nach Kambodscha hineintrugen; jahrelang war er weltweit der jüngste Regierungschef einer Nation, die weltweit allerdings nie anerkannt war. Es gibt wohl kaum ein Paar, das unterschiedlicher ist, das weniger Gemeinsamkeiten hat als Sihanouk und Hun Sen. Und doch paßt das zusammen.

14. November 1991. Als die beiden Hand in Hand und strahlend in Phnom Penh einfuhren und das Volk ihnen Beifall mit auf den Weg gab, in durchaus spontaner Reaktion und nicht nur weil Jubel verordnet war – sie konnten sich als Sieger fühlen. Sie hatten (mit den anderen) einen Friedensvertrag ausgehandelt, der Aussicht bot,

jenen Bürgerkrieg zu beenden, der von beiden Seiten jahrelang erbittert und mit Unterstützung aller Großmächte (je nach Ideologie oder politischem Interesse) geführt worden war.

Zwei Tage später läßt Hun Sen eine Massenveranstaltung für den Heimkehrer organisieren, auf der der Prinz den vielen Tausenden vor dem Königlichen Palast ehrlich und dennoch kalkuliert sagt, daß er „sehr froh" und „äußerst bewegt" sei, wieder in der Heimat zu sein, und die „großartigen Leistungen" bewundere, die dem Volk dank der „weisen und patriotischen Führerschaft" durch die „Kambodschanische Volkspartei" (CPP) zu besseren Lebensbedingungen verholfen hätten – ausdrücklich nennt er Heng Samrin, Chea Sim und Hun Sen. Als er dann auch noch verkündet, daß er beabsichtigt, sich wieder als Staatsoberhaupt von Kambodscha wählen zu lassen, ist ihm die Zustimmung der Menge sicher. Außerdem weiß er längst: Die herrschende Troika unterstützt seine Ambitionen auf diese Position; sie wird dem Prinzen wenig später sogar öffentlich bescheinigen, daß Sihanouk ohne Unterbrechung seit 1960 als Staatsoberhaupt anzuerkennen sei, wodurch der Putsch Lon Nols 1970 zur illegalen Handlung erklärt war. Hun Sen ließ sich, auch das ehrlich und dennoch kalkuliert, sogar eine persönliche Geste einfallen: Gemeinsam mit seiner Frau Bun Rany bat er Prinz Norodom Sihanouk, sie beide als seine Kinder anzunehmen, was nach kambodschanischer Tradition eine der größten Ehrenbezeugungen ist.

Für Sihanouk war es nahezu wie zu seinen früheren Glanzzeiten, und er beeilte sich während der Veranstaltung, der gläubigen Menge zu versprechen, daß er für sie wieder das sein wolle, was er immer gewesen ist: „Vater der Nation, Vater der Unabhängigkeit, Vater der Nationalen Aussöhnung, der wahren Demokratie, der Freiheit und des Friedens." Sein geschundenes Volk dankte es ihm mit Beifall, und Hun Sen und die anderen Genossen waren es auch zufrieden. Aber wie sich bald herausstellte, war der Frieden in Kambodscha längst noch nicht gesichert.

Es ist der 27. November 1991 in Phnom Penh. Am Flugplatz Pochentong ist ein weiterer Heimkehrer angekündigt; wieder soll es im Auto-Korso in die Stadt gehen, wie es bei Sihanouk 13 Tage vorher gewesen ist. Wieder Menschen am Straßenrand. Es ist jedoch bald zu spüren: Da braut sich etwas zusammen. Erst vereinzelt, dann häufiger und lauter und wilder: „Tötet ihn, bringt ihn um." Das gilt einem gewissen Khieu Samphan, der versucht, vom Flugplatz ins Zentrum zu gelangen: Khieu Samphan unseligen Angedenkens, einer der Vordenker der Roten Khmer und Haupterfüllungsgehilfe des Mörders Pol Pot, wie dieser verantwortlich für Tausende von Toten – er habe seinerzeit im April 1975, so die Historiker, die unselige Zwangsevakuierung der Bevölkerung von Phnom Penh angeordnet, die für die meisten in den berüchtigten „Killing Fields" endete.

Auch Khieu Samphan darf wie alle Widerstandskämpfer, so steht es im Pariser Vertrag, nach Kambodscha zurückkehren. Khieu Samphan war bei den Verhandlungen um einen Frieden in Kambodscha der Sprecher der Roten Khmer gewesen, denen man im Vertragstext nicht nachsagen wollte, daß ihr Wirken zwischen 1975 und 1979 Völkermord gewesen sei. Die Bevölkerung von Phnom Penh sieht das anders. Sie hat nicht vergessen und will auch nicht vergeben. Das Haus, das man Khieu Samphan und drei weiteren Roten Khmer als Wohnsitz zugewiesen hat, ist im Nu von 10.000 Menschen umringt. Sie sind mit Steinen, mit Beilen, mit Schlagstöcken bewaffnet und greifen das Haus an. Wieder der Schrei: „Tötet ihn, tötet die Roten Khmer." Es wird schließlich berichtet, daß Khieu Samphan sich in einem Metallschrank verkrochen habe, als die Menge das Haus zu stürmen drohte, daß er an der Stirn geblutet habe, daß es dem Ministerpräsidenten Hun Sen zu verdanken gewesen sei, wenn dem Roten Khmer nichts Schlimmeres widerfuhr – Hun Sen sei gekommen nund habe zur Menge geredet und die Menge beruhigt. Fünf Stunden nach seiner Ankunft in Phnom Penh ist Khieu Samphan (im gepanzerten Fahrzeug) bereits wieder auf dem Weg zum Flugplatz, verläßt er Kambodscha Richtung Bangkok. Die Rufe „Tötet ihn, tötet die Roten Khmer" begleiten den Ausfliegenden auf seiner Flucht.

Später ist durchgesickert, daß der Angriff der Menge auf den Roten Khmer Khieu Samphan so spontan nicht gewesen sein soll, sondern eher von Regierungsseite, wenn nicht von Hun Sen selbst, initiiert und gesteuert – als Teil vielleicht eines ausgeklügelten Plans: Selbstverständlich forderten die Roten Khmer nach diesem Vorfall verschärfte Sicherheit für ihre in Phnom Penh tätigen Vertreter; ebenso selbstverständlich stimmte die Regierung Hun Sen solch einer Verschärfung bereitwillig zu und organisierte besondere Maßnahmen zum Schutz der Rote Khmer-Führer, Khieu Samphan eingeschlossen. Diese Maßnahmen sollen allerdings so streng und umfassend gewesen sein, daß die Beschützten sich nie frei, sondern nur unter ständiger amtlicher Aufsicht bewegen konnten und damit totaler Kontrolle durch die Regierung unterworfen waren.

Phnom Penh, Ende 1991. Der historische Palast der Khmer-Herrscher, in dem der heimgekehrte Prinz nicht weniger unbeaufsichtigt residiert und sich dennoch schon mal wieder bei rauschenden Festen vergnügt, leuchtet frisch getüncht in Ocker und Weiß. Auf dem Platz davor und auf der Uferpromenade drängen sich die Menschen dichter als sonst – als hätten sie wieder ein Ziel, was soviel wie Hoffnung bedeutet. Die Stimmung der Flanierenden ist locker und leicht. Es wird gemunkelt, daß der Prinz und der Premier in den letzten bewegten Tagen etwas vereinbart haben, was als „Taktische Allianz" bezeichnet werden kann: Wenn es denn soweit ist und Wahlen abgehalten worden sind, soll es, so Sihanouk und Hun Sen, eine Koalitions-Regierung geben. Nur die Roten Khmer sind darin nicht erwünscht.

Die UNO macht's möglich

Wahlen in Kambodscha 1993

Die Rede dauerte gerade mal fünf Minuten. Das war weder dem hochoffiziellen feierlichen Anlaß angemessen, noch hatte man solch krasse Bescheidung von diesem Redner nicht erwarten können. Prinz Norodom Sihanouk war verärgert und machte daraus auch keinen Hehl.

Phnom Penh, 14. Juni 1993. Erst vor etwa vierzehn Tagen hatte Kambodscha seine ersten sogenannten freien und fairen Wahlen abgeschlossen und die frisch gewählten 120 Volksvertreter, die zur Eröffnungssitzung zusammengekommen waren, saßen da im Gebäud der Nationalversammlung vor ihrem nominellen Staatsoberhaupt, um die gewaltige Laudatio auf die anzuhören, die dieses Ereignis überhaupt möglich gemacht hatten: auf die Vereinten Nationen und deren Erfüllungsorganisation UNTAC und auf all die anderen ausländischen Partner, deren Geld und Personal beteiligt gewesen waren. Wer hätte bei solch würdiger Gelegenheit passendere Worte finden können als der Prinz? Aber der mochte nicht loben und dankbar sein – er beließ es, fast beleidigend, wie Teilnehmer der Zeremonie empfanden, bei der bloßen Erwähnung „der großzügigen und wertvollen Hilfe der ‚UN Transitional Authority of Cambodia‘, UNTAC, unter der großen und feinen Führerschaft Seiner Exzellenz Yasushi Akashi" – stattdessen: „Die kambodschanischen Bürger, die die Herren des Landes sind", hätten den Erfolg der Wahlen ermöglicht; neunmal in den fünf Minuten benutzte Sihanouk diese Formel.

Es war nicht das erstemal, daß der oberste Kambodschaner den UNO-Leuten in diesem Zusammenhang seinen Respekt versagte: Kambodscha sei zu einem „Protektorat der UNO" verkommen, hatte er schon vor den Wahlen hören lassen, eigene Entscheidungen dürfe das Land gar nicht mehr fällen – wobei er in der Hauptsache sich selbst wohl eingeengt fühlte.

Dabei hatte Prinz Norodom Sihanouk wie die Vertreter 17 anderer Staaten und die der übrigen drei kambodschanischen Fraktionen genau dem per Unterschrift zugestimmt, als der sogenannte Friedensvertrag von Paris im Oktober 1991 verabschiedet worden war.

Stimmungsbild aus Phnom Penh: eine Gasse nahe des Flusses Tonle Sap vor Sonnenuntergang (Foto: Manfred Rohde)

In Artikel 6 hatte es dort unmißverständlich geheißen: „Der SNC überträgt den Vereinten Nationen hiermit alle Vollmachten, die notwendig sind, die Verwirklichung des Abkommens sicherzustellen ... Um ein neutrales politisches Umfeld zu garantieren, das freien und fairen allgemeinen Wahlen förderlich ist, werden Verwaltungsorgane und -institutionen, die das Ergebnis der Wahlen direkt beeinflussen könnten, der direkten Aufsicht oder Kontrolle der Vereinten Nationen unterstellt. In diesem Zusammenhang wird besondere Aufmerksamkeit den Bereichen Auswärtige Angelegenheiten, Nationale Verteidigung, Finanzen, Öffentliche Sicherheit und Information geschenkt."

Da hätte es, um wirklich umsetzen zu können, was in Paris gefordert war, zwischen SNC und Vereinten Nationen weitestgehender Kooperation bedurft; am Ende war eher Konfrontation angesagt.

Auf der einen Seite also der „Oberste Nationalrat" Kambodschas („Supreme National Council", SNC), dem unter der Präsidentschaft Sihanouks alle vier Bürgerkriegsparteien des Landes angehörten, will heißen das Regime „Staat Kambodscha" (SOC) mit seinem Ministerpräsidenten Hun Sen sowie die drei Widerstandsgruppen FUNCINPEC, FNLPK und Rote Khmer. Er stellte völkerrechtlich Kambodschas „einziges rechtmäßiges Machtorgan" dar, und zwar für die Übergangsperiode bis nach Abschluß der Wahlen, und „nimmt den Sitz Kambodschas bei den Vereinten Nationen ein" (Artikel 3 und 5). Seit Ende 1991 war der SNC in Phnom Penh präsent.

Und auf der anderen Seite die Vereinten Nationen, vertreten durch UNTAC, die „United Nations Transitional Authority in Cambodia", die, wie gesagt, gegenüber dem SNC alle Vollmachten in Händen hatte und die dafür sorgen sollte, daß spätestens 1993 allgemein Wahlen, und zwar freie und faire, abgehalten würden; sogar noch für mehr: daß Waffenstillstand zu herrschen habe, daß die Streitkräfte der vier Bürgerkriegsparteien entwaffnet und demobilisiert würden (um jene umstrittenen 70 Prozent) – und wenn UNTAC dann nach getaner Arbeit abrückte, wäre Kambodscha zu einem demokratischen Staat geläutert. So zumindest war es weitab vom Geschehen am Runden Tisch in Paris beschlossen worden.

Diese in der Geschichte der UN ohne Zweifel ambitionierteste und umfangreichste Mission wollten sich die Vereinten Nationen

2,8 Milliarden US-Dollar kosten lassen, womit sie auch die teuerste war. Japan beteiligte sich mit fast 200 Millionen US-Dollar, die USA steuerten 135 Millionen bei – es hat nicht wenige Experten gegeben, die mutmaßten, daß das Engagement vor allem der Vereinigten Staaten auf die Absicht zurückzuführen war, das bisher schon von ihnen bekämpfte Regime Hun Sen auf dem Weg der Wahlen abzulösen und durch eine Regierung aus den anderen drei Gruppen zu ersetzen, selbst auf die Gefahr hin, daß damit die Roten Khmer wieder ins Spiel gebracht würden.

Zum Chef der UNTAC wurde der japanische Diplomat Yasushi Akashi ernannt, den viele nicht für die beste Besetzung hielten, weil ihm Kambodscha eigentlich fremd war. Am 15. März 1992 nahm UNTAC die Arbeit auf; die *Republic of UNTAC*, wie es damals scherzhaft hieß, war geboren. Nahezu über Nacht flogen 15.800 Soldaten nach Kambodscha ein, 3.600 CivPol, Zivilpolizisten aus exakt 32 Ländern der Erde folgten und noch einmal rund 2.000 sonstige Helfer aus aller Welt (zu denen etwa 60.000 angeheuerte Einheimische kamen) – insgesamt 47 Nationen waren vertreten. Mission oder Missionierung?

Das ballte sich erst einmal alles im Großraum Phnom Penh. Welch eine Entwicklung: Phnom Penh, wo die vietnamesischen Befreier/Besatzer Anfang 1979 nur ein paar Hundert Überlebende vorgefunden hatten – Phnom Penh, das zehn Jahre lang für den Großteil der Welt quasi „Verbotene Stadt" war, isoliert, gemieden, verachtet – Phnom Penh, das sich seit Beginn der Friedensverhandlungen wieder vorsichtig der Außenwelt geöffnet hatte, aber immer noch eher verschlafen wirkte. Und jetzt März 1992 dieser gewaltige Auftrieb, die „Invasion der Demokraten", wie hier scherzhaft gesagt wurde.

Das war für die Bevölkerung erst einmal Kurzweil – wann hatten sie jemals so viele *barang*, Fremde, zu Gesicht bekommen, die außerdem noch 8.000 Fahrzeuge mitbrachten, weiß und mit blauen UN-Fähnchen geschmückt; natürlich saß ihnen das Geld locker. Und dann begannen diese sogar die ramponierten Straßen und Brücken zu reparieren, die über all die vielen Jahre verrottet waren. Solche Aktivitäten erzeugten Sympathie und Vertrauen; plötzlich war da jemand, der sich um sie zu kümmern schien. UNTAC war ihnen willkommen.

Ein typischer Straßenmarkt in der Hauptstadt Phnom Penh (Foto: Manfred Rohde)

Und Phnom Penh boomte. Die alten heruntergewirtschafteten Hotels wurden wiedereröffnet, neue, bessere und größere gebaut – es gab kaum ausreichend Unterkünfte, als UNTAC hier Einzug hielt. Einige wenige machten viel Geld, mit Restaurants (die Speisekarte natürlich international), mit Reisebüros, mit schicken Salons für Video-Spiele und anderes mehr; das war so in der Hauptstadt und auch sonst im Land – die *barang* sollten ihre Abwechslung haben.

Aber die Hochstimmung trübte sich bald. Immer zahlreicher gingen im UNTAC-Hauptquartier am heiligen Hügel Wat Phnom Beschwerden über Angehörige der Friedenstruppe ein, die durch Bordell-Besuche, durch Alkohol-Exzesse oder unmoralisches Verhalten in der Öffentlichkeit und gegenüber Frauen unangenehm aufgefallen waren. Intellektuelle und religiöse Kreise Phnom Penhs verwiesen darauf, daß hier traditionelle buddhistische Werte, wie sie in den Geboten des *dharma* beschrieben sind, regelmäßig verletzt würden, was auf die Bevölkerung einen schlechten Einfluß habe. UNTAC-Chef Yasushi Akashi schürte den Unwillen noch, als er die Klagen zum Thema Prostitution und UNTAC mit dem dümmlichen Spruch abtat: *„Boys will be boys"*, Jungen werden sich immer so benehmen. Schon im Vorfeld der Mission hatte der offizielle Antrag Befremden erregt, die Zahl der Freudenmädchen in Kambodscha für die Leute der Vereinten Nationen aufzustocken; weit über 10.000 Prostituierte sollen es nach Angaben von Frauenverbänden schließlich gewesen sein, die den UNTAC-Soldaten zu Diensten waren. Das Haupt-Bordellviertel damals lag gleich gegenüber dem Wahl-Hauptquartier UNTAC XIII auf der anderen Seite des Boulevard Monivong. Daß sich Aids heute, 1999, in Kambodscha so besorgniserregend ausbreitet, 700 neue Fälle pro Woche, was mehr ist als in jedem anderen südostasiatischen Staat, daß insgesamt 150.000 HIV-positiv im Land sind, wird unwidersprochen als Vermächtnis der UN-Mission angesehen. Fazit: Die UNTAC hatte damals 1992/93 ihren anfänglichen Bonus schnell aufgebraucht, Kambodscha begann an der Seriosität des Unternehmens zu zweifeln. Was für UNTAC dann vor allem unangenehm wurde, als auch ihre politische Autorität zu bröckeln begann.

Wann das geschah, wann sich abzeichnete, daß das UN-Unternehmen „Frieden für Kambodscha" sich anders entwickelte, als es im Pariser Abkommen formuliert war? Sehr früh schon: als nämlich der UNTAC-Chef, Japans Yasushi Akashi, gen Pailin reiste, um jene Stadt im Westen des Landes nahe Thailand zu besuchen, die wegen ihrer Edelsteine berühmt und begehrt ist und die seit eh und je als Hochburg der Roten Khmer galt; das war schon bald nach Akashis Eintreffen in Kambodscha im April 1992 der Fall. Aber die Roten Khmer wollten den UNTAC-Mann nicht in Pailin haben, obwohl sie ihm das laut Pariser Vertrag hätten erlauben müssen. Zwei Bewaffnete ,die AK-47 im Anschlag, blockierten den Zugang nach Pailin – die UNO im Hauptquartier der Roten Khmer? Nein, danke. Und Yasushi Akashi, ebenfalls laut Pariser Vertrag eigentlich der derzeitige oberste Administrator Kambodschas, kehrte unverrichteter Dinge um, persönlich beleidigt und entschlossen, es den widerborstigen Roten Khmer bald heimzuzahlen. Daß er der Widerstandsgruppe vorwarf, sie hätten mit ihrem Nein das Abkommen von Paris verletzt, mochte noch rechtens sein; daß er aber Angriffe der Hun Sen-Truppen auf Pailin guthieß, wie berichtet wurde, stellt ihn und die UNTAC politisch ins Abseits, weil er sich dem Vorwurf aussetzte, parteiisch zu agieren – immerhin waren die Roten Khmer Teil des SNC und hatten somit Partner der UNTAC zu sein. Natürlich waren sie an einer Kooperation von Anfang an nicht sonderlich interessiert gewesen, aber sie bedienten sich der fortwährenden Obstruktion Akashis ihnen gegenüber geschickt als Begründung für ihr weiteres Vorgehen: Als UNTAC laut Friedensplan am 13. Juni 1992 damit beginnen wollte, die Streitkräfte der vier kambodschanischen Konfliktparteien zu kasernieren und zu entwaffnen, verweigerten sich die Roten Khmer total. Und erneut reagierten Akashi und seine UNTAC nicht angemessen. Diese Unentschlossenheit, die fehlende Bereitschaft, die Roten Khmer und alle anderen Fraktionen zu zwingen (und diese Vollmachten hätte UNTAC gehabt), die Verpflichtungen aus dem Pariser Vertrag einzulösen und mit UNTAC endlich zusammenzuarbeiten, ließ viele Beobachter vor Ort schon frühzeitig über das Mißlingen der Mission spekulieren.

Auch der anderen militärisch mächtigen Gruppierung im Konflikt, dem Hun Sen-Regime „Staat Kambodscha" (SOC), ging es in erster Linie um die eigenen Vorteile; natürlich wollten sie Macht und Pfründe, die sie seit 1979 in Kambodscha besessen hatten, auch für die Zukunft sichern. Aber sie mußten bald feststellen, daß als Folge des Pariser Vertrags die Gegner plötzlich im Innern agierten, als Mitglieder des SNC sogar in Phnom Penh; die Roten Khmer hatten sogar die Gunst der veränderten Situation genutzt (Waffenstillstand her oder hin) und erhebliche Gewinne an Territorien gemacht. Daß das Regime Hun Sen sich gezwungen fühlte dagegenzuhalten und seinerseits die Roten Khmer, deren Hochburg Pailin vor allem zu attackieren, daß es irgendwann auch von der UNTAC jene Waffen zurückforderte, die man vertragsgemäß abgeliefert hatte, und sich ansonsten wenig um die Vorgaben kümmerte, war keine unerwartete Entwicklung.

Dem Abkommen von Paris zugestimmt zu haben und es in Kambodscha in vollem Umfang Realität werden zu lassen, sahen die vier beteiligten kambodschanischen Konfliktparteien als zwe verschiedene Paar Schuhe. Der größte Fehler der Vereinten Natio nen und UNTACs war es, das nicht rechtzeitig erkannt zu haben Und als sie es erkannten, blieb ihnen nur noch Schadensbegren zung. Das bedeutete mit den Worten des UN-Sicherheitsrats, der in seiner Resolution 792 (1992) bestimmte, „daß UNTAC in ihren Vorbereitungen für freie und faire Wahlen fortfährt, die im April/Ma 1993 in allen Gebieten Kambodschas abgehalten werden, zu denen

UNTAC zum 31. Januar 1993 vollständigen und freien Zutrit hat".

Von der Hoffnung, etwas Dauerhaftes bewirken zu können, von der ursprünglichen Idee des Vertragswerks, Kambodscha jene „Umfassende politische Lösung" zu bringen, die Frieden heißt und auf eine demokratische Entwicklung zielt, war nicht viel mehr geblieben als diese Wahlen. Aber selbst das „Neutrale politische Umfeld" als Vorbedingung für ihre Abhaltung wurde schließlich ersatzlos gestrichen. Prinz Norodom Sihanouk nannte die Entwicklung in einem Interview mit der *Far Eastern Economic Review* „Eine gräßliche Komödie". Für ihn hatte UNTAC versagt, sie sei unpopulär und unfähig gewesen. Der Prinz war beleidigt und teilte im Januar 1993 mit, daß er seine Kooperation mit UNTAC aufkündigt: er könne und mache alles viel besser, aber man habe ihm eigenes Planen verweigert und ihm nur eine untergeordnete Rolle zugeschoben. Keine Frage, wie die anderen hatte auch Sihanouk in Paris seine Unterschrift vornehmlich mit dem Hintergedanken geleistet, für sich selbst Vorteile zu ziehen und sich am Ende seinem Volk erneut als „Vater der Nation" oder „Vater des Friedens" in Kambodscha präsentieren zu können – es sei an die Rede nach seiner Rückkehr im November 1991 erinnert.

Aus den Monaten vor den Wahlen in Phnom Penh, die schon mal als *UN follies*, als Torheit verspottet wurden, ist zu berichten:

- Bis Ende Januar hatten sich 4,8 Millionen Kambodschaner als Wähler registrieren lassen, 38 Prozent mehr als vorausberechnet; UNTAC befand, es habe sich dabei um heimgekehrte Flüchtlinge gehandelt, Khieu Samphan als Sprecher der Roten Khmer dagegen, es seien eingesickerte vietnamesische Agenten.

- Die allgemein favorisierte „Kambodschanische Volkspartei" (CPP gleich „Cambodian People's Party") des amtierenden Regimes Hun Sen produzierte negative Schlagzeilen. Brutal wurden landesweit Kandidaten anderer Parteien, vor allem der FUNCINPEC, eingeschüchtert, angegriffen, gar getötet – 200 sollen insgesamt ermordet worden sein. Als habe man alte kambodschanische Wahl-Traditionen wieder aufleben lassen wollen.

- Die Roten Khmer, die derweil eine Beteiligung am Wahlprozeß abgelehnt hatten, sorgten weiter und verstärkt für Schrecken. „Die Situation wird noch instabiler, unsicherer, konfuser", prophezeite jener Khieu Samphan der *Phnom Penh Post*, ehe er sich im April vorsichtshalber ins Ausland absetzte, die Roten Khmer würden die Wahl stören. Das wiederum veranlaßte den US-Präsidenten Bill Clinton prompt zu der Drohung, wenn das geschehe, werde man militärisch gegen die Roten Khmer vorgehen. In Phnom Penh gab es Anschläge auf Restaurants und Cafés: in Siem Reap, in Battambang und in der Provinz Kampong Speu nur 50 Kilometer von der Hauptstadt entfernt kam es zu Raketenüberfällen; ein Distrikt-Hauptquartier der UNTAC wurde angegriffen. Überall Tote. Sie waren als Friedensstifter nach Kambodscha gekommen und befanden sich unversehens mitten in einem Krieg.

Und der Prinz Norodom Sihanouk hatte inzwischen seine Palast-Astrologen beauftragt, ihm ein gutes Datum für die Wahlen zu benennen. Sonntag, der 23. Mai 1993, sei ein ganz besonders günstiger Tag, war deren Prophezeiung.

Am Abend davor, gedrückte Stimmung in Phnom Penh – Ruhe vor dem Sturm oder einfach nur Angst, die stumm macht. Immer noch halten sich die Gerüchte, daß Pol Pot seine Soldaten schicken wird, sie alle hier umzubringen; zumal in den Straßen gepanzerte Fahrzeuge patrouillieren und sich die UNTAC-Gebäude in richtige Festungen verwandelt haben: Sandsack-Barrikaden, hinter denen Maschinen-Gewehre in Stellung gegangen sind; Stacheldrahtverhaue, die die Zugänge versperren. Aus dem UNTAC-Hauptquartier am Wat Phnom, im ehemaligen Sitz des französischen Gouverneurs, ist durchgesickert, daß an UN-Mitarbeiter Stahlhelme und schußsichere Westen verteilt worden sind; die Sicherheitsstufe „Charlie", die letzte nach „Alpha" und „Bravo", sei ausgerufen, „abreisebereit in 24 Stunden" heißt das, gepackte Koffer, vollgetankte Fahrzeuge – alles fertig zum Abrücken bei UNTAC, falls das Schlimmste eintreffen sollte.

Und die Bevölkerung? Sie hat Khieu Samphans drohende Worte noch im Ohr, die Roten Khmer würden zuschlagen. Vorsichtshalber haben die Menschen sich in den letzten Tagen Vorräte an Reis und Trockenfisch zugelegt. Daß *Samdech Euv*, ihr Prinz Sihanouk zum Wahltag aus Beijing eingeflogen ist, hat sie zwar beruhigt, aber dennoch werden sie an diesem Samstagabend nicht wie sonst zum Sonnenuntergang an den Fluß hinunter oder auf den Platz vor dem Königspalast gehen – sicher ist sicher.

Es hat zuletzt auch noch ein paar markige Sprüche des UNTAC-Präsidenten Yasushi Akashi gegeben. Der eine, daß die Roten Khmer ihre militärische Stärke während des einen Jahres, seit UNTAC in Kambodscha zugange ist, um 50 Prozent erhöht haben, war wohl keine Überraschung, aber viele haben sich gefragt, wie es dazu kommen konnte, wo doch eigentlich die umgekehrte Entwicklung das Ziel der UNTAC-Mission war. Der zweite Spruch Akashis klang ähnlich flapsig wie jener über die *Boys*: „Diese Wahlen sind unser Baby. Wir ermitteln die Sieger." Als befände man sich in Hollywood bei der Oscar-Verleihung, *„The Winner is ...".* Viel mehr war den Vereinten Nationen nach all ihren kambodschanischen Pleiten vielleicht nicht übriggeblieben. Unter welchen Bedingungen in Kambodscha vom 23. bis 28. Mai gewählt wurde, schien Nebensache, wichtig war, daß die Wahlen auch stattfanden, um wenigstens ein konkretes Ergebnis ihres 2,8 Milliarden-Dollar-Abenteuers vorweisen zu können.

Allen Befürchtungen zum Trotz: die Roten Khmer haben in der Nacht zum Sonntag (und auch später) nicht angegriffen. Nur ein heftiges Tropengewitter sorgte für entsprechenden Lärm, an vielen Stellen der Stadt standen die Straßen unter Wasser. Als die Wahl beginnt, scheint die Sonne. Der Andrang der Wähler ist überwältigend, die Stimmung locker und leicht, als gebe es etwas zu feiern. Vielleicht ist es auch so: Endlich dürfen sie sich äußern, eine Entscheidung treffen, in geheimer Wahl vor allem, ohne in Gefahr zu geraten. Etwa 90 Prozent der 4,8 Millionen Wahlberechtigten werden am Ende der sechs Tage gewählt haben.

„And the Winner is": FUNCINPEC, die Partei der Royalisten, die Prinz Norodom Sihanouk 1981 im Untergrund gebildet hat und mittlerweile vom Sohn Prinz Norodom Ranariddh geführt wird. 45,5 Prozent der Wähler stimmten für sie. Das kam unerwartet und überraschend, war aber dennoch leicht zu erklären: Die Stimmen für FUNCINPEC waren überwiegend Stimmen für Sihanouk, den ehemaligen König, den sein Volk immer noch als den Über-Vater der Nation ansah. An der geradezu mystischen Beziehung zwischen dem Prinzen und seinen „Kindern" hatte sich in all den Jahren wenig geändert.

Ferner liefen die CPP des Ministerpräsidenten Hun Sen mit 38, 2Prozent (was ebenfalls eine Überraschung war) und als Sproß der FNLPK die BLDP, die „Buddhistische Liberal-Demokratische Partei", des alten Herrn Son Sann sowie die 17 anderen Parteien.

Und was sagte die UNTAC? Die Stimmen waren längst noch nicht alle abgegeben und ausgezählt, da meldete sich schon Chef Yasushi Akashi zu Wort, als müßte er jenen zuvorkommen, die den Vereinten Nationen auch noch den Minimal-Erfolg vermiesen wollten: Offiziell erklärte er die Wahlen Kambodschas 1993 auch „Unter den gegebenen Umständen" und trotz zahlreicher Probleme für „frei und fair", „akzeptabel" und gültig im Sinne der Pariser Verträge. Die UNO hat es möglich gemacht, daß Wahlen abgehalten wurden, organisatorisch und technisch perfekt, wie durchaus zu rühmen ist. Aus. Ende. Bevor die 20.000 *barang* zwischen August und September endgültig abrückten, kamen ihnen noch ein paar hundert Fahrzeuge und auch sonst Materialien unrechtmäßig abhanden; von Abschiedsfeiern und Danksagungen ist sowieso wenig überliefert – selbst Kambodschas Größter, Prinz Sihanouk, hielt sich, wie berichtet, bedeckt. Dann waren sie weg. Sollten doch die Kambodschaner sehen, wie sie allein zurechtkamen.

In diesen turbulenten Schlußtagen hat sogar noch der UN-Sicherheitsrat von New York aus eine letzte Botschaft nach Kambodscha geschickt und „gewarnt, daß der Rat angemessen reagieren wird, sollte eine der Parteien versäumen, ihren Verpflichtungen nachzukommen". Wohin auch immer das zielte, es zeigte, daß man dort von der Realität in Kambodscha immer noch nicht viel begriffen hatte.

Die sah nämlich so aus: Sechs Tage nach dem Ende der Wahlen (UNTAC war noch beim Abwickeln) preschte Prinz Sihanouk nach vorn – jetzt konnte ihm keiner mehr reinreden, glaubte er. Er bracht eine Koalitionsregierung aus FUNCINPEC, dem Wahlgewinner, und CPP, dem Wahlverlierer, ins Gespräch und er, Sihanouk, sollte Staatsoberhaupt, Ministerpräsident und Oberkommandierender der Streitkräfte sein – alle Macht dem Prinzen und für Ranariddh und Hun Sen jeweils der Posten des Vize-Ministerpräsidenten. Japan und Frankreich stimmten dem Plan zu, die USA nicht, aber letztendlich scheiterte er am Widerspruch von Sohn Norodom Ranariddh, der nach dem Wahlerfolg von FUNCINPEC mehr als nur Vize sein wollte.

Längst hatte sich auch die CPP von ihrem Wahlschock erholt. Sie war zwar der Verlierer, dachte aber nicht im geringsten daran, sich aus der Macht zu verabschieden. Druckmittel hatten Hun Sen und seine Genossen reichlich: Sie allein kontrollierten Streitkräfte und Polizei, und die Verwaltung im Land war nahezu total unter dem Einfluß ihrer Parteigänger – immerhin hatten sie seit 1979, 14 Jahre lang, in Kambodscha die Regierung gestellt, während FUNCIN-PEC, deren Mitglieder erst ab 1991 aus aller Welt in die Heimat zurückgetröpfelt waren, keinerlei Machtstrukturen besaß. Aufgemischt wurde die prekäre Situation durch ein Manöver, das eher einer Theater-Posse glich: Hauptdarsteller Prinz Norodom Chakrapong, Sohn des Norodom Sihanouk und Halbbruder des Norodom Ranariddh, der sich vor Jahren schon von FUNCINPEC getrennt hatte, weil er sich finanziell schlecht behandelt fühlte, und zum Regime Hun Sen gewechselt war, wo er sogar Vize des Ministerpräsidenten sein durfte, sowie General Sin Song. Aus Protest gegen den Ausgang der Wahl drohte der CPP-Prinz, daß sich die sieben kambodschanischen Ost-Provinzen (immerhin 40 Prozent des nationalen Territoriums) unter seiner Führung von der Zentralregierung abspalten wollten. Nach fünf Tagen war der Spuk zwar vorbei, hatte aber weitere Zeichen gesetzt, daß es vielleicht Sinn mache, die ehemaligen Machthaber aus der CPP auch zukünftig an der Regierung zu beteiligen, selbst wenn das Wahlergebnis etwas anderes aussagte. Kambodschanische Realität.

Die weitere Entwicklung: Prinz Norodom Sihanouk initiiert als Vermittler zwischen den Lagern vor diesem Hintergrund die Bildung einer gemeinsamen „Provisorischen Nationalen Regierung" (PNGC gleich „Provisional National Government of Cambodia"), die Prinz Ranariddh und Hun Sen als gleichberechtigte Ko-Präsidenten, Ko-Verteidigungsminister und Ko-Oberkommandierende der Streitkräfte führen und die im Zusammenwirken mit der Nationalversammlung ab 1. Juli 1993 die Ausarbeitung einer neuen Verfassung für Kambodscha in Angriff nimmt. In dieser Zeit pendelt Sihanouk zwischen Phnom Penh, Beijing und Pyongyang in Nordkorea und läßt, wie Bittsteller bei Hofe, zu sich kommen, wer seinen Rat oder seine Entscheidung braucht. Am 30. August 1993 sprechen Ranariddh und Hun Sen in Pyongyang vor, um ihm zwei Entwürfe für die Verfassung zu präsentieren; Sihanouk hat die Auswahl zwischen Republik und

Monarchie und neigt, natürlich, der Monarchie zu, obwohl er es nicht öffentlich kundtut, obwohl er sich taktisch ziert, „Vielleicht" sagt oder „Nein", was er dann gleich wieder einschränkt, wie überliefert ist – wie früher soll auf jeden Fall das Volk entscheiden, befindet er, dessen Zustimmung er allerdings schon als gegeben annimmt. Und er sonnt sich in der Gewißheit, daß er wieder gebraucht wird, wieder ganz oben steht, und am Ende sagt er „Ja" und will noch einmal König von Kambodscha werden, Norodom Sihanouk du Cambodge, obwohl er viele Male vorher, zuletzt noch vor zwei Jahren in seiner Rede zur Rückkehr nach Phnom Penh, öffentlich kundgetan hat: nie wieder König.

Aber bald sickerte durch, er habe nur noch vier Jahre zu leben, also bis 1997 – so hatten die Palast-Astrologen düster vorhergesagt, und wie er es zeit seines Lebens gewohnt gewesen war, ließ er auch diesmal per Verlautbarung sein Publikum mitleiden und detailliert wissen, worauf die Prophezeiung zurückzuführen sei: seine Ärzte in Beijing hätten „einen kleinen Tumor im Mastdarm entdeckt, genauer gesagt am Ende des Darms nahe dem After", so der Befund, der kurz darauf berichtigt wurde; es bestünde auch die Möglichkeit, daß er Prostata-Krebs habe. Natürlich kam in politischen Kreisen damals die Frage auf, ob er bei diesen Krankheiten überhaupt die Kraft habe, wieder König zu sein. Sihanouk hatte.

21. September 1993. Die 120köpfige Nationalversammlung, in der FUNCINPEC 58 und CPP 51 Abgeordnete hat, stimmt der neuen Verfassung zu. Dort heißt es in Artikel 1: „Kambodscha ist ein Königreich", dessen Motto nach Artikel 4 „Nation, Religion, König" lautet. Und Artikel 7 besagt: „Der König von Kambodscha wird herrschen, aber nicht regieren" und „Der König wird Oberhaupt des Staates auf Lebenszeit sein." Am 24. September war es dann endlich soweit: Nur für kurze Zeit flog Norodom Sihanouk von Beijing nach Phnom Penh ein, weil seine Krankheit ihm mehr nicht erlaubte. Ohnehin sollte es keine prunkvolle Krönungszeremonie geben und eine Krone wollte er auch nicht aufgesetzt bekommen wie seinerzeit 1941 beim erstenmal – so etwas könne sich das geschundene Land finanziell zur Zeit nicht leisten. Dennoch nannte er den Tag eine „Historische Gelegenheit auf dem heiligen Boden der Heimat". Er hatte, im Rahmen einer konstitutionellen Monarchie, erneut den Status, der ihm nach eigenem Selbstverständnis als einzigem im

Land zustand – und dazu einen klangvollen Titel: Seine Majestät Preah Bat Samdech Preah Norodom Sihanouk Varman, König von Kambodscha.

Aber in Kambodscha war immer noch nicht Frieden eingekehrt. Irgendwo in den Wäldern überall im Land lauerten die Roten Khmer und leisteten Widerstand und riefen zur Fortsetzung des Krieges auf, gegen die neu formierte Regierung, die sie nicht anerkennen wollten. Über den Radiosender der Roten Khmer hat es erst vor kurzem vom Einpeitscher Khieu Samphan einen Aufruf an „Alle kambodschanischen Landsleute und alle Mitglieder der Streitkräfte, der Polizei und der Verwaltung" gegeben, die Waffen gegen die Regierung zu erheben, insbesondere gegen Hun Sen, und sie alle „ohne Zögern auf der Stelle zu töten". Kambodschanische Realität.

In der Sackgass

Nationale Aussöhnung und Übungen in Demokratie

Benny Widyono stammt aus Indonesien und hat fast fünf Jahre in leitender Funktion für die Vereinten Nationen in Kambodscha gearbeitet – zuerst als UNTAC-Direktor in der Unruhe-Provinz Siem Reap und anschließend auf dem höchsten Posten des „Vertreters des UN-Generalsekretärs in Kambodscha". Kurz vor seinem Ausscheiden hat Widyono im Mai 1997 der *Phom Penh Post* ein Interview gegeben und so etwas wie Rückschau gehalten: „Ob wir naiv waren zu glauben, wir könnten ihnen Demokratie bringen? Sicher nicht. Aber zu erwarten, daß das über Nacht mit einer einzigen Wahl gelinge nkönne, das war naiv." Und der eigentliche Fehler sei bereits in Paris gemacht worden, als über Frieden und ausführlich auch über Demokratie und Menschenrechte diskutiert und beschlossen wurde, diese im Westen gängigen Wertemuster in ein Land zu verpflanzen, das erstens einem völlig anderen Kulturkreis angehörte und zweitens durch Krieg und Bürgerkrieg moralisch zerstört war; es gehe nicht, so Widyono, einfach zu sagen: „Ab jetzt habt ihr das Paradies."

Früher war am Kontrollpunkt Kilometer 38 kurz vor der Ortschaft Treng immer Schluß; viel weiter wird auch UNTAC-Chef Yasushi Akashi auf der Nationalstraße 10 nicht gekommen sein, als er 1992 nach Pailin in die Hochburg der Roten Khmer wollte. Im Oktober 1998 ist das alles Vergangenheit, keiner hält uns auf unserer Fahrt von Battambang, der Provinzhauptstadt, ins verrufene, gefürchtete, Malaria verseuchte Pailin auf. Das hat mit dem Stichwort Nationale Aussöhnung zu tun, wie es hin und wieder offiziell heißt.

Eine überraschend ordentliche Straße im Vergleich zu den Schlagloch-Pisten sonst im Land. Rot leuchten immer wieder die Schilder „Achtung, Minen", Warnung vor dem „feigen Feind", wie die Menschen hier sagen – immer noch liegen zehntausende Minen todbringend im Unterholz. Manchmal verengen Holztransporter mit thailändischen Kennzeichen den Weg. Wir wissen, das hier ist Territorium der Roten Khmer, aber seit kurzem so etwas wie eine „autonome Zone". Kurz vor der Stadt, die Wachen in der Senke an der Brücke über den lehmfarbigen Fluß, natürlich zünftig bewaffnet, lassen uns unkontrolliert passieren – dennoch ist es besser, wir machen am Rathaus halt, um uns anzumelden. Es hat begonnen zu regnen.

Das Zentrum von Pailin 1998. Der Ort war früher nahezu uneinnehmbare Hochburg der Roten Khmer und ist heute wieder zugänglich und aufs neue Sammelpunkt der übergelaufenen ehemaligen Pol Pot-Kämpfer (Foto: Manfred Rohde)

Pailin – das sind die jetzt verschlammten Löcher in den umliegenden Hügeln, in denen Firmen mit Baggern und armselige Glückssucher mit bloßen Händen nach den kostbaren blauen und roten Steinen wühlen, Saphiren und Rubinen – das sind Straßen, die aus dem trüben Nichts der Landschaft auftauchen und im Ort am Zentralmarkt enden – das sind Bretterbuden, in denen Männer im Dämmerlicht mit Lupen vor den Augen über den Edelsteinen hocken, und Restaurants, die gegrillte Spatzen und Froschschenkel mit grünem Chili als Spezialität anbieten. Fernsehapparate laufen, die Videos zeigen – woher diese stammen, ist nicht auszumachen, aber daß Amerikaner Vietnamesen brutal attackieren und töten, wird schon deutlich. Die Wege am alten Markt sind mit einer Matsch-Schicht überzogen; vorsichtig rutsche ich weiter, als gehe es über Eis. Irgendwoher, Pailin FM Radio ist auf Sendung, erklingt ein Lied: „Wind

147

über Pailin", heißt es, so wird übersetzt, der Wind wehe über die Gräber der Liebenden und erzähle von den traurigen Dingen, die vergangen sind, und von den schönen, auf die sie jetzt hoffen

Wir sind mit dem Gouverneur von Pailin verabredet – Ee Chhean. Mir sagt der Name nicht viel, aber Kambodschaner wissen, daß Ee Chhean, ehemals persönlicher Bodyguard von Pol Pot und einer der einflußreichsten Kommandeure der Streitkräfte der Roten Khmer war. Im August 1996 hat er sich zusammen mit einem anderen General, dem Genossen Sok Pheap aus dem Frontabschnitt Phnom Malai, vom „Bruder Nummer Eins" Pol Pot und dem sogenannten harten Kern der Mörder-Gruppe gelöst und ist mit 3.900 Soldaten der Roten Khmer zur Regierung übergelaufen, worauf er prompt Gouverneur in Pailin wurde. Mit dabei beim Fahnenwechsel auch einer der ganz Großen, Ieng Sary, der „Bruder Nummer Drei", Schwager Pol Pots und langjähriger Außenminister der Roten Khmer – er soll ebenfalls im Bannkreis von Pailin leben, wird uns gesagt.

Ee Chhean läßt sich an diesem Tag bei uns entschuldigen, er müsse in Gouverneursgeschäften unterwegs sein (ich habe später erfahren, daß er in Battambang eine Disco eröffnet hat, die ihm gehört). Aber sein Vertreter Kak Kan steht uns Rede und Antwort. Blaß und hölzern sitzt er da auf einem Sofa in einem muffigen Sprechzimmer von anderen Vertretern umrahmt. Es klingt wie einstudiert, wenn er uns wissen läßt: „Wir haben wieder Frieden", „Krieg macht die Menschen nur dumm", „Wir sind mit leeren Händen gekommen", „Wir haben lange allein gelebt, jetzt müssen wir lernen, in der Gesellschaft zu leben", in einer Gesellschaft, die zudem eine demokratische sein soll. „Integration" heißt das andere Stichwort im offiziellen Sprachgebrauch.

Augenschein in Pailin, das für die Roten Khmer ja nicht nur einer ihrer zahlreichen Schlupfwinkel im Dschungel war, die es zu verteidigen galt. „Von 1990", als sie das Gebiet hier nach dem Abzug der Vietnamesen eroberten, „bis 1996 haben wir unseren Krieg mit den Edelsteinen aus Pailin bezahlt", erinnert sich der alte Kämpfer Kak Kan; Millionen US-Dollar brachten die Geschäfte ein, die sie ungehindert über Thailand abwickelten genau wie den ähnlich lukrativen Handel mit Tropenhölzern aus der Region. Zwar sind sie heute immer noch die Herren von Pailin, keiner redet ihnen hinein und die Waffen haben sie auch nicht abliefern müssen, aber jetzt haben die ehemaligen Generäle und Obersten der Roten Khmer auf Zivil-verwaltung umsatteln müssen, Finanzplanung und Steuereinkommen sind die aktuellen Themen, „Was uns vorher unbekannt war". Die Landwirtschaft wollen sie ausbauen; jede der 20.000 Familien in Pailinhat ein Stück Land bekommen, 20 mal 50 Meter (was nach ihrer alten Ideologie Diebstahl gewesen wäre) – aber wie macht man auf die Schnelle Soldaten zu Bauern?

Pailin gilt mittlerweile als *boomtown*. Natürlich lockt viele die Hoffnung auf schnellen Gewinn in die Edelstein-Sümpfe, aber auch andere, sicher nicht immer legale Geschäfte sind möglich; Thailand ist nur 40 Kilometer entfernt und Edelhölzer sind dort nach wie vor gefragt – trotz verschiedener Verbote. Reger Besucher-Verkehr also von drüben. Da soll auch für Entspannung gesorgt sein. Die Laut-sprecher, die anfangs 1996 jeden Morgen darauf hingewiesen hatten, daß „Diebstahl, Prostitution, Glücksspiel und Betteln" verboten war, sind längst verstummt. Das erste Bordell der Stadt war noch als *Karaoke Disc Pailin* getarnt, doch der mächtige Ieng Sary hatte sowieso schon gemutmaßt, daß diese Entwicklung nicht mehr lange aufzu-halten sei, denn „In der Verfassung Kambodscha gibt es kein Gesetz dagegen" und dieser Verfassung fühlten sie sich in Pailin in ihrer neuen Existenz verpflichtet, so Ieng Sasry. Und ein Spielkasino haben sie jetzt auch: Herz Neun und Pik König leuchten grell neben dem großspurigen Namen, der so gar nicht zur Tristesse der Umgebung paßt, Caesar International Casino. Es wird, so ist zu erfahren, das größte kommerzielle Unternehmen in der Stadt sein, unbeantwortet bleibt die Frage, ob ausländisches Geld dahintersteckt. Der kambo-dschanische Partner ist die Firma MSP Development, die auch die Duty Free-Konzession für Pailin hat und von Koh Meng Sreng aus Phnom Penh geführt wird, dem Sohn des Präsidenten der „Cam-bodian Chamber of Commerce" und des angeblich reichsten Man-nes im Land: Teng Boonma. Man wird sich den Namen merken müssen.

Als wir Pailin verlassen, um nach Battambang zurückzufahren, fällt an der Straße ein Gebäude auf, das neben den traurigen Hüt-ten und Häusern regelrecht protzig wirkt, eine Villa in Blau und Weiß – am Zaun fehlt noch Farbe, auch sonst ist sie nicht ganz fer-tig. Der Eigentümer? Gouverneur Ee Chhean, wird uns gesagt – die Frage steht im Raum: woher der wohl das Geld dafür hat ...

Dann am Ortsausgang auf einem Hügel noch ein kurzer Halt am Wat Kao Khang. Die Pagode, in die die Mönche seit August 1996 wieder zurückgekehrt sind, sieht schon ganz leidlich aus; die Außenmauern mit den ockerfarbenen Reliefs machen neugierig, ich trete näher und sehe Scheußliches, Szenen von Folter, Mißhandlung, vielfachem Tod, so wie es während der Schreckensherrschaft der Roten Khmer Alltag in Kambodscha gewesen ist. Es sind Nachbildungen der Reliefs von Angkor Wat aus der Zeit des Königs Suryavarman II.

Die Nationale Aussöhnung war in der Zeit nach den Wahlen 1993 eine wohlklingende, dennoch umstrittene Formel. König Norodom Sihanouk, der sich krebskrank vornehmlich in Beijing unter der Obhut seiner chinesischen Ärzte aufhielt und seine Besucher zuweilen mit der Mitteilung erschreckte, „Ich werde bald sterben", befürwortete dringlich eine, wie er sie nannte, Regierung der Nationalen Einheit oder Versöhnung, in der die Führer der Roten Khmer sogar Verantwortung in „wichtigen Ministerämtern" übernehmen sollten, während deren Streitkräfte in die „Nationale Königliche Armee "(RCAF gleich „Royal Cambodian Armed Forces") zu integrieren wären. Das Echo auf seine Vorschläge war zu diesem Zeitpunkt nahezu Null.

Die beiden Ministerpräsidenten der „Königlichen Regierung", die seit dem 29. Oktober 1993 amtierte und in einer Art Zwangsgemeinschaft von der Zweiparteien-Doppelspitze Prinz Norodom Ranariddh (FUNCINPEC) als Erstem Ministerpräsidenten und Hun Sen (CPP) als Zweitem Ministerpräsidenten geführt wurde, mochten aus sicher unterschiedlichen Gründen nicht versöhnlich sein und brachten im Juli 1994 in der Nationalversammlung ein gemeinsam formuliertes Gesetz durch, das die Roten Khmer in Acht und Bann tat; das Verbindungsbüro der Widerständler in Phnom Penh mußte geschlossen werden und Khieu Samphan, deren politisches Aushängeschild, erneut als unerwünschte Person aus der Hauptstadt abrücken. (Dem König hatte man im Gesetz noch nachträglich das Zugeständnis gemacht, daß Rote Khmer, die zur Regierung überlaufen, Königliche Amnestie erwarten könnten).

Diese Ächtung der Pol Pot-Gefolgschaft wurde verhängt, kurz nachdem es einen Putschversuch gegen die „Königliche Regierung" gegeben hatte (so zumindest war es offiziell dramatisierend dargestellt worden), in dem die Buhmänner der sogenannten Sezession im vergangenen Jahr, Prinz Norodom Chakrapong und General Sin Song, abermals, aus welchen Gründen auch immer, die Rolle der Bösewichter spielten und scheiterten (Song kam unter Hausarrest, Chakrapong durfte nach Malaysia ins Exil); und vor allem nachdem die Doppelspitze mit ihren militärischen Strafaktionen gegen die verteufelten Roten Khmer gleich zweimal ein Desaster erlebt hatte – bei Anlong Veng, der zweiten Hochburg der Rebellen im nordwestlichen Grenzgebiet nach Thailand, wo sich Größen wie Son Sen, Nuon Chea, Ta Mok und wohl auch Pol Pot aufhielten, und bei Paili n.Erst hatte die „Königliche Armee" beide Orte unter Einsatz von Panzern, Artillerie und Stalinorgeln erobert, dann wurde sie von den zahlenmäßig unterlegenen Roten Khmer wieder vertrieben. Bei diesen Einsätzen hatten sich die Regierungstruppen als undisziplinierter, korrupter Haufen entpuppt, der mehr auf Bereicherung aus war als auf Kampf; die Kommandeure waren leuchtende „Vorbilder": mit Spray hätten sie Gebäude per Namen gekennzeichnet, die sie so für sich zwecks Plünderung reservierten. Es ist auch berichtet worden, daß sogar mit dem Feind Geschäfte gemacht wurden, Waffen gegen Edelsteine zum Beispiel in Pailin.

Derweil verlegten sich die Roten Khmer immer häufiger auf Kidnapping vor allem ausländischer Touristen, wobei ebenfalls bei einzelnen Kommandeuren die Selbstbereicherung eine Rolle spielte. Die Namen Mark Slater (Großbritannien), David Wilson (Australien) und Jean-Michel Braquet (Frankreich) waren die Beweise für eine neue, tödliche Strategie derer von den „Killing Fields": Während einer Zugfahrt zwischen Phnom Penh und Kampong Som (dem ehemaligen Sihanoukville) wurden sie von Soldaten des Generals Noun Paet entführt, der eine Million US-Dollar Lösegeld forderte, aber nie bekam; die drei Ausländer wurden ermordet.

Von anderen unmenschlichen Grausamkeiten ist zu berichten – „Beide Seiten tun es", erklärten Soldaten der „Königlichen Armee": Gefangenen Gegnern werden die Köpfe abgetrennt und, zwecks Abschreckung, öffentlich zur Schau gestellt. Auch diese barbarische Praxis hat, so kann man leider sagen, Tradition in Kambodscha; das ist schon aus der Zeit der Regierung Sihanouks in den sechziger Jahren erwähnt worden; das Stichwort hieß damals Samlaut – der Ort liegt nicht allzu weit von Pailin entfernt.

Wer wagt bei diesen Fakten an Frieden, an Waffenruhe, an Aussöhnung zu denken? Wie soll sich da eine demokratische Gesellschaft entwickeln? Was war das überhaupt für eine Regierung in Phnom Penh, die dem allem hilflos gegenüberstand? Da gab es als Ersten Ministerpräsidenten Kambodschas den Königssohn Prinz Norodom Ranariddh, 50 Jahre alt, von der Königspartei FUNCINPEC; Jura-Professor in Aix-en-Provence/Frankreich war er gewesen, bevor er zum Widerständler in Vaters Namen mutierte und 1991 nach Kambodscha zurückkehrte. Sehr viel Positives hat dieser Vater nie über den „Anderen kleinen Prinzen" (so der Titel einer königlichen Filmproduktion) verbreitet, weil er ihn eigentlich für zu weich und politisch unbegabt hielt; außerdem habe der Mann keine Visionen. Ranariddh selbst machte auch keinen Hehl, daß er eigentlich ganz andere Interessen hatte, daß er gut leben und seinen Spaß haben wollte. Und der andere, der Zweite Ministerpräsident von der CPP, mittlerweile 43, der konvertierte Kommunist Hun Sen – er wollte, und das seit 1979, nur die Macht.

Es ist festzuhalten, daß die Doppelkopf-Lösung nicht nur die Ministerpräsidenten betraf. Es gab zwei Innen- und zwei Verteidigungsminister, in den Provinzen waren die Gouverneursposten ebenfalls doppelt besetzt. Das ging, wir erinnern uns, auf eine Idee Sihanouks zurück, die zwar aus den Zwängen der Realität in Kambodscha geboren wurde, aber durchaus auch mit verklärtem Blick auf so etwas wie Nationale Einheit – zumindest zwischen den beiden führenden Parteien des Landes.

Es gab in der Tat positive Ansätze, wenn auch nur in der Frühphase der Regierung. Das war zu der Zeit wirklich nicht, wie befürchtet, „Kommunismus gegen Demokratie", hat der Augenzeuge Benny Widyono über Ranariddh und Hun Sen berichtet, „Sie haben immer zusammengearbeitet, waren immer gemeinsam unterwegs", ausländischen Investoren schmeicheln, Schulen eröffnen, am Tonle Sap-Ufer in Phnom Penh einen Hun Sen-Garten und daneben einen Ranariddh-Park einweihen; auch „Als unser UN-Zentrum für Menschenrechte [UNCHR] geschlossen werden sollte, traten sie gemeinsam an", so Widyono ironisch, um ihre Unzufriedenheit mit den Vorwürfen des Zentrums zu formulieren. Und sie konnten sich anfangs mit einem Wirtschafts- und Finanzminister brüsten, der Erstaunliches in Bewegung setzte: Er hat die Inflation, die bei 120 Prozent lag, eindämmen können, er hat einen geordneten Haushalt vorgelegt und ein neues Steuer- und Zollsystem in Angriff genommen, er hat Maßnahmen entwickelt, die Ausländern das Investieren in Kambodscha attraktiver machen sollten – Sam Rainsy, Jahrgang 1949, Finanzfachmann mit Ausbildung in Paris, FUNCINPEC-Mitglied und nach eigenem Bekenntnis „demokratischem Denken und Handeln verpflichtet". Dieser Rainsy durfte zum Segen der Nation schalten und walten – bis er damit begann, Entwicklungen innerhalb der Gesellschaft und der Regierung zu brandmarken, die nach seinem Verständnis nichts mehr mit Demokratie zu tun hatten, sondern nur noch als Korruption zu bezeichnen waren: wenn zum Beispiel bei den Lizenzen für Tropenhölzer, bei Grundstückskäufen und Waffengeschäften nicht alles mit rechten Dingen zuging, manipuliert, geschoben, geschmuggelt wurde, wenn in diese Machenschaften höchste Regierungsmitglieder verstrickt waren und selbst die beiden Ministerpräsidenten Ranariddh und Hun Sen keine weiße Weste hatten. Von mafiosen Praktiken wurde berichtet, von Banken als Geldwaschanlagen, von Drogengeschäften und Mädchenhandel. Sicher war alles seit langem offenes Geheimnis, aber noch nie hatte jemand so fundiert und personenbezogen attackiert.

Natürlich mochte die Doppelspitze da ihren Wirtschafts- und Finanzminister Sam Rainsy nicht länger gewähren lassen, zumal dieser nicht Ruhe gab und mit der „Macht des Rechts" drohte, die er der herrschenden „Macht des Geldes und der Gewehre" entgegensetzen wollte. FUNCINPEC-Ministerpräsident Prinz Norodom Ranariddh reagierte als erster und entfernte den Querdenker aus dessen Amt als Minister, bald darauf schloß die Partei ihn als Mitglied aus und Mitte 1995 wurde Rainsy auch noch sein Abgeordneten-Mandat in der Nationalversammlung aberkannt, womit er seine Immunität verlor und nach kambodschanischen „Spielregeln" vogelfrei war. „Jetzt können sie mich umbringen", ließ sich der Geschaßte prompt vernehmen, „Todesdrohungen sind Teil des politischen Lebens in Kambodscha; manchmal werden sie wahrgemacht." Und der Erste Ministerpräsident Ranariddh setzte noch eins drauf mit dem makabren Hinweis, daß Rainsys Frau Tioulong Saumura, immerhin Direktorin der Nationalbank Kambodschas, wohl „bald Witwe sein" werde. Ansonsten gingen sie alle wieder zur Tagesordnung über.

Bis auf einen: Prinz Norodom Sirivudh, ein Halbbruder des Königs Sihanouk, Außenminister der „Königlichen Regierung" und FUNCINPEC-Generalsekretär. Er trat von seinem Posten als Außenminister zurück, was er als Protest gegen die undemokratische Politik und Korruption der Regierung und deren Verhalten im Fall Sam Rainsy verstanden wissen wollte – wobei er keinen der beiden Ministerpräsidenten schonte, auch nicht seinen Partei-Vorsitzenden und Neffen Prinz Ranariddh. Damit machte er sich, ebenfalls bei beiden, unbeliebt und verdächtig. Die zwangsläufige Folge: Ein Jahr später saß Prinz Norodom Sirivudh mit gewöhnlichen Kriminellen in Phnom Penhs gefürchtetem Gefängnis T3 – angeblich wegen Putschversuchs und Verschwörung gegen den Zweiten Ministerpräsidenten Hun Sen. Daß er „den Kerl erschießen" wolle, muß er wohl unvorsichtig am Telefon gesagt haben; das Gespräch wurde vom Geheimdienst mitgeschnitten und zu Sirivudhs Ungunsten nicht als privater Wutausbruch, sondern als Absichtserklärung interpretiert – zehn Jahre Gefängnis lautete das Urteil. (König Sihanouk sorgte dafür, daß der Halbbruder nach Paris ins Exil ausfliegen durfte).

Es ist von vielen, selbst von FUNCINPEC-Getreuen, öffentlich beanstandet worden, daß Norodom Ranariddh in dieser Zeit eine sehr undurchsichtige Figur abgab. Ein Grund dafür könnte sicher gewesen sein, daß die Korruptions-Vorwürfe gegen ihn durchaus Hand und Fuß hatten, der zweite, entscheidende wohl der, daß er im Machtkampf der beiden Ministerpräsidenten, obwohl er doch als Erster das Sagen gehabt hätte, inzwischen hoffnungslos gegenüber dem skrupellosen Hun Sen an Boden, d. h. an Einfluß im Land verloren hatte – von der Marionette, die Ranariddh mittlerweile geworden sei, war selbst im eigenen Lager die Rede, und daß er die demokratischen Werte mehr und mehr mit Füßen trete. Dabei wurde allerdings vergessen, daß sich der Feudalist Ranariddh noch nie als strammer Demokrat hervorgetan hatte, im Gegenteil. Nahezu zeitgleich mit der Verhaftung des Onkels Sirivudh hatte sich Neffe Ranaridd haufgrund von Vorwürfen, seine Regierung verletze die Pressefreiheit, in einer „Erklärung zu entscheidenden Fragen" unmißverständlich festgelegt: „Die westliche Spielart der Demokratie und Pressefreiheit läßt sich auf Kambodscha nicht anwenden." Immer häufiger zitierten beide Ministerpräsidenten „Asiatische Werte" als Gegengewicht, wobei eine präzise Definition dieser Werte jedoch nicht mitgeliefert wurde. Daß es sich da möglicherweise um eine Absage an die Ideen und Vorsätze des Pariser Abkommens handelte, war jedoch unschwer zu erkennen.

Von Sam Rainsy, der inzwischen mit der „Partei der Khmer-Nation" („Khmer Nation Party", KNP) seine eigene, sofort wieder verbotene Partei gegründet hatte, stammt ein Spruch, der die Situation in Kambodscha in den Jahren 1993 bis 1996 wohl treffend beschreibt: „Hun Sen ist bestens geschult, kommunistisch geschult. Er ist ein Profi. Wir, die Nicht-Kommunisten, sind nur Amateure."

Das wurde vor allem deutlich, als es darum ging, sich mit den immer noch militärisch im Land aktiven Roten Khmer zu arrangieren. Diese saßen weiterhin, wenn auch mittlerweile per Gesetz geächtet, mit etwa 10.000 fanatischen Kämpfern in den Dschungelwäldern im Nordwesten (Anlong Veng) und Westen (Pailin und Phnom Malai). Die Übermacht der „Königlichen Armee" RCAF konnte ihnen dennoch nichts anhaben, weil diese Armee genauso wie die Regierung in zwei Lager gespalten war und längst nicht mehr unter gemeinsamer Führung kämpfte. Aber hatte der König höchstpersönlich nic t all die Jahre für Aussöhnung und Amnestie plädiert? Vielleicht war jetzt der Zeitpunkt gekommen, sich trotz Ächtung der Roten Khmer durch das Gesetz verhandlungsbereit zu zeigen. Hun Sen, der Profi, erwies sich als der Findigere und Schnellere im permanenten Wettstreit der Ministerpräsidenten um die absolute Macht im Land: wenn die militärisch hochpotenten Roten Khmer, so das Kalkül des Ministerpräsidenten Nummer Zwei, zu seinen Streitkräften überliefen und nicht zu Ranariddhs Teil der Armee, würde das seine Position ausbauen und stützen. Ein regelrechtes Buhlen begann.

Die ersten Großkopferten der Roten Khmer, die 1995 überliefen, und zwar zu Hun Sens Truppen, waren Sar Kim Lamouth, als Finanzminister des „Demokratischen Kampuchea" ein *mystery man*, und die beiden Kommandeure Chhouk Rin und Keo Pong; der letztere soll, so wurde uns gesagt, Mitglied des Zentralkomitees der Roten Khmer und Ein-Stern-General gewesen sein – Hun Sen hat ihn in seiner Armee zum Zwei-Sterne-General befördert.

Die nächsten Überläufer (August 1996) sind bereits bekannt: Ee Chhean, der Chef der Division 450 der Roten Khmer in Pailin, und Sok Pheap von der Division 415 in Phnom Malai; mit den beiden und den insgesamt 3.900 Soldaten ließ sich auch der „Bruder Nummer Drei" Ieng Sary „integrieren". Es ist kein Geheimnis, daß sie vor ihrer Übergabe mit beiden Regierungsseiten, mit Hun Sen/CPP und mit Ranariddh/FUNCINPEC verhandelt haben – wer würde die besten Konditionen bieten? Für die CPP amtierte Früh-Aussteiger Keo Pong als Vermittler, wird berichtet, die FUNCINPEC soll ihren General Nhek Bun Chhay (immerhin Stellvertretender Generalstabschef der RCAF) zum Kungeln mit den Roten Khmer entsandt haben. Was auch immer von wem in welchem Umfang versprochen wurde, Ieng Sary und die Kommandeure neigten eher Hun Sen zu, der sie sogar besuchte, nachdem Pailin und Phnom Malai zu „Autonomen Zonen" erklärt worden waren – mit General Ee Chhean als „Gouverneur" in Pailin und General Sok Pheap als „Gouverneur" in Phnom Malai sowie mit „Bruder" Ieng Sary als politischer Drahtzieher hinter ihnen, was dieser unter Pol Pot schon immer gewesen ist. Der Sender *Radio Khmer Rouge* nannte daraufhin von Anlong Veng aus Ieng Sary einen „Nationalen Verräter", der nur den Tod verdient habe: Ieng Sary, der mit der Schwester der ersten Frau Pol Pots verheiratet ist, mit Ieng Thirith, die man als ideologische Scharfmacherin der Roten Khmer beschrieben hat – Ieng Sary, der nachweislich verantwortlich für den Tod vieler unschuldiger Menschen in den „Killing Fields" ist, von dem Sprüche stammen wie: „Wir brauchen die ältere Generation nicht mehr, weil sie ihr Denken nicht mehr ändern kann." Und jetzt bezeichnet er sich als Demokrat.

Damals wurde die Formel Nationale Aussöhnung ganz offiziell in diesem Zusammenhang verwendet. König Norodom Sihanouk, der Vater dieser Idee, saß derweil angeschlagen und krank überwiegend in Beijing (Knochenmarkkrebs und Arteriosklerose lautete diesmal die Diagnose) und zürnte mit der Regierung zuhause, die inkompetent und korrupt sei, deren Mitglieder nur auf ihren eigenen Vorteil schauten, seinen Sohn Ranariddh nahm er dabei nicht aus. Auch die sogenannte „Integrierung" der Roten Khmer, wie sie sich in den letzten Monaten vollzogen hatte, war nun nicht mehr nach seinem Geschmack: „Die Ironie bei all dem ist", so Sihanouk in seinem übliche *Bulletin Mensuel de Documentation*, „daß unsere famosen Führer ihre Arme genau in dem Augenblick für die Roten Khmer ausgebreitet haben, in dem diese schon im Sterben lagen; sie haben sie mit Fanfarenstößen wieder zum Leben erweckt und ihnen sogar Zertifikate ausgestellt, daß sie Patrioten und Helden sind." Gegen seinen Willen mußte der König da selbst einem Verbrecher wie Ieng Sary Amnestie gewähren. Sihanouk grollend: „Die [beiden] Führer brauchen die politische Hilfe und den militärischen Beistand dieser ‚abgespaltenen Fraktionen der Roten Khmer'", weil sie diese Kräfte in ihrem Kampf um die Macht bis hin zur nächsten Wahl als „Spezielle Mittel" (so Sihanouk) einsetzen können.

Der Machtkampf war allerdings längst entschieden – eindeutiger Verlierer Prinz Norodom Ranariddh, der Erste Ministerpräsident, der nicht einmal mehr sicher sein konnte, daß seine Partei FUNCINPEC noch loyal hinter ihm stand. Sein Kontrahent Hun Sen, der Zweite Ministerpräsident, hatte sich in knapp drei Jahren mit nicht immer legaler Beharrlichkeit zur Nummer Eins in Kambodscha aufgeschwungen und beherrschte die politische und wohl auch die militärische Szene. Und so sollte es auch, nach Hun Sens Willen, lange Zeit bleiben. Daß mit ihm ein Aufbruch in eine demokratische Gesellschaft kaum zu realisieren war, konnte vorausgesetzt werden.

Aber es gibt sie immer wieder, die Rufer in der Wüste, die nie aufgeben, die es immer wieder aufs neue versuchen. Lao Mong Hay ist solch einer, klein, bescheiden, mit sanfter Stimme. Aber was er sagt, das trifft: daß in Kambodscha demokratisch gesinnte Politiker Mangelware sind, daß Politik hierzulande in erster Linie als Selbstbedienung verstanden wird und als Mittel zum Machterhalt, daß Verantwortung dem Bürger gegenüber, Menschenrechte, Toleranz nicht unbedingt zum Wortschatz der Führungsschicht gehören und selbst die traditionellen buddhistischen Werte à la *dharma* nahezu untergegangen sind. Anfang 1995 hat Lao Mong Hay in Phnom Penh das „Khmer Institute of Democracy" (KID) übernommen und seitdem versucht, das Unmögliche möglich zu machen, will heißen: der Formel „Demokratische Gesellschaft" in Kambodscha Leben einzuhauchen – mit Spezialprogrammen, mit Seminaren, mit politischen Bildungsmaßnahmen überall im Land. Die Themen: Demokratie und humanitäres Völkerrecht, freie Wahlen und natürlich buddhistische Moral und Ethik; die Ansprechpartner: führende Vertreter der Verwaltung, Gouverneure der Provinzen etwa oder Abteilungsleiter aus Ministerien und anderen Verwaltungsgerichten, vor allem Lehrer – und auch hochrangige Militärs und Sicherheitskräfte, um die man sich mit besonderem Ehrgeiz kümmert. Zum Beispiel so: Rund 200 Offiziere der „Königlichen Armee" sind in der Provinz Svay Rieng zum Lehrgang geladen, manchmal befinden sich unter den Teilnehmern auch Polizisten, denen ins Gewissen geredet werden soll. Im Hintergrund des Vorhabens steht natürlich die Erkenntnis, daß sich die doppelten Ministerpräsidenten zur Zeit einen Wettlauf liefern, immer mehr Soldaten innerhalb der RCAF loyal auf sich einzuschwören, für sich zu gewinnen und im Ernstfall für sich in den Kampf zu schicken – und dann die Mahnung an die versammelten Offiziere (von welcher Seite waren sie wohl?), daß die Streitkräfte nur dafür da seien, ihr Land gegen Feinde von außen zu schützen und im Innern für Ruhe und Ordnung zu sorgen, falls diese gefährdet seien, und daß sie sich neutral zu verhalten hätten und sich auf keinen Fall (sind die Namen Hun Sen und Ranariddh gefallen?) einspannen lassen dürften, wenn irgendeiner der Führer persönliche Ziele verfolgte.

Das ist immer leichter gesagt als getan, was Organisationen wie das „Khmer Institute of Democracy" des Lao Mong Hay von ihren Seminarteilnehmern erwarten. Wie sollen sie als Offiziere eine desolate Truppe wieder disziplinieren, wie Korruption und Diebstahl abstellen? Und jetzt kommen auch noch die Überläufer der Roten Khmer in ihre Einheiten – wie sollen die begreifen, wenn über demokratische Regeln diskutiert wird, denen auch das Militär unterworfen ist? Schließlich gibt es dann auch noch die ganz oben, die eigentlich überzeugt werden müßten, die aber nur befehlen, wenn es soweit ist und sie wieder einmal mit Waffengewalt aufeinanderlosschlagen. Das sieht nach Sackgasse aus. Aber darüber ist mit Leuten wie Lao Mong Hay nicht zu reden.

Es ist eine dieser zufälligen Begegnungen, die aber so viel verdeutlichen. Oktober 1998, an einem Sonntagmittag in Battambang. Wir sind ins Restaurant Phkay Preuk gezogen, dessen Speisekarte gerühmt wird. Der Chef ist Thai, wir freuen uns auf eine geruhsame Verschnaufpause. Aber nicht weit von uns ist es laut – zwei Flaschen Johnny Walker stehen auf dem Tisch, leer; es wird noch lauter – eine weitere Flasche ist dazugekommen. Die Zecher sind unschwer als Armee-Offiziere auszumachen. Mein kambodschanischer Begleiter wird unruhig, wir sollten vorsichtig sein, nicht auffällig hinüberschauen – betrunkene Kambodschaner werden, das ist bekannt, sehr schnell rabiat, und die am Nebentisch haben auch noch Schußwaffen. Aber da ist mehr: der Mann in der schwarzen Drillich-Uniform mit der Kappe auf dem Kopf, der das lauteste Wort führt und am heftigsten über die Witze lacht – es ist General Keo Pong, wird mir leise gesteckt; ich erinnere mich: der General der Roten Khmer, der als einer der ersten übergelaufen und jetzt ein ganz hohes Tier in Hun Sens Spezialtruppe ist, „integriert" im Zeichen Nationaler Aussöhnung, und natürlich auch amnestiert. Wir haben schweigend und schnell zu Ende gegessen und sind besser gegangen.

Ein gefährlicher Pakt

Die Politik des Prinzen Norodom Ranariddh

Gegen Abend ist das Schießen weniger geworden, aber immer noch schwarzer Rauch im Westen der Stadt. Die Soldaten haben sich aus den Straßen zurückgezogen. Über Rundfunk verkündet Hun Sen, daß er das Geschehen im Griff hat. In Phnom Penh geht der 6. Juli 1997 zur Neige – ein Sonntag.

Was an diesem Wochenende seit Samstagmorgen in Kambodschas Hauptstadt passiert ist, haben die Reporter der *Phnom Penh Post* so beschrieben: „CPP-Fallschirmjäger konnten einen Stützpunkt umzingeln, der von FUNCINPEC kontrolliert sein soll; 140 Männer wurden festgenommen und entwaffnet." – „Eine Stunde lang wurde geschossen; die Soldaten, offensichtlich FUNCINPEC-Getreue, waren nervös, als sie die Straße zu ihrer Basis in Tang Krasang abriegelten; weiter unten stand ein Panzer." – „An strategisch wichtigen Punkten hat die von der CPP gerufene Militärpolizei Stellung bezogen, um Verstärkung für die FUNCINPEC abzublocken." – „Besonders heftig war der Kampf an der Kreuzung Kampuchea Krom/Pochentong; FUNCINPEC-Streitkräfte versuchten, in Richtung Stadtzentrum vorzurücken."

In Phnom Penh hat sich entladen, was lange befürchtet wurde und zu diesem Zeitpunkt dennoch überraschend kam. Wer da aneinandergeraten ist, läßt sich unstreitig aus den Erlebnissplittern der Beobachter ablesen: Da kämpfte an diesen zwei Tagen CPP gegen FUNCINPEC, das heißt der Zweite Ministerpräsident Hun Sen gegen den Ersten Ministerpräsidenten Prinz Norodom Ranariddh und umgekehrt, und beide konnten sich auf ihre jeweiligen eingeschworenen Hausarmeen und Spezialverbände stützen sowie auf die ihnen loyal verbundenen Truppeneinheiten der „Royal Cambodian Armed Forces", RCAF (Schätzungen im Vorfeld des Zusammenstoßes sprachen von insgesamt landesweit etwa 73.000 für die CPP und 58.000 für FUNCINPEC). Ranariddhs Streitkräfte waren die Unterlegenen in der „Schlacht um Phnom Penh" und schon am Ende des zweiten Tages geschlagen auf der Flucht in die Wälder im Grenzgebiet nach Thailand, aus denen sie zum großen Teil erst 1991 zurückgekehrt waren. Und natürlich beschuldigte jeder den anderen, der Urheber der militärischen Konfrontation zu sein.

Als in der Nacht zum 5. Juli die ersten Schüsse fielen und die CPP T-55 Panzer einsetzte, als der Flugplatz Pochentong von Truppen des FUNCINPEC-Generals Nhek Bun Chhay überrumpelt und geschlossen wurde und diese Truppen dann von der Militärbasis Tang Krasang aus den Boulevard Pochentong Richtung Stadt rollten, wobei es zu weiteren Feuergefechten kam – zu der Zeit waren die Kontrahenten beide außer Landes: Hun Sen vergnügte sich mit Familie im vietnamesischen Seebad Vungtau, und Ranariddh saß in Frankreich, wohin er sich am Vortag heimlich und freiwillig abgesetzt hatte und von wo aus er schon früh am Morgen des 5. Juli via Radio *Voice of America* der Welt mitteilte, daß es in Kambodscha einen Coup d'État gegeben habe – und der Schurke sei kein anderer als Hun Sen. Der war inzwischen schon per Hubschrauber von Vungtau in seine Residenz nach Takhmau geflogen und hielt von Phnom Penh aus im Radio und Fernsehen dagegen: Ranariddh selbst habe einen Putsch versucht und sei damit gescheitert.

Seit damals wird diskutiert, ob die Theorie des großen C, wie Diplomaten formulierten, stimmig ist – ob man wirklich von einem Staatsstreich reden darf, wie weltweit nach Ranariddhs Radio-Botschaft schnell und weitgehend ungeprüft übernommen wurde. Ranariddh am 5. Juli in einem Interview von Frankreich aus: „Das war ein wahrhaftiger Coup d'État. Wie sonst soll man es nennen, wenn ein Ministerpräsident, der durch Wahlen berufen wurde, die sogar die Vereinten Nationen organisiert haben, einfach gestürzt wird?" – das sei durch Hun Sen von langer Hand und mit massiven Truppenverstärkungen in der Nähe der Hauptstadt vorbereitet gewesen. Hun Sen dagegen in seiner Fernsehansprache am gleichen 5. Juli: „Ich möchte feierlich bekräftigen, daß es sich nicht um einen Streit zwischen politischen Parteien handelt, sondern um eine Aktion zur Durchsetzung von Recht und Ordnung", weil Norodom Ranariddh „illegal Waffen importiert", „heimlich militärisch aufgerüstet" und Truppen der Roten Khmer unter falscher Etikettierung nach Phnom Penh eingeschleust habe; außerdem sei zu erwähnen, daß Ranariddh hinter seinem Rücken und „illegal mit den Rädelsführern der Roten Khmer in Anlong Veng verhandelt" habe, und zwar über ein politisches und militärisches Zusammengehen von FUNCINPEC und

Roten Khmer – dieser Beistandspakt sollte Anfang Juli besiegelt werden, deshalb sei ein Eingreifen unabänderlich gewesen, so Hun Sens Begründung.

Ganz aus der Luft waren diese Vorwürfe sicher nicht gegriffen. Es hatte sich in der Tat einiges ereignet, was Hun Sen beim Fingerhakeln um die Macht nicht gefallen konnte und auch ansonsten ein gefährliches Spiel seines Kontrahenten war.

27. Februar 1997. Im Theater Chatomouk in Phnom Penh sind rund eintausend illustre Gäste bester Stimmung: Sie haben soeben eine neue „Nationale Einheitsfront" („National United Front", NUF) aus der Taufe gehoben. Schulter an Schulter jubeln da Funktionäre der FUNCINPEC, der „Khmer Nation Party" (KNP) des Sam Rainsy und der „Buddhist Liberal Democratic Party" (BLDP) des Son Sann; selbst die Roten Khmer sind zahlreich vertreten. Geladen hat der Erste Ministerpräsident der „Königlichen Regierung", Prinz Norodom Ranariddh, den die Delegierten dann auch pflichtschuldigst zum „Front"-Führer küren. Fürwahr eine merkwürdige Gesellschaft: Da schmeichelt Prinz Ranariddh jenem Sam Rainsy als „hochverehrten", ja sogar „geliebten" Kollegen, über den er sich vor noch nicht langer Zeit gegiftet hat: „Es tut leid, daß er Kambodschaner ist" – das war, als er Rainsy als Außenminister und Parteimitglied abserviert und dessen neue Partei „Khmer Nation Party" verbot, eben jene Partei, die jetzt der „Front" angehört. Und auch Sam Rainsy findet nichts dabei, jemanden als Patrioten und wahren Demokraten hochleben zu lassen, Prinz Norodom Ranariddh, den er ebenfalls vor nicht allzu langer Zeit der Korruption und Mißwirtschaft im Amt bezichtigt hat. Was stören sie schon ihre Sprüche von gestern, wenn es gilt, sich auf ein neues Ziel einzuschießen, auf Hun Sen, den Zweiten Ministerpräsidenten der „Königlichen Regierung". Es sei schon „Eine seltsame Sache", ließ dieser Hun Sen nach dem Taufakt im Theater erklären: „Eine politische Partei aus der Regierung verbündet sich mit einer Partei, die diese Regierung bekämpft und sie sogar als Mafia-Regierung beschimpft." Soweit der Bericht aus dem Theater Chatomouk.

Daß sich in der „Nationalen Einheitsfront" des Prinzen Ranariddh exakt jene Kräfte wieder vereinigt hatten, inklusive Rote Khmer, die bis 1990 (als „Koalitionsregierung des Demokratischen Kampuchea") aus dem Untergrund gegen das damals von den Vietnamesen gestützte Regime unter Hun Sen Krieg geführt hatten, ga vielen neutralen Beobachtern zu denken; die bange Frage stand schon im Raum, ob sich Hun Sen das lange gefallen lassen werde.

Weiter aufgeheizt wurde die Stimmung, als Prinz Ranariddh damit begann, die Hardliner der Roten Khmer zu umwerben, die sich in Anlong Veng im nordwestlichen Grenzgebiet eingebunkert hatten – Pol Pot gehörte zu ihnen, Ta Mok, „Der Schlächter", Son Sen von der Geheimpolizei und auch Khieu Samphan, der ja noch 1993 vor den UN-Wahlen die kambodschanische Bevölkerung über *Radio Khmer Rouge* aufgefordert hatte, Hun Sen zu töten. Sie hatten inzwischen in Anlong Veng die „Khmer National Solidarity Party" gegründet und mußten sich überhaupt nicht geächtet fühlen, wie das Gesetz es befahl. „Wenn Khieu Samphan wirklich möchte, daß seine Partei unserer National United Front beitritt, habe ich in meiner Eigenschaft als ihr Präsident keine andere Wahl, als ja zu sagen", formulierte Norodom Ranariddh am 23. Mai 1997 vor Journalisten. Khieu Samphan mochte, und in der Folge war FUNCINPEC-Chefunterhändler General Nhek Bun Chhay, immerhin gleichzeitig Stellvertreter Generalstabschef der „Königlichen Armee" RCAF, häufiger Gast in Anlong Veng und Gesprächspartner z.B. von Ta Mok. Ranariddh traf sich mit Khieu Samphan; das sollte, so hat der Prinz damals wiederholt beteuert, ausschließlich dazu dienen, Kambodscha Frieden zu bringen. Die Roten Khmer schienen wohl andere Vorstellungen zu haben, sie beabsichtigten, „Alle Kräfte der Nation gegen die kriegerische Aggression der Vietnamesen und ihrer Marionetten zu vereinen", wie aus einem Brief Khieu Samphans an den Prinzen Ranariddh vom 26. Juni 1997 hervorgeht, der bald nach den Juli-Ereignissen in Phnom Penh bekannt gemacht wurde – da hatten sie keinen anderen als Hun Sen im Visier, der für die Roten Khmer immer nur „Die Marionette Vietnams" gewesen ist. Am Sonntag, den 6. Juli, wollten sie schließlich ihren Beistandspakt der Öffentlichkeit präsentieren, und zwar in offizieller Zeremonie auf dem Gelände des historischen Tempels Preah Vihear etwa 60 Kilometer östlich von Anlong Veng, an der auch das Diplomatische Korps und die Medien teilnehmen sollten – eine richtige Schau war geplant. Aber dazu ist es dann doch nicht gekommen.

Mehrfach hat Hun Sen in dieser Zeit seinen Ko-Ministerpräsidenten Ranariddh gewarnt, daß es illegal sei, mit Khieu Samphan und den „anderen notorischen Killern" zu verhandeln, weil diese im

Anti-Rote Khmer-Gesetz von 1994 ausdrücklich von der Amnestie ausgenommen worden seien, erstens, und daß er, zweitens, nicht tatenlos zusehen werde, wenn sich politische Allianzen bildeten, die den Roten 'Khmer die Rückkehr in die politische Szene Kambodschas erlauben: „Ich gebe Ihnen einige Tage Zeit, dann sollten Sie entscheiden, ob Sie weiter in der [jetzigen] Koalitionsregierung arbeiten wollen oder mit der Regierung des ‚Demokratischen Kampuchea' unter Khieu Samphan." Das sagte Hun Sen am 18. Juni. Am selben Tag meldete sich sogar das amerikanische Außenministerium: Die USA „würden zutiefst besorgt sein, wenn höheren Führern der Roten Khmer erlaubt werde, eine Rolle in der kambodschanischen Innenpolitik zu spielen". Aber Ranariddh ließ sich auch durch diese Mahnung aus Washington nicht von seinem „Nachtmahl mit dem Teufel" (wie es ein Diplomat in Phnom Penh beschrieb) abhalten.

Was Kontrahent Hun Sen nach den Juli-Ereignissen in einem Weißbuch der CPP detailliert und zum Teil mit Dokumenten belegt als weitere Rechtfertigung für seinen Militärschlag zusammentrug, zeichnete ein verwirrendes Bild:

- Mai 1997: Im Hafen von Kampong Som (Sihanoukville) waren etwa drei Tonnen Waffen und Munition (darunter etwa ein METIS Raketenwerfer mit zehn Raketen) beschlagnahmt worden, die mit dem *M/V Panther* aus dem polnischen Gdynia kamen und an den Ersten Ministerpräsidenten Prinz Norodom Ranariddh adressiert waren. Weil die Ladung G/062/E/P/97 als „Ersatzteile" gekennzeichnet war, hatte der Zoll auf „Illegale Einfuhr von Waffen" erkannt, mit denen Ranariddh, so der Vorwurf Hun Sens, seine hauseigene Elite-Truppe habe aufrüsten wollen. Ranariddhs Konter: Hun Sen habe vielfach dasselbe getan (was gar nicht ausgeschlossen werden kann).

- Juni 1997: Aus der französischen Botschaft am Boulevard Monivong, die direkt neben dem FUNCINPEC-Hauptquartier liegt, war eine Beschwerde ans Außenministerium gelangt, daß sich bewaffnete Soldaten der Roten Khmer auf dem Gelände der FUNCINPEC befänden. Schon vorher hatte es Berichte über geheime, nicht genehmigte Bewegungen von Truppen aus den nordwestlichen Gebieten der Roten Khmer nach Phnom Penh gegeben, durch die die Bodyguards der FUNCINPEC-Hierarchen verstärkt werden sollten; zum erstenmal seit 1979, so der Vorwurf Hun Sens, habe es in den Straßen der Hauptstadt wieder bewaffnete Rote Khmer gegeben. Ranariddhs Konter: Hun Sen habe in den letzten Monaten dasselbe getan (was auch nicht auszuschließen ist).

Das alles entlud sich schließlich an jenem Gewalt-Wochenende in Phnom Penh. Aber wie sollte man das Geschehene benennen? War es wirklich ein Coup d'État, ein Staatsstreich?

Einige sagten Nein, zum Beispiel Australiens damaliger Botschafter Tony Kevin: „Was am 5. und 6. Juli passiert ist, war nicht der Coup d'État eines militärischen Unterdrückers gegen einen verteidigungslosen, nichtsahnenden Rivalen; in keiner historisch korrekten Lesart kann das so bezeichnet werden. Was geschah, war vorhersehbar. Es war eine Kraftprobe zwischen zwei Parteien, die beschlossen hatten, es darauf ankommen zu lassen", wobei das, was die FUNCINPEC durch ihre Verhandlungen mit den Roten Khmer in Gang gesetzt hatte, „wirklich nicht verteidigt werden kann", so Tony Kevin. Auch Japan und Frankreich waren dieser Meinung.

Die meisten jedoch neigten eher einem Ja zu, etwa die ASEAN-Staaten, die nach einer Krisen-Sitzung in Kuala Lumpur befanden, daß es „Unter Berücksichtigung der unglücklichen Umstände, die sich aus der Anwendung von Gewalt ergeben haben", weise sei, die Aufnahme Kambodschas in die Gemeinschaft ASEAN, die bevorgestanden hatte, auf ein späteres Datum zu verschieben. Am schärfsten reagierten die Vereinigten Staaten, wie immer wenn es sich um Hun Sen handelte. „Es kann nicht Amerikas Rolle sein, vor einem kleinen mörderischen Diktator zu kriechen, der von unserem Geld abhängig ist", war aus dem Umfeld eines republikanischen Kongreßabgeordneten namens Dana Rohrabacher zu hören, dessen Wahlkreis in Long Beach/California mit 50.000 die größte Anzahl von Exil-Kambodschanern in den USA verzeichnet; seine Formulierungen spiegelten zwar nicht unbedingt die offizielle Meinung des State Department, aber ungehört werden sie dort nicht verhallt sein. (Dana Rohrabacher sollte auch in den kommenden Jahren die halboffizielle Wadenbeißer-Rolle in Sachen Kambodscha spielen).

Die Vereinigten Staaten, die die Streithähne aufgefordert hatten, „Schwert und Gewehr fallen zu lassen und zu verhandeln", waren ebenfalls führend, als es in der UNO darum ging, dem ungeliebten Hun Sen einen neuerlichen Denkzettel zu verpassen: daß man ihm und seiner Regierung den Sitz in der Staatengemeinschaft verweigern werde, konnte man erwarten, überraschend jedoch war, daß das zuständige UN Credentials Committee am 19. September auch Prinz Norodom Ranariddh als Platzhalter ablehnte – der Sitz Kambodschas in der UNO blieb vakant, „wegen innenpolitischer Schwierigkeiten". Ähnlich ausgesperrt wie Kambodscha waren von 185 UN-Mitgliedsstaaten nur noch, welch exklusive Gesellschaft, Afghanistan und Sierra Leone.

Hun Sen nahm den Spruch gelassen; die Rolle als Ausgestoßener, berechtigt oder unberechtigt, war ihm ja nicht fremd. Wie er es immer getan hatte, wies er auch diesmal bitter darauf hin, daß die Vereinten Nationen nichts dabei gefunden hatten, dem Mörder-Regime des Pol Pot über fünfzehn Jahre, von 1975 bis 1991 Sitz und Stimme in der UNO zu gewähren. Auch dem Prinzen Ranariddh konnte die Entscheidung der Vereinten Nationen nicht gefallen – es sah in der Tat so aus, als habe sein umstrittenes Anbändeln mit den Pol Potisten weltweit ebenso wenig Akzeptanz gefunden wie Hun Sens Gewaltakt.

Als sich der schwarze Rauch über der Stadt verzogen hatte und in Phnom Penh nach all dem Schießen und Töten und dem anschließenden Plündern Ruhe eingekehrt war – wie ist es im Land weitergegangen?

• Aus dem Dschungel-Nest O'Smach in den Dangrek-Bergen an der thailändischen Grenze meldete sich General **Nhek Bun Chhay** ,FUNCINPECs Chefkrieger mit großen Worten: Er sei an jenem unseligen Sonntag gerade noch lebend aus Phnom Penh entkommen, obwohl 3.000 CPP-Soldaten ihn gejagt hätten, und versuche jetzt, den militärischen Widerstand gegen die Regierung Hun Sen zu organisieren; einmal sprach er von 40.000, dann von 25.000, die er als Streitkräfte zur Verfügung habe – es seien „vielleicht zwei- oder dreitausend", schätzten thailändische Militärs aus O'Smach. Wieviele auch immer, Nhek Bun Chhay wollte unbeirrt weitermachen, der Kampf gegen Hun Sen sei noch nicht zu Ende, „Ich weiß, daß ich ihn gewinnen werde – Hun Sen ist schlimmer als Pol Pot". Ranariddhs General hatte auch schon wieder Kontakt mit den Roten Khmer in Anlong Veng aufgenommen, die über ihr *Radio Khmer Rouge* direkt bestätigten, daß sie „Alle nationalistischen Kräfte" unterstützen würden, die gegen Hun Sen Front machten.

- Aus Bangkok oder manchmal auch irgendwoher aus Frankreich war vom ausgebooteten Ersten Ministerpräsidenten Norodom Ranariddh regelmäßig zu hören: Er könne nicht einfach so nach Phnom Penh zurückkehren; „Hun Sen wird mich töten", denn „Hun Sen ist ein mordender Ministerpräsident", sagte der Prinz schon mal, oder auch mit Blick auf seinen General im Dschungel: „Wir sollten anfangen, einen Guerilla-Krieg zu führen", deshalb sei es schon klüger, bis auf weiteres im Ausland in Sicherheit zu bleiben – er und weitere FUNCINPEC-Getreue, die mit ihm das Weite gesucht und inzwischen eine „Union of Cambodian Democrats" (UCD) mit Sitz in Bangkok gegründet hatten. Im August verlor der Ex-Erste seine parlamentarische Immunität, wenig später ergingen zwei Haftbefehle gegen ihn, er wurde angeklagt, erstens, „zwischen dem 4. und 6. Juli Verbrechen gegen die Sicherheit im Lande" begangen und zweitens, „am 26. Mai illegal Waffen gekauft und in Sihanoukville importiert" zu haben.

- In Phnom Penh versuchte der Zweite Ministerpräsident Hun Sen Schadensbegrenzung durch *business as usual*. Schon Ende Juli trat die Nationalversammlung wieder zusammen (in Abwesenheit von 14 Abgeordneten, die ins freiwillige Exil gegangen waren) und wählte mit 86 von 99 Stimmen anstelle von Ranariddh einen neuen Ersten Ministerpräsidenten, den bisherigen Außenminister Ung Huot, ebenfalls FUNCINPEC. König Norodom Sihanouk sprach sich in Beijing zwar gegen dessen Ernennung aus und die sogenannte „Bangkok Connection" fand sowieso alles illegal, aber das Land hatte, wie gehabt, seine Doppelspitze.

Ansonsten war alles nur Wiederholung kambodschanischer Geschichte: interne Konflikte zwischen Parteien oder innerhalb der Parteien, Politiker im Exil, bewaffneter Widerstand und Bemühungen um internationale Legitimierung – und die Demokratie versuchte nach wie vor, das Laufen zu lernen.

Im März 1998 dann kurz hintereinander zwei Gerichtsverfahren: Prinz Norodom Ranariddh wird, natürlich in Abwesenheit, wegen seiner dubiosen Waffengeschäfte zu fünf Jahren Gefängnis verurteilt und „wegen Konspiration mit den Roten Khmer mit dem Ziel, Regierun gund Volk zu zerstören", zu weiteren 30 Jahren Gefängnis, außerdem zu 54 Millionen US-Dollar Schadensersatz. (Der mitangeklagte Nhek Bun Chhay im Dschungel von O'Smach erhält vier und 20 Jahre Haft). Drei Tage später, am 21. März 1998, erkennt König Norodom Sihanouk von Beijing aus auf Amnestie für Sohn Ranariddh, und der „Starke Mann" Hun Sen läßt ebenfalls Gnade walten, er stimmt zu – ein geschickter taktischer Coup. Das beweist die umgehende Reaktion des UN-Generalsekretärs Kofi Annan, der die Begnadigung Ranariddhs offiziell als „Wichtigen Schritt zur Normalisierung der Situation in Kambodscha" lobt und hofft, daß sich damit „das Klima für freie und faire Wahlen bedeutend verbessert" hat – die waren ja für Mitte 1998 geplant.

Damit schien das düstere Kapitel Coup d'État abgeschlossen zu sein. Aber dann, zwei Monate später, schwappte das Thema noch einmal hoch: Ein Reporter der *Phnom Penh Post* entdeckt 14 Kilometer nördlich von Anlong Veng in einem Haus an der Auffahrt zum Sagham Paß nach Thailand Dokumente, die als echt verifiziert werden und fortan nur noch *KR Papers*, die „Papiere der Roten Khmer" heißen: drei einfache Kladden, insgesamt 273 Seiten mit Protokoll-Aufzeichnungen von Versammlungen der Rote Khmer-Führung a dem 24. Juni 1997. Die Original-Aussagen aus den Diskussionen der Spitzen-Kader inklusive Ta Mok und Nuon Chea zeigen auf, daß Ranariddhs „Nachtmahl mit dem Teufel" in der Tat ein gefährlicher Pakt und eine Bedrohung für das Land gewesen ist, so wie Hun Sen es seinerzeit warnend und später rechtfertigend vorgebracht hat. Auszüge aus den „KR Papers":

- „Ranariddh hat keine Truppen mehr, er wird von Hun Sen besiegt, deshalb braucht er uns in seinem Kampf gegen Hun Sen" (Nuon Chea, 29. Juni 1997).
- „Ranariddhs Boot sinkt, aber unser Boot nicht. Wir müssen ihm helfen, aber wir geben ihm nur einen Stock, keine Hand, keine Umarmung. Wir dürfen nicht zulassen, daß er sich an unser Boot klammert, sonst sterben wir alle. Wir müssen einen Trick anwenden" (Nhorn, Mitglied des ZK, 24. Juni).
- „Der ‚Front' beitreten, heißt überleben, aber überleben, um zu kämpfen. Wir werden bald gewinnen" (Sourn, ZK-Mitglied, über Ranariddhs „National United Front" NUF, 28. Juni).

- „Ranariddh will uns als Wasserbüffel benutzen, um aus dem Schlamm herauszukommen – aber wir werden es sein, die auf dem Wasserbüffel reiten" (Nhorn, 24. Juni).
- „Jetzt ist die Zeit des Bürgerkriegs" (Ta Mok, 25. Juni 1997).

Damit, so folgerte die als neutral geltende *Phnom Penh Post*, war anhand der Dokumente in Frage gestellt, worauf viele, insbesondere westliche Analytiker und Diplomaten damals immer abgehoben hatten: daß nämlich Ranariddhs Verhandlungen vor dem Juli 1997 den Kambodschanern Frieden bringen würden und daß die Hoffnungen auf Frieden durch Hun Sens Coup zerstört worden sei. Außerdem belegten die Dokumente gleichermaßen, daß die Rechtfertigungen Hun Sens, warum er die FUNCINPEC-Truppen im Juli 1997 zerschlagen mußte (siehe das Weißbuch der CPP), entsprechend der jetzt bekannt gewordenen Intentionen der Roten Khmer korrekt gewesen sind.

Im Nachklapp versuchte FUNCINPEC-Generalsekretär Tol Lah, seinem Parteichef aus der Patsche zu helfen: der habe doch in gutem Glauben verhandelt, „Allerdings weiß man ja, in solch einem Spiel kann man niemandem trauen". Aber Prinz Norodom Ranariddh war ja schon begnadigt und inzwischen längst wieder zurück in Phnom Penh. Als er Ende März 1998 nach neun Monaten Exil mit Thai Airways aus Bangkok wieder auf dem Flugplatz Pochentong gelandet war, war alles Jubel und Freudentränen und Willkommensgesang beim Parteivolk: Tausende drängten sich auf beiden Seiten des Boulevard Pochentong als Spalier; mühsam bahnte sich die Autokolonne des Prinzen ihren Weg, umrahmt und verfolgt von Leibwächtern, Diplomaten, Kamerateams aus aller Welt – im Juli 1997 waren hier die Streitkräfte der FUNCINPEC in Richtung Stadt gerollt.

Reich gegen Arm

Der Traum von sozialer Gerechtigkeit

Der Mann heißt Teng Boonma, er ist 56 Jahre alt, und wenn man in Details gehen will, muß zuerst eine Geschichte erzählt werden. Auf dem Flugplatz Pochentong in Phnom Penh ist eine Boeing 737 der Royal Air Cambodge (RAC) aus Hongkong gelandet; in der Business Class sitzt ein einziger Passagier. Was dann geschieht, hat die Luftgesellschaft in einem Memo so festgehalten: „Der Passagier stieg aus, begab sich ganz normal zur Ankunftshalle und kam dann mit einer Pistole zurück. Er ging zu dem Rad an der Spitze des Flugzeugs, feuerte einen Schuß auf die Reifen ... und entfernte sich." Er sei mit dem Service an Bord nicht zufrieden gewesen, so der Passagier; wäre es nicht schon dunkel gewesen, hätte er alle Reifen zerschossen. Ein Nachspiel hat es nicht gegeben.

Teng Boonma ist nicht irgendwer in Kambodscha; es heißt, er ist hierzulande der Reichste von allen. Also gründet er auch bald nach seinem Zwist mit der RAC seine eigene Fluggesellschaft, die Apsara First Cambodia Air. Außerdem fungiert Boonma als Präsident der „Cambodian Chamber of Commerce" (der Handelskammer), ist Miteigner des Hotels Inter-Continental (des ersten Fünf-Sterne-Hotels in Phnom Penh) und führt die Firma Thai Boon Roong Import Export (die auch mit Edelhölzern Geschäfte macht). Daß das US State Department ihn beschuldigt, er sei „zutiefst im Drogenhandel verstrickt", weshalb ihm die Einreise in die USA auf Dauer verwehrt ist, weist er als unwahr zurück – daß er aber gut Freund mit Hun Sen ist, dem Mächtigsten im Lande, hat er bisher nicht bestritten. Kann er auch nicht, nachdem er diesem seinerzeit im Juli 1997 eine Million US-Dollar geschenkt hat – allerdings nicht, damit dieser so seinen Putsch finanzierte, wie öffentlich spekuliert wurde, sondern damit er seine plündernden Soldaten ruhig stellte und für Ordnung in der Stadt sorgte; so zumindest hat es Boonma interpretiert.

Beobachtung 1: In der wirtschaftlichen Entwicklung des Landes spiegelt sich ein chronisches Dilemma der kambodschanischen Elite wider. Die Wahrnehmung nationaler Interessen hat für die meisten ihrer Mitglieder nachgeordnete Bedeutung, weil es ihnen primär um die Verfolgung persönlicher Interessen geht – was durchaus auch schon ein Phänomen in der Vergangenheit war.

Abstecher in die Provinz Kratie an der Grenze nach Vietnam. Das Gebiet um die Ortschaft Snuol war schon immer abgelegen, einsam, von jenen bevorzugt, die nicht unbedingt auffallen wollten; wie im Dezember 1978 die Männer, die in die undurchdringlichen Wälder um Snuol gekommen waren, um im Verborgenen über Kambodschas politische Zukunft zu debattieren und die „Nationale Einheitsfront Kampucheas zur Rettung der Nation", d. h. zum Sturz des Pol Pot-Regimes zu gründen – damals war neben den Genossen Heng Samrin und Chea Sim auch ein Jüngling namens Hun Sen mit von der Partie gewesen. Viel hat sich in Snuol in den fast 20 Jahren nicht verändert – nur die zahlreichen Holztransporter, die durch ihre Wälder rumpeln und die gefällten Baumstämme Richtung Vietnam verfrachten oder in die Sägewerke, die sich ständig vermehren, sind frische Erscheinungen. Die Geschäfte mit kambodschanischem Edelholz boomen und haben Snuol sogar in die Schlagzeilen gebracht, denn: es seien überwiegend illegale Geschäfte, die dort abgewickelt würden.

Es ist als Beweis im März 1998 der aktuelle Bericht von „Global Witness" erschienen. Detailliert hat die Londoner Forschungsgruppe ihre landesweiten Recherchen über Kambodschas Forstwirtschaft aufgelistet und mit Namen, Dokumenten und Fotos untermauert. Schon die Kurz-Zusammenfassung schockt. Erstens: „Der Holzabbau in Kambodscha ist zum größten Teil illegal und wird unter dem Schutz der ‚Königlichen Regierung', der ‚Königlichen Streitkräfte' sowie der Roten Khmer abgewickelt ... und ist extrem korrupt." Zweitens: „Von den 70 Prozent der Wälder, die Kambodscha in den frühen siebziger Jahren bedeckten, sind nur noch 30 bis 35 Prozent vorhanden. Wenn es so weiter geht wie zur Zeit, wird es in drei bis fünf Jahren in Kambodscha keine Wälder mehr geben."

„Global Witness" nennt Zahlen. Ungefähr 12,7 Millionen US-Dollar brachte die Forstwirtschaft dem Staatshaushalt im Jahre 1997; für 1998 wurden 13,1 Millionen veranschlagt – das wären 3,1 Prozent des Gesamthaushalts von 419 Millionen US-Dollar gewesen. Es hätten aber weitaus mehr sein können, denn durch illegale Operationen hat der Haushalt z.B. zwischen Januar 1997 und Februar

1998 ganze 184,2 Millionen US-Dollar verloren, was wohl bedeutet: die Millionen sind in andere Taschen geflossen. Und das, obwohl die entsprechenden Gesetze eigentlich klar sind. Es gibt ein Export-Verbot für Holz vom 31. Dezember 1996 und einen ergänzenden Regierungsentscheid Nr. 17 vom 29. April 1997, die besagen, daß legal Bäume nur von legalen Konzessionären gefällt werden dürfen und daß jeglicher Export von Rundhölzern verboten ist, stattdessen legal nur exportiert werden kann, wenn das Holz vorher von legalen Konzessionären bearbeitet wurde. Dazu gehört allerdings auch die ergänzende Information, daß bis Ende 1997 Konzessionen für sieben Millionen Hektar Wald vergeben worden sind und 1998 noch einiges dazugekommen ist, obwohl das „Department of Forestry" in Phnom Penh lediglich 2,2 Millionen Hektar für vertretbar hält. Und schließlich ist auch das wichtig: Praktisch jede Konzession ist von den beiden damaligen Ministerpräsidenten Hun Sen/Ranariddh bzw. Hun Sen/Ung Huot autorisiert, per Unterschrift abgesegnet worden. An dieser Praxis hat sich bis 1999 nichts geändert, mit dem einzigen Unterschied, daß es jetzt nur noch einen Ministerpräsidenten gibt – Hun Sen.

„Global Witness" sagt unverhohlen, wer die Hintermänner und wahren Nutznießer im lukrativen Holzgeschäft sind: Es bestehen keine Zweifel, daß die „Royal Cambodian Armed Forces", RCAF, den Holzabbau in Kambodscha, legal wie illegal, unter absoluter Kontrolle haben; unter dem Vorwand, den legalen Konzessionären Schutz bei deren Aktionen zu garantieren, beuten die Militärs die Konzessionen selbst aus und profitieren auf diese Weise vom Verkauf der Hölzer an die Konzessionäre oder an andere Abnehmer; die Gewinne aus ihren dubiosen Operationen werden, wohl auch nach vorheriger kräftiger Selbstbedienung der Platz-Oberen, in ein riesiges militäreigenes Parallel-Budget eingespeist. Mithelfer sind, laut „Global Witness", die Ministerpräsidenten, die die Machenschaften der RCAF durch illegale Genehmigungen stützen und nicht zögern, weitere Konzessionen für den Holzabbau in Kambodscha zu vergeben. Vor allem drei Namen tauchen dabei regelmäßig auf, die auf der nach oben offenen Skala für Skrupellose und Korrupte ganz vorne stehen:

- Teng Boonma, der alte „Vertraute" des Ministerpräsidenten Hun Sen, dessen Thai Boon Roong Import Export Co. eine Konzes-

172

sion für 416.700 Hektar Wald zugesprochen bekam, vornehmlich für die Ost-Provinzen Kratie und Mondulkiri, wodurch Boonma zum zweitgrößten Konzessionär in Kambodscha aufstieg; das „Dokument der Königlichen Regierung Nr. 06 D-F-P" vom 29. Januar 1997 trug neben der Unterschrift des Freundes Hun Sen auch die des Prinzen Norodom Ranariddh.

• Chung Sopheap, die ebenfalls zu den „Vertrauten" Hun Sens zählt und Chefin der Pheapimex-Fuchan Cambodia Co. ist, des größten Holz-Konzessionärs Kambodschas mit 487.985 Hektar, und zwar landesweit; Ehemann Lau Ming Kan wird als „Berater" des Ministerpräsidenten Hun Sen geführt.

• Mong Reththy, ein weiterer „Vertrauter", der in Phnom Penh die Firma Mong Reththy Import Export Co. betreibt. Er ist außerdem Besitzer des Reththy Mecco Sägewerks im Hinterland der Ortschaft Snuol/Kratie und einer weiteren Holzverarbeitungsfabrik in der Provinz Kampot – die Geschäfte an beiden Plätzen seien, so heißt es, nicht unbedingt als legal zu bezeichnen. Aber Mong Reththy hat auch mit der Pagoda Boy Construction Co. zu tun und dadurch mit der werbeträchtigen Kampagne des Ministerpräsidenten, die unter dem Motto „Hun Sen baut Schulen" Furore machte und deren Chairman er ist, als „Spezialbeauftragter" Hun Sens. Das heißt, er ist derjenige, der das notwendige Holz und auch Geld für den Bau der Schulen beschafft. (1.200 Hun Sen-Schulen sind bis März 1998 entstanden, die Schule zu 20.000 US-Dollar, macht zusammen 25 Millionen US-Dollar). Und dann wurde er auch noch als Drogenhändler verdächtigt: In einer Ladung Roh-Gummi, die unter dem Namen seiner Firma für Sri Lanka bestimmt war, hatten Zollbeamte im Hafen von Sihanoukville sechs Tonnen Marihuana entdeckt; es dauerte nicht allzu lange, bis Mong Reththy vom bösen Verdacht befreit war und weiter Schulen für Hun Sen bauen konnte.

Beobachtung 2: Die wirtschaftliche und damit auch die demokratische Entwicklung wird geschwächt und ein dauerndes Wachstum unmöglich gemacht, wenn sich die Regierung, die führenden politischen Parteien und das Militär in Kambodscha illegaler Wirtschaft - aktivitäten bedienen, weil sie sich so leichter persönlich bereichern, politische Parteigänger für ihr Wohlverhalten belohnen und Verwaltungsbeamte und Soldaten durch Zahlungen außer der Reihe auf Linie halten können (Stichwort „Erkaufte Loyalität").

Beobachtung 3: Die soziale Situation in Kambodscha ist geprägt durch extreme Einkommens-Unterschiede zwischen einer sehr kleinen Schicht von reichen Händlern, Unternehmern, Großgrundbesitzern, Geldverleihern sowie Militärs und Politikern auf der einen Seite und einer sehr großen Schicht von städtischem Proletariat und armen Bauern auf der anderen Seite – ähnlich wie in historischen Angkor-Zeiten.

Zum erstenmal ist Ende 1997 in Kambodscha eine umfassende Untersuchung über das Ausmaß der im Land grassierenden Armut erschienen, der „National Human Development Report 1997", der in Zusammenarbeit des Ministeriums für Planung in Phnom Penh mit dem „United Nations Development Program" (UNDP) zustandekam. Zahlen, die erschrecken, Informationen, die Kopfschütteln hervorrufen: Kambodscha gehört zu den allerärmsten Nationen der Welt, wenn der sogenannte „Human Development Index" zugrundegelegt wird, der sich an Lebenserwartung, Pro-Kopf-Einkommen und Erziehungsstand orientiert; über 40 Prozent aller Kambodschaner, fast fünf Millionen leben unter dem Existenzminimum, das amtlich auf 35.500 Riel (rund zwölf US-Dollar) pro Kopf pro Monat festgesetzt ist – am meisten müssen die Menschen in den ländlichen Gebieten leiden. Nur 56 Prozent haben Zugang zu irgendeiner Form Gesundheitsdienst. Außerdem ist über die Hälfte der Kinder bis zu fünf Jahren in der körperlichen (und manchmal auch geistigen) Entwicklung zurück, ausgemergelt, vielfach krank, was vor allem auf lang anhaltende schleichende Unterernährung zurückzuführen ist.

Schuld an Kambodschas sozialer und wirtschaftlicher Misere sind die andauernden kriegerischen Konflikte, die vergangenen und die gegenwärtigen, wird häufig argumentiert, was richtig ist. Aber da gibt es noch andere Ursachen: Selbst bei geringem Wirtschaftswachstum könnten ohne weiteres Fortschritte im Kampf gegen die Armut und sonstige soziale Fehlentwicklungen erzielt werden, sagt Paul Matthews vom UNDP als Erläuterung zum Schock-Report, „aber der Erfolg jedweder Entwicklungsstrategie hängt immer vom Umfang des politischen Willens im Land ab", der wohl in erster Lini

Leben in Kambodscha: ein Dorf in der Provinz Battambang (Foto: Manfred Rohde)

bei der „Königlichen Regierung" zu vermissen ist. Und Kao Kim Hourn vom „Cambodian Institute for Cooperation and Peace" ergänzt: Kambodscha habe zwar genügend natürliche Ressourcen, um der Armut Herr werden zu können, aber alles müsse scheitern, „Wenn jene zahlreichen *free riders* in unserer Gesellschaft ungehemmt weitermachen, jene Leute, die die Reichtümer in der kambodschanischen Natur ausschließlich als Quelle persönlicher Bereicherung betrachten", was wohl ebenfalls auf die Führenden in Politik und Militär zielt. Selbst König Norodom Sihanouk hat sich zu Wort gemeldet und sogar vor Unruhen gewarnt: „Die soziale Ungerechtigkeit ist nicht länger zu tolerieren. Die Kluft zwischen Reich und Arm wird von Tag zu Tag tiefer."

Abstecher in die West-Provinz Battambang. Verschlammte Wege nach dem letzten Regenguß, unwegsames Gelände, Buschwerk, Staub. Erst nach mehreren Stunden erreichen wir, weit ab von allem, die paar armseligen Hütten, die Kampingpouy heißen. Hier sollen *returnees* leben, hat mir mein kambodschanischer Begleiter Heng Monychenda gesagt; *returnees* heißen im heutigen Kambodscha ehemalige Flüchtlinge, die sich seinerzeit in den thailändischen Massenlagern verkrochen hatten, die 1991 oder später zurückkamen, freiwillig oder durch Versprechungen gelockt, weil sie ja 1993 wählen sollten – 300.000 waren es insgesamt, die hofften, in ihrer Heimat wieder Fuß fassen zu können.

Kampingpouy ist ein trauriger Ort, traurige Kinder mit traurigen Augen. Gesund sehen sie nicht aus, gut genährt schon gar nicht; wo normalerweise dichtes schwarzes Haar den Kopf bedeckt, sind rostbraune Strähnen und Flecken auszumachen – seit ein paar Tagen, seit wir in den vergessenen Dörfern des kambodschanischen Hinterlands unterwegs sind, weiß ich, worauf das hindeutet: Die Kinder sind unterernährt und in Gefahr. Rostbraun – die Farbe der Armut. Wenn sie hier in Kampingpouy jene 35.500 Riel, das amtliche Existenzminimum pro Monat und pro Person hätten, wären sie schon glücklich und könnten Hoffnung haben. Wovon sie überleben? Von etwas Reis, den sie dem kargen, ausgedörrten Boden abtrotzen, was nicht immer gelingt, weil sie die winzigen Parzellen nicht bewässern können. Der Weiher, den es hier einmal gab, ist ausgetrocknet. Manchmal fangen sie Fische am alten „Damm des 17. April" aus der unseligen Pol Pot-Zeit, dessen Wasser die Großgrundbesitzer in der

Markt am Fluß Tonle Sap in der Provinzhauptstadt Kampong Chhnang (Foto: Manfred Rohde)

Gegend für sich allein beanspruchen. Die Fische sind oft nicht größer als ein Daumen; sie haben sie vor ihren Hütten zum Trocknen ausgelegt. Reis und Trockenfisch, mehr haben sie·nicht, mehr können sie sich nicht leisten; aber das ist allgemein so in Kambodscha. Einige im Dorf haben angefangen, Bananen anzubauen oder Gemüse, ebenfalls Maniok oder Süßkartoffeln, was sie früher nicht gekannt hatten; aber vor einiger Zeit sind Vertreter einer Hilfsorganisation hier gewesen, die ihnen dazu geraten hatten, und sie haben es versucht, genauso wie sie Bäume gepflanzt haben. Ein paar Hühner sind zu sehen, und im Modder zwischen den Hütten suhlen sich auch Schweine. So ist ihr Leben in Kampingpouy.

Dazu gehört auch der *Venerable* Sok Hat, der Mönch, der oberhalb ihrer Hütten am Hang, in dem zu Kriegszeiten einmal vietnamesische Einheiten ihre Stellung hatten, in seiner Behausung mit dem Altar und der Buddha-Statue wohnt – das ist für die leidende Dorfbevölkerung eine ganz besondere Sache, einen heiligen Mann in der Nähe zu haben. Ihr ganzer Stolz ist die Schule, für die auch die fremden Helfer gesorgt haben; vielleicht wird bei ihnen in Kampingpouy irgendwann die Quote der Kinder, die die Grundschule abschließen und weitergehen, höher liegen als die 27 : 1.000 landesweit

Eine Verkäuferin im Ort Neak Luong am Mekong – im Korb vorn werden Schildkröten angeboten (Foto: Manfred Rohde)

laut „National Human Development Report". Sie sagen hier, wir haben uns nicht aufgegeben. Das ist wohl im Augenblick alles, was ihnen bleibt, denn Hilfe von amtlichen Stellen, materiell oder finanziell, können sie nicht erwarten.

Bevor wir uns auf den Rückweg nach Battambang machen, bekommen wir sogar noch etwas zu essen: Reis mit beißendem Chili und geraspelter Papaya, serviert auf Bananenblättern. Dann stehen sie alle am Rand der Schlammpiste, der Mönch, die Frauen, ein paar Männer und natürlich die vielen, vielen Kinder – schwarze Haare mit rostbraunen Strähnen. Sie winken, wir winken zurück.

Der Haushaltsplan für das Jahr 1998 war für die verzweifelten Menschen draußen in den Dörfern auch nicht die Frohe Botschaft, die Hoffnung hätte verbreiten können, daß es vielleicht einmal etwas besser für sie werde. Im Gegenteil: der Kampf gegen die Armut, den Feind Nummer eins der Kambodschaner (wie selbst König Sihanouk befunden hatte), schien seine „Königliche Regierung" in Phnom Penh wirklich nicht zu kümmern, denn es hatte bei den hierfür zuständigen Ministerien, wie *Cambodia Daily* berichtete, Streichungen im Etat gegeben: Nur noch 6,6 Prozent der Gesamtstaatsausgaben von 419 Millionen US-Dollar waren für Erziehung veranschlagt, nur 4,4 Prozent für Gesundheit, 3,5 Prozent für Soziales und 1,5 Prozent für Landwirtschaft – so wenig Geld hatten sie noch nie gehabt. Auf alter Höhe waren dafür aber die Ausgaben für Verteidigung und Innere Sicherheit, 29,1 Prozent gleich 122 Millionen US-Dollar – „Das ist unser Beitrag zum Frieden, den wir doch alle wollen", so Finanzminister Keat Chhon (CPP) als Begründung. Einsam an der Spitze, und zwar mit 41,1 Prozent gleich 173,29 Millionen US-Dollar, stand jedoch ein Posten, der sich *Unclassified Expenditures* nannte. Was sich hinter diesem Titel verbarg, wer die „nicht näher zu bezeichnenden Ausgaben" verwaltete, wer gar der Nutznießer der Millionen war, das mochte der Finanzminister den Abgeordneten der Nationalversammlung nicht verraten. Das störte diese allerdings nicht sonderlich – mit 77 gegen 7 Stimmen wurde der Haushaltsplan verabschiedet. Nur einer hatte im Verlauf der Debatte einen Hinweis gewagt, der wohl den Kern traf: da sei doch die Tür weit offen für Korruption.

Beobachtung 4: Großen Teilen der sogenannten kambodschanischen Elite fehlt es an nationalem und sozialem Verantwortungsbewußtsein. Die vielen Jahre Krieg und Bürgerkrieg und innenpolitischer Händel haben dazu geführt, daß die politischen und militärischen Führungsschichten Kambodschas moralisch und ethisch verkommen sind.

Noch einmal ein Abstecher. Das Ziel liegt gerade einmal elf Kilometer von Phnom Penh entfernt direkt an der Nationalstraße 5 Richtung Battambang. Häufig machen Touristenbusse hier halt. Ein Dorf in sich abgeschlossen, es heißt Svay Pak und hat wirklich keinen guten Ruf: Hier sind fast ausschließlich Prostituierte zuhause; die Hütten und Häuser nichts als Bordelle, vor denen Mädchen aufgereiht rund um die Uhr auf Kunden warten – etwa 250 Registrierte, zu denen noch die „Wilden" kommen. 1991 war hier noch gar nichts, aber als kurz darauf die Boys von der UNTAC ins Land schwappten, wurde es immer mehr. Das Geschäft mit Sex boomt in Kambodscha, vor allem die Betreiber der Etablissements sahnen ab: zurückhaltend gerechnet landesweit pro Jahr 2,4 Millionen US-Dollar. In Svay Pak sind die Preise pro Nacht pro Mädchen verhältnismäßig hoch, auf jeden Fall höher als die im Billig-Puff Tuol Kok in Phnom Penh, aber längst nicht so maßlos wie die Preise im Nobel-Bordell von Stung Meanchey, auch das in Phnom Penh, in dem man nur als Gast mit Einladung („By invite only") Sex haben kann und das einem General gehört, wie Vertreter eines Hilfswerks in der Hauptstadt erfahren haben wollen. Im Bordell-Dorf Svay Pak sind es in der Mehrzahl Offiziere der Polizei, die das Sagen und das Kassieren haben; das ist vielfach belegt, aber nie rechtlich verfolgt worden – auch dann nicht, wenn Sex mit Kindern oder Mädchenhandel im Spiel waren. Immer wieder wird bei solchen Gelegenheiten diese Erklärung angeboten: Die Behörden können und wollen nicht einschreiten, weil sie häufig mit drinhängen; viele Verwaltungsbeamte sind beteiligt, das Militär mauschelt gewinnträchtig mit und die Polizei sowieso, als „Beschützer" und Betreiber der Bordelle und schließlich auch beim Kauf und Verkauf der Mädchen – ein Drittel der insgesamt 100.000 Prostituierten in Kambodscha ist zwangsweise ins dunkle Gewerbe geraten, durch Vorspiegelung falscher Tatsachen, durch Kidnapping sogar. Der Staatsanwalt am Amtsgericht von Phnom Penh, Kann Chheun, bestätigte zwar der Zeitung Cambodia Daily, daß er Berichte über hochrangige Beamte kenne, die in den Sexhandel verwickelt sind, „Aber ich habe Angst, die ganze Wahrheit zu sagen, denn ich bin nur ein Zivilist und die anderen sind hohe Militärs". In diesem Geschäft, weiß auch Yim Po, der Direktor des „Cambodian Committee for the Protection of Children's Rights", gibt es „Eine ganze Reihe von reichen und bedeutenden Männern, die mit den Kinderhändlern gemeinsame Sache machen".

Am schlimmsten ist es, wenn Kinder in diesem Gewerbe mißbraucht werden: Ein Viertel der 100.000 Prostituierten ist jünger als 18 – bis zu diesem Alter gelten sie nach kambodschanischem Recht als Kinder. Und diese sind in den Bordellen zur Zeit besonders gefragt; Jungfrauen werden mitunter für 600 US-Dollar gehandelt. Nahe am berühmten Unabhängigkeitsdenkmal in Phnom Pen gibt es sogar eine Villa, in der Jungfrauen aus den kambodschanischen Provinzen regelrecht gesammelt werden: für den Verkauf an Phnom Penhs Reiche und Mächtige, heißt es; „Die Polizei weiß davon, tut aber nichts", sagt ein Anwalt, der seinen Namen aus verständlichen Gründen nicht nennen mag.

Zusatz-Information zum Thema: Fast die Hälfte der kambodschanischen „Sex-Arbeiterinnen" ist HIV-infiziert, eine unglaubliche Anzahl, wenn man dagegenstellt, daß im sündigen Thailand lediglic h16 Prozent der Prostituierten an Aids leiden.

Und schließlich auch noch diese Tatsache: 45 Prozent der Mädchen, so ist errechnet worden, wurden von ihren Familien verkauft, weil diese arm sind und nicht mehr wissen, wie sie überleben sollen. Da taucht irgendwann ein *recruiter* im Dorf auf, meist eine Frau, die von einer besseren Zukunft für die Kinder schwärmt und Geld anbietet, zwischen 50 und 300 US-Dollar, was sehr viel Geld für Menschen unterhalb des Existenzminimums ist; und die Eltern stimmen zu – nicht immer erfahren sie, wohin sie ihre Kinder geben.

Wir haben sie vor ihren Hütten sitzen sehen, als wir Svay Pak, das Bordell-Dorf, auf der Nationalstraße 5 Richtung Nordwesten passierten. Wir wollten nach Battambang. Zehn Stunden knochenbrecherische Fahrt. Als wir ankamen – gleich am Eingang der Stadt war ein Haus grell erleuchtet. Auch da saßen sie.

.

Mönche machen mobil

Der Buddhismus als moralisch-ethische Erneuerungsbewegung

Es ist noch einmal über Pailin zu berichten – wo die Roten Khmer während des Bürgerkriegs ihre unbezwingbare Hochburg hatten und sie heute weiter unter sich sind, nachdem sie 1996 ihren Kampf, zumindest in dieser Region, verloren gegeben haben, Pailin eine Art „Autonome Zone" wurde und sie sich seitdem Demo kraten nannten

230 Menschen bewegen sich langsam am Tempel des Waṭ Kao Khang vorbei die Straße Richtung Zentralmarkt hinunter. Sie sind die 83 Kilometer von der Provinzhauptstadt Battambang zu Fuß hierher gekommen und haben auf ihrem Weg „Minen, Malaria und bewaffneten Männern getrotzt", wie eine Zeitung später schreiben wird. Sie tragen Safrangelb-Orange und Weiß, was sie als buddhistische Mönche und Nonnen ausweist. An ihrer Spitze schreitet der *Venerable* Maha Ghosananda, 75 Jahre alt. Die *Dhammayietra* 1997 ist unterwegs, eine Wallfahrt für Frieden und Aussöhnung, zum sechstenmal bereits – mehrfach war Maha Ghosananda dieserhalb schon für den Friedens-Nobelpreis vorgeschlagen. 1994 hatten sie schon einmal versucht, nach Pailin zu pilgern, vergebens; damals war ihre Prozession in einen Schußwechsel zwischen Regierungstruppen und Rote Khmer geraten; ein Mönch und eine Nonne wurden getötet.

Jetzt versuchen sie es noch einmal. Mönche machen mobil. Ihr Ziel ist klar formuliert: Es geht ihnen um Frieden, aber erst einmal muß die Gewalt aus den Köpfen, sonst wird es in Kambodscha nie Frieden geben oder ein Ende der Gewalt im Alltag der Menschen – die Armut ist gemeint, die Zerstörung der Wälder, die Gefahr durch Landminen. „Die Wunden des Krieges, wie die vielen Toten und zerstörten Leben, das tiefe Mißtrauen innerhalb der Gesellschaf·, der Haß. So etwas heilt nicht leicht oder schnell", sagen die Organisatoren des Friedensmarschs; „Die ersten Schritte in Richtung·Vertrauen und Nächstenliebe, die es für eine wirkliche Aussöhnung braucht, werden gerade erst gemacht". Deshalb sind sie unterwegs.

In Pailin viele Menschen an den Straßenrändern – es sind überwiegend ehemalige Soldaten der Roten Khmer und deren Familien, die sich zur Feier des Marsches herausgeputzt haben, um die Pilger willkommen zu heißen. Kerzen, Speisen und auch Geldscheine werden den Mönchen dargeboten; der *Venerable* Maha Ghosananda und die anderen revanchieren sich mit geweihtem Wasser.

Schon im Vorfeld des Besuchs hatte es Diskussionen gegeben, als bekannt geworden war, daß Pailins oberster Roter Khmer Ieng Sary, einer der Hauptverbrecher des Pol Pot-Regimes, es gern sehe, wenn ihm nach der Begnadigung durch Regierung und König jetzt auch noch der verzeihende Segen der Kirche zuteil werden könne. Ob der Wunsch ehrlich gemeint war oder nur taktisch-populäres Manöver? Oft genug hatte der Rote Khmer betont, daß er sich keiner Schuld bewußt sei. Der Friedens-Mönch Maha Ghosananda verwies auf Buddhas Lehren: „Selbst wenn wir nicht wissen, ob Ieng Sary lügt oder nicht – Buddha verzeiht Leuten, die zurück ins Licht kommen und ihren Verbrechen entsagen." Und Kambodschas oberster Mönch, der Patriarch Tep Vong, war gleicher Meinung, zumal alle sich auf die alte buddhistische Legende von *Aheungsaka*, dem „Prinzen der Unschuld",

183

berufen konnten: Einem Jungen wurde irgendwann, so geht die Geschichte, von seinem grausamen, geisteskranken Lehrer befohlen, eintausend Menschen zu töten und jedem seiner Opfer einen Finger der rechten Hand abzutrennen, was der Junge auch 999mal tat – und er trug die Finger wie eine Girlande um den Hals. Als er sein tausendstes Opfer umbringen wollte, griff Lord Buddha ein; er überzeugte den Jungen, von seiner Missetat abzulassen und sich zum buddhistischen Glauben und Leben zu bekennen – und so geschah es auch. Soweit die Geschichte vom „Prinzen der Unschuld", ein Gleichnis wie geschaffen für die Bewältigung von Kambodschas jüngster schrecklicher Vergangenheit, zumindest aus buddhistischer Sicht.

Das Pailiner Treffen vom 26. März 1997 zwischen Mönch und Mörder verlief, so berichteten Teilnehmer, nicht besonders herzlich: Hochwürden Maha Ghosananda nahm eine Plastikflasche und goß daraus wie beiläufig Wasser auf Ieng Sary, den Roten Khmer, der vor ihm kniete und so den erbetenen Segen der Kirche kassierte. Ein gemeinsames Gebet in der Pagode Kao Khang schloß sich an – dann trennten sich ihre Wege. Der eine, Ieng Sary, pries auf einer Pressekonferenz, ganz neugeborener „Prinz der Unschuld", die Bedeutung der Zusammenkunft: „Wenn wir die *Dhammayietra* in Pailin will-kommen heißen, dann ist das unser Beitrag zum Friedensprozeß", so die Sprüche des Alt-Kämpfers, die vielen wie Hohn klangen; „Damit machen wir den Menschen klar, daß Kambodscha als Nation nur überleben wird, wenn es Frieden gibt." Der andere, Maha Ghosananda, war zu diesem Zeitpunkt längst schon wieder mit seinen Mönchen und Nonnen aufgebrochen – weitere 255 Kilometer Fußmarsch warteten auf sie: über Phnom Malai, die andere Hochburg der Roten Khmer, und Sisophon in der Provinz Banteay Meanchey bis zu den historischen Angkor-Tempeln in Banteay Chhmar nördlich der Ortschaft Thmar Pourk. Werben und Beten für den Frieden. Bis vor kurzem hatten die Menschen in den Dörfern am Rande des Pilgerzugs nichts als Krieg gekannt.

Ich war das letztemal 1989 in der Gegend Banteay Manchey, und Battambang gewesen, vor allem in Battambang. Da wurde im Hinterland noch gekämpft. Damals habe ich mir die folgenden Zeilen notiert: Das Dorf, das wir besuchen, heißt Svay Thom, so ist mir gesagt worden, und liegt abseits der Nationalstraße 5 im Westen der Provinzhauptstadt Battambang. Sie haben hier soeben einen Toten begraben und sind nun zum Leichenschmaus versammelt, Reis und getrockneter Fisch wird serviert, auch Huhn und selbstgebrannten Schnaps gibt es, ausnahmsweise. Der ganze Ort macht mit. Wie üblic hbei solchen Zeremonien plärrt die Musik durch den Wald, es sind traditionelle Gesänge mit religiösem Inhalt, zum Beispiel über die Zeit, als Buddha noch Königssohn war. Der Bauer Chhnon Hoeup erzählt, wie miserabel ihr Leben ist. Am meisten leiden sie unter den gefürchteten Roten Khmer: Ein paarmal schon sind ihre Truppen ins Dorf eingefallen – sie kamen nachts, haben geschossen, die Bewohner bedroht, geschlagen, einige sogar verschleppt. Die meisten Dörfer werden terrorisiert, berichtet Hoeup, der die Mutter und zwei Geschwister während der Pol Pot-Herrschaft verloren hat; zu mehreren Tausend sitzen die Rebellen in den Wäldern und Hügeln Richtung Pailin; manchmal ist es eine Zeitlang ruhig, aber das heißt nicht viel, unvermittelt können die Killer wieder in Svay Thom zuschlagen. Es ist besser, den Leichenschmaus früh zu beenden und in die Hütten zurückzukehren, die sich tief im Dickicht ducken, zurück in ihren Alltag, der auch ohne die Angst vor neuerlichem Terror und Mord hart genug ist.

Oktober 1998. Nach neun Jahren bin ich wieder in der Provinz Battambang. Die Dörfer heißen diesmal Pouk Chmar, Kandal oder Panha und auch sie unterscheiden sich nicht von der großen Mehrheit der Dörfer im Land, gebeutelt, arm, rückständig, ausgepowert durch viele harte Kriegsjahre und nachfolgende politische Fehlentwicklungen. Aber es ist ruhiger geworden, geradezu friedlich. Und es tut sich was in den Dörfern. Das hängt in unserem Fall mit einer Organisation zusammen, die sich „Buddhism for Development" (BFD) nennt; auch hier also Mönche, die mobil gemacht haben, wie die vom Friedensmarschierer Maha Ghosananda, genauso engagiert, aber mit anderer Zielsetzung.

Es ist in diesem Umfeld vom Mönch Heng Monychenda zu reden – der sich ab 1980, nach dem Sturz des Pol Pot-Regimes durch die Vietnamesen, unter den Flüchtlingen an der thailändischen Grenze verdient machte; der von 1985 bis 1992 in *Site 2*, dem größten Auffanglager für kambodschanische Flüchtlinge (insgesamt 152.000), als bekannter Buddhist aktiv war und schon damals versuchte, „Den Bazillus des Hasses und Tötens in den Köpfen meiner Landsleute" zu bekämpfen; der 1992 nach Kambodscha in seine Heimatprovinz Battambang zurückkehrte und dort eben jene Vereinigung „Bud-

185

dhism for Development" begründete. Mit Rundschreiben des Ministeriums für Kultur und Religiöse Angelegenheiten vom 13. Juli 1994 wurde sie als legale kambodschanische Nicht-Regierungsorganisation („Non-Government-Organization", NGO) anerkannt – Sitz Wat Anlongvil, Distrikt Sangker, Provinz Battambang

Dort in der Tempelanlage von Wat Anlongvil bin ich mit *Venerable* Heng Monychenda verabredet: „Er ist einer der führenden Vertreter der Erneuerungsbewegung des kambodschanischen Buddhismus, die für ein stärkeres gesellschaftliches Engagement der Mönche eintritt", hat es im internen Who's who geheißen. Im Garten des Wat Anlongvil fällt mir ein stehender Buddha mit Parasol auf – der Schirm ist der Statue erst später aufgesetzt worden, weil die Dorfbewohner fürchteten, daß es nie Regen in der Gegend geben werde, wenn ihr Lord Buddha im Wat unbeschirmt bliebe. Nicht weit davon herrscht lauter Betrieb; der Kindergarten für Kinder aus armen Landfamilien ist Teil des Gesamtprojekts. Ich suche den Mönch Heng Monychenda, ein Mann kommt näher, einfach nur in Hemd und Hose, stämmig, kraftvoll, mit breitem offenem Lachen: Willkommen im Wat Anlongvil, sagt der Mann und erklärt, warum er seit ein paar Wochen nicht mehr die safranfarbene Robe der Mönche trägt – er habe mehr Zeit haben, unabhängiger und beweglicher sein wollen für sein Amt als Chefplaner und Cheforganisator von „Buddhism for Development"; auch wenn er jetzt *achar*, Laie sei, bleibe das Ziel der Erneuerungsbewegung der Mönche, der er sich weiter verpflichtet fühle, unberührt.

Offiziell wird es so beschrieben: Ziel von „Buddhism for Development" ist die Verbesserung des wirtschaftlichen, sozialen und kulturellen Lebensstandards des kambodschanischen Volkes, insbesondere der Not leidenden Bevölkerungsschichten auf dem Land, unter Anleitung buddhistischer Mönche und Laien, die in Kambodscha traditionell die Träger der gesellschaftlichen Entwicklung sind. Wie vor 1970 sollen deshalb die buddhistischen Klöster, die Wats, heute aufs neue Wegbereiter einer eigenständigen lokalen Entwicklung werden. Das zielt nicht nur auf den wirtschaftlichen und sozialen Bereich, sondern versteht sich auch als Förderung und möglichst umfassende Verbreitung moralischer und ethischer Werte – Grundlage: ein entwicklungsorientierter Buddhismus, der im Jetzt arbeitet und nicht nur auf das Jenseits schaut.

186

Heng Monychenda, der Begründer der buddhistischen Erneuerungsbewegung „Buddhism for Development", während seiner Zeit als Mönch 1995 (Foto: Ros Than San)

Was das denn in der Praxis bedeute, entwicklungsorientierter Buddhismus oder sozial engagierter Buddhismus, wie auch schon mal gesagt wird, will ich von Heng Monychenda wissen. Am besten wäre, wir gingen in die Dörfer, hat er geantwortet, aber dann haben wir uns doch erst einmal zur Theorie zusammengesetzt und über Buddhas Lehre diskutiert.

Heng Monychenda erzählt eine Geschichte: Eines Tages sei zum Lord Buddha ein Mann gekommen, der war viele Tage unterwegs gewesen und hatte nichts gegessen; der Mann wollte sofort von *dharma*, von Buddhas Lehre hören, aber Buddha sagte zu seinen Jüngern, die bei ihm waren: bringt den Mann in die Küche und gebt ihm zu essen, und er erklärte ihnen warum: wie kann jemand *dharma*, die Lehre, verstehen und in sich aufnehmen, der hungrig ist? Soweit der Unterbau. Wenn heutzutage in Kambodscha immer von Frieden geredet wird, erläutert Heng Monychenda, dann wissen wir aus Buddhas Lehre, daß Frieden nur durch vierfache Entwicklung erreicht werden kann, wovon die körperliche oder leibliche Entwicklung (neben der geistigen, der moralischen und der intellektuellen Entwicklung) die wichtigste ist. Und körperliche Entwicklung ist wiederum laut Buddha nur möglich, wenn die vier Grundbedürfnisse des Menschen erfüllt sind, die da lauten: Nahrung, Kleidung, Unterkunft und Medizin. Deshalb „Buddhism for Development", faßt Heng Monychenda zusammen, das heißt: „Den leidenden Menschen in unseren Dörfern helfen, die Armut lindern, ganz profan den Bauch füllen – alles allerdings als Hilfe zur Selbsthilfe. Ein Volk, das Hunger hat, kann nie mit Buddha in Einklang und mit sich selbst in Frieden sein." Diese Erkenntnisse hat Lord Buddha zwar schon vor vielen Jahrhunderten seinen Anhängern vermittelt, aber die sind ihnen bisher kaum gefolgt. Heng Monychenda möchte das jetzt ändern, und es sollen die Mönche sein, die an der Spitze der Bewegung marschieren wie Maha Ghosananda bei seinen Prozessionen. 40.000 Mönche gibt es heute in Kambodscha in rund 3.800 Tempeln; das wäre, wenn alle dem Aufruf des Heng Monychenda vom Wat Anlongvil folgten, eine schlagkräftige Truppe.

Wir sind dann doch zum Studium der Praxis in die Dörfer gegangen, nach Kandal zum Beispiel. Der Weg dorthin war schmal und schwankend und an vielen Stellen überflutet, denn noch ergossen sich die Monsunregen regelmäßig jeden Nachmittag. Im Pavillon der Gemeinde hockten die Dorfbewohner im Pulk zusammen, viele hatten ein Heftchen in der Hand, das sie wie einen Schatz umklammert hielten. Summen waren darin verzeichnet, 70.000 Riel, vielleicht auch 100.000 Riel (das wären 20 oder knapp 30 USDollar) – das Geld haben sie vom BFD als Kredit bekommen. Am Anfang wurden die Leihgelder bis zu 90 Prozent für die Produktion von Reis verwandt, das ist jetzt auf 40 Prozent abgesackt. Stattdessen kaufen sie Kleintiere für die Aufzucht, Hühner zum Beispiel – sie haben Obstgärten angelegt mit Bananen, Mango, Papaya oder Ananas, die sie auch auf dem Markt verkaufen, oder andere einfache Geschäfte in Gang gebracht. Zum King im Dorf ist mittlerweile ein Bauer geworden, der sich mit dem ersten Kredit einen Zucht-Eber zulegte, den er jetzt bei den anderen Bauern gegen Entgelt ausleiht. „Ich muß nicht mehr viel tun", sagte der Besitzer des Ebers stolz, „das macht alles er" – da kicherten die anwesenden Frauen hinter vorgehaltener Hand. Draußen standen die Mönche vom Wat Kandal, die sich mit den Gemeinde-Älteren um dieses neuartige „Dorf-Management" kümmern. Insgesamt 25 Millionen Riel gleich 7.100 US-Dollar hat

„Buddhism for Development" bisher als Kredit in den Dörfern von Battambang gegeben. Natürlich muß alles zurückgezahlt werden, inklusive fünf Prozent Zinsen – Geldverleiher, die es hier immer noch zuhauf gibt, würden 150 bis 200 Prozent Zinsen kassieren. Stichwort Hilfe zur Selbsthilfe: Ganz fest haben sie im Dorf Kandal ihre Heftchen gehalten, weil sie stolz sind auf das, was sie schon alles erreicht hatten.

Aber einfach war es nicht gewesen; wie wir erfahren, auch nicht für die, die ihnen Hilfe brachten. Heng Monychenda erinnert sich: „Als ich 1992 hierher kam, hatte ich in der Tat große Schwierigkeiten mit der neuen Art, Buddhismus zu praktizieren. Es waren nicht nur die Mönche selbst, die überzeugt werden mußten, warum Buddhismus mehr ist als geistige Versenkung und der Ausblick ins Jenseits. Auch die älteren Generationen in der Bevölkerung wollten nicht wahrhaben, daß Mönche plötzlich eine veränderte Rolle in der Gesellschaft spielten. Aber innerhalb von fünf bis sechs Jahren hatte ich allen klargemacht, daß es der Stärkung des Buddhismus, ja sogar seinem Überleben dient, wenn wir als Mönche und Laien solche Arbeit tun, die ja außerdem Teil der Lehre Buddhas ist, und daß diese Art von Aktivitäten für das Wohl der Dorfgemeinschaft und auch für die eigene religiöse Gemeinschaft von Nutzen ist. Heute fühlen die meisten Mönche, was der sozial engagierte Buddhismus in unserer modernen Welt bewirkt, wobei ich nicht der Meinung bin, die moderne Welt solle die traditionelle Welt ablehnen oder vernachlässigen. "Heng Monychenda macht eine Pause, als wolle er seinen Worten nachlauschen, dann verzieht sich sein Gesicht zu einem bübischen Lächeln: „Wißt ihr, aus meiner Sicht ist ‚Buddhism for Development' alter Wein in neuen Schläuchen."

Angefangen hat es damit in Anlongvil im Distrikt Sangker, wo Heng Monychenda 1959 geboren wurde; bald dehnten sich die BFD-Aktionen auf die gesamte Provinz Battambang aus und weiter auf die Nachbar-Provinz Banteay Meanchey, die im Bürgerkrieg besonders gelitten hat. Gleichgesinnte sind mittlerweile in ganz Kambodscha zu finden: der *Venerable* Nhem Kim Teng in der Ost-Provinz Svay Rieng zum Beispiel, der dort die zerstörten Wälder aufforstet, oder die beiden Hochwürden Pin Sen und Chhum Kim Leng vom Wat Reach Bo in Siem Reap. Nicht allein Andacht im Tempel, Gebete, rituelle Veranstaltungen, sondern gemeinsame praktische Sozialarbeit, *fieldwork*, Schulterschluß mit der Landbevölkerung und anderen benachteiligten Gruppen wie die repatriierten Flüchtlinge, die Kriegsversehrten und Kriegswaisen, die Minenopfer. Und die Liste der BFD-Maßnahmen ist lang: Reisbanken, Baumschulen und Obstgärten, Bewässerungsanlagen und Wasserspeicher, Kinderhorte; immer wieder kommt auch der Fachausdruck *Integrated Farming* ins Spiel.

Wir haben mit Heng Monychenda den Bauern Horm Hut besucht. Ein paar hundert Meter abseits der Nationalstraße 5 bei Battambang verbirgt sich das Dorf Panha, in dem der 64jährige mittlerweile eine angesehene Persönlichkeit geworden ist, dank „Buddhism for Development". Stolz führt er uns in seine Felder, die Famili emit Frauen und Kindern und Enkelkindern im Schlepp. Wir machen halt an einer Maniok-Plantage, wir schlängeln uns durch Mango-Bäume und Bananen-Stauden, wir entdecken Mais, Papaya, Kürbis, Paprika, Zitronengras und Pfefferschoten und so weiter. Natürlich hat er auch, in Maßen, Reis angebaut. Während der Trockenzeit entnimmt er das notwendige Wasser einem Weiher, den er mit seiner Familie angelegt hat. Die Anregung zu all dem hat Bauer Horm Hut in einem Kurs des BFD im Wat Anlongvil erhalten, obwohl er eigentlich auch zu denen gehört hatte, die diesen neuen Ideen und Aktivitäten der Mönche um Heng Monychenda mißtrauten. Aber seine Felder und Gärten werfen Gewinne ab, er kann sein Obst und Gemüse gut auf den Märkten der Umgebung verkaufen, jetzt plant er sogar zu erweitern. Schon kommen die Nachbarn zu ihm und wollen wissen, wie er es gemacht hat – er ist, wie man beim BFD fachgerecht sagt, zum Multiplikator geworden.

Wie auch seine Tochter Em Chettra, die uns in das Dorf Krolanh begleitet. Dort flimmert unter Papaya-Bäumen ein Video-Programm von „Buddhism for Development", Thema Gesundheitserziehung: wie kann ich mithelfen, Malaria zu vermeiden, die nach wie vor weit verbreitet ist – was ist zu tun, wenn mein Kind an Durchfall leidet. Ein gutes Dutzend Mütter kauert im Schatten vor dem Video-Gerät und lauscht den anschließenden Ermahnungen einer Gesundheits-Arbeiterin. Die meisten Mütter haben ihre Kinder mitgebracht. Jetzt wird sich Em Chettra mit den anderen vom Gesundheitstrupp verstärkt auch noch mit Dengue befassen müssen – das gefährliche Fieber ist vor kurzem in der Provinz aufgetaucht. Mit Schautafeln ziehen sie

Aufklärung zu Gesundheit und Hygiene per Video: eine der regelmäßigen Veranstaltungen von „Buddhism for Development" in einem Dorf bei Battambang (Foto: Manfred Rohde)

deshalb im Dorf Krolanh von Hütte zu Hütte, um aufzuklären und notfalls sogar helfend eingreifen zu können. Überall Scharen von kleinen Kindern – bei vielen sind auch die verräterischen Rostbraun-Stellen im schwarzen Haar zu entdecken.

Einzelbeispiele, erstaunliche Resultate und positive Reaktionen, dankbare Menschen, die im Kleinen wieder Hoffnung haben können. Aber Heng Monychenda ist ausgezogen, diese Idee vom sozial engagierten, entwicklungsbezogenen Buddhismus ins ganze Land, in alle Pagoden zu tragen. „Landesweite Verbreitung seiner Methoden und Erfahrungen durch Ausbildung von Multiplikatoren", heißt so etwas in Projektbeschreibungen. Natürlich sind da in erster Linie die 40.000 Mönche in Kambodscha als Multiplikatoren ausersehen. Zwar ist die Hilfe zur Selbsthilfe in den Dörfern und die damit verbundene Linderung der Armut (was ja zahlreiche andere humanitäre Organisationen auch in ihrem Programm haben) im Gesamtkonzept von „Buddhism for Development" der wichtigste Part und sicher auch das Endziel aller Bemühungen, aber um umfassenden und nachhaltigen Erfolg zu haben, vor allem mit Blick auf die Zukunft der kambodschanischen Gesellschaft, ist es unabdingbar, immer mehr Mönche zu motivieren und diese gleichzeitig für ihre neuen, ungewohnten Aufgaben auszubilden, ihnen bewußt zu machen, daß

„Der Mönch sich als Person verstehen muß, die jedem gehört; wir wollen dem Volk gehören" (Heng Monychenda). Das wird versucht in Kursen unter dem Motto *Monks and the Quality of Life of the People*, in denen die Mönche hören und lernen, warum sie den Buddhismus heutzutage anders ausdeuten sollen und die Armut und das Leiden der Menschen rings um ihre Pagoden, deren „Lebensqualität" auch Sache der Mönche ist und wie sie damit umzugehen haben. Die Auffrischung der moralischen und ethischen Werte der buddhistischen Lehre gehe, so die These, Hand in Hand mit den ganz weltlichen Erfordernissen: Bekämpfung der Armut, Schutz der Natur, Gesundheitsfürsorge; Dorf-Management steht auf dem Programm, ebenfalls *Integrated Farming*. Und es wird von ihnen gefordert, daß sie in ihren Pagoden diese Gedanken und Projekte konsequent weiterverfolgen. Es sieht so aus, als funktioniere es. Nicht nur Reisbanken und Baumschulen sind inzwischen an einigen Pagoden entstanden oder Umwelt-Projekte initiiert worden, vor allem die Trainingsprogramme für Jugendliche (*Youth and Community Development*) haben großen Anklang gefunden. In 36 Pagoden der Provinz Battambang nehmen zur Zeit 8.000 Schulkinder teil, die natürlich mit den Grundlagen für die Entwicklung in ihren Dörfern (Stichwort Hilfe zur Selbsthilfe) in Berührung kommen, aber auch mit Khmer-Kultur und Khmer-Zivilisation und mit den alten Werten und Traditionen. Man will sie so ermutigen, beim Wiederaufbau der kambodschanischen Gesellschaft mitzuhelfen und Verantwortung zu übernehmen. Die Mönche machen mobil. „Eine Reise von 10.000 Meilen beginnt mit einem Schritt", heißt ein kambodschanisches Sprichwort.

Außergewöhnlich ist, was bisher seit 1994 schon viermal veranstaltet wurde, in Phnom Penh, in Svay Rieng und zweimal im BFD-Zentrum Wat Anlongvil: ein nationales Seminar unter dem Titel *Buddhism and the Development of Khmer Society*. 300 bis 400 Mönche, Nonnen und Laien aus fast allen Provinzen Kambodschas waren jeweils versammelt. Beim letztenmal verzeichnete die Teilnehmer-Liste, laut Protokoll des BFD, sogar „Politiker, Gouverneure, Offiziere von Polizei und Militär aller Konflikt-Parteien sowie zwei ehemalige Generäle der Roten Khmer". Selbstverständlich wurden die moralischen und ethischen Werte diskutiert, die es zu erneuern gelte; vom Frieden war die Rede und was zu tun sei, um ihn zu gewährleisten, und am Ende des Seminars wurde von allen

auch ein gemeinsamer Beschluß unterzeichnet, der Heng Monychenda und seine Mitarbeiter von „Buddhism for Development" in
ihren Bemühungen bestärkte. Das Motto der Tagung hatte katego-
risch geheißen: *Put down the Gun – Take up the Dharma*.

Der Slogan hat in Kambodscha unerwartet schnell die Runde
gemacht. Bald war überall im Land zu lesen, auf T-Shirts, auf
Regenschirmen, auf Transparenten, daß es besser sei, die Waffen
niederzulegen (auch die Waffen des Hasses und des Mißtrauens
waren gemeint) und dafür *dharma* zu folgen, Buddhas Lehre mit den
fünf Geboten für ein rechtschaffenes Leben – nur dann werde man
wirklich Frieden haben.

Auch der *Venerable* Maha Ghosananda machte sich ihn zu eigen,
als er im März 1998 mit 500 Mönchen und Nonnen von der Provinzhauptstadt Kampong Cham aufbrach, um durch Kratie und
Mondulkiri in Kambodschas abgelegenste Provinz Rattanakiri im
äußersten Nordosten zu ziehen und, wie es bei einer *Dhammayietra*
üblich ist, für Frieden und Gewaltlosigkeit zu beten: *Put down the
Gun – Take up the Dharma*. Daß die diesmalige Wallfahrt durch Provinzen führte, die weniger unter den Verwüstungen des Krieges
gelitten hatten als unter dem gnadenlosen und größtenteils illegalen
Abholzen der Wälder in den letzten Jahren (Pheapimex-Fuchan
oder Teng Boonma fallen einem wieder ein), geschah nicht ohne
Hintersinn. Da sollte gegen den Raubbau an der Natur protestiert
und für verstärkten Schutz der Wälder, der Umwelt insgesamt
geworben werden. „Wir können keinen daran hindern, Bäume zu
fällen", lautete die Botschaft der Mönche, „aber wir können neue
pflanzen." Also pflanzten sie auf ihrem Marsch, zumindest symbolisch, wann immer sie Zeichen setzen wollten. Grund dazu hätten
sie in diesen Provinzen reichlich.

Noch einmal mit Heng Monychenda unterwegs: Wir wollen
nach Siem Reap zum *Venerable* Chhum Kim Leng, mit dem „Buddhism for Development" eng zusammenarbeitet. Er soll einer der
aktivsten Mönche sein, wenn es sich um entwicklungsorientierten
Buddhismus handelt. Wir haben in Battambang ein einfaches Boot
genommen und sind den Fluß Sangker hinunter, der sich erst einmal durch unendliche Jute-Felder schlängelt. Ärmliche Hütten an
beiden Ufern. Irgendwann jenes Beton-Ungeheuer, das während der
Pol Pot-Zeit eine Schleuse werden sollte, aber unvollendet blieb –

hier war damals auch Monychenda zur Zwangsarbeit abkommandiert. Weiter flußabwärts die Pagode vom Wat Chhue Kmao, die die schrecklichen Roten Khmer seinerzeit als Gefängnis und Folterkammer entweiht hatten. Immer wieder die Schatten der Vergangenheit. Dann schluckt der See Tonle Sap unser Boot; er ist Kambodschas größtes Fisch-Reservoir. Aber schon haben uns auch die Schatten der Gegenwart eingeholt: Der See sei hoffnungslos überfischt, hat es offiziell geheißen, viel zu viele versuchten hier ihren Gewinn zu machen. Jeder weiß, daß die meisten Fänge illegal nach Thailand und Vietnam exportiert werden – Parallelen zum dunklen Geschäft mit den Edelhölzern tun sich auf. Die kleinen Fischer können da kaum mithalten. Einigen von ihnen begegnen wir, wie sie ihre Netze auslegen. Wenn sie Glück haben, werden ein paar Garnelen darin hängenbleiben. Langsam tuckert unser Boot über den See in Richtung Siem Reap.

Es ist dunkel im Wat Reach Bo, als uns der *Venerable* Chhum Kim Leng zu einem besonderen Ereignis empfängt. Tagsüber haben wir seine Errungenschaften besichtigt, die Baumschule auf dem Pagoden-Gelände, die abgelegene Fläche von zwölf Hektar, auf der Obstbäume wachsen sollen. Er hat von seinen Bemühungen um die Jugend-Ausbildung berichtet, daß 20 Mönche mit 850 Kindern zwischen 13 und 20 arbeiten, die auch Englisch, Französisch und sogar Japanisch lernen und später als Fremdenführer in den Tempeln von Angkor arbeiten können. Und wir haben seine Werkstätten und Übungsräume erlebt, in denen er die traditionellen kambodschanischen Künste wieder erneuern will: Holzschnitzerei, Malen, Musizieren und Tanzen – und vor allem das berühmte Puppen-Schattenspiel *lkhon sbeik tuch*, zu dem wir an diesem Abend geladen sind.

Ein mächtiges Feuer aus getrockneten Kokos-Schalen brennt auf dem Platz neben der Pagode. Davor ist ein weißes Tuch gespannt, vor dem wiederum wir Platz nehmen. *Venerable* Chhum Kim Leng erklärt, daß die Flach-Figuren aus Rindsleder gefertigt seien, daß es ein „Großes Spiel" gebe für die historischen Szenen aus dem Götter- und Helden-Epos *Ramayana*, für das man 160 Figuren brauche, und ein „Kleines Spiel" mit nur 120, das populäre Schwänke und alle Arten von Geschichten biete. Plötzlich setzt Musik ein, es sind die traditionellen kambodschanischen Instrumente, Trommeln, Zimbeln, Flöten. Die Musik steigert sich, ein spitzes höhnisches Gelächter

194

löst sich aus dem Durcheinander der Klänge. Auf der Leinwand wird eine Figur als Schattenriß sichtbar und schaukelt im Rhythmus der Musik. Das Spiel hat begonnen. Es ist eine Alltagsgeschichte mit pädagogischem Hintergrund, wird uns erzählt. Da streiten sich zwei Bauern um Vorteile für ihre Wasserbüffel; jeder versucht, den anderen auszumanövrieren, zu täuschen, zu betrügen gar. Der Streit weitet sich aus, Vieh und Menschen kommen zu Schaden. Ein Polizist tritt auf, wild mit der Pistole fuchtelnd, und verhilft dem Recht zum Sieg. Und die Moral von der Geschicht': es ist besser, einander zu vertrauen, voreinander Respekt zu haben, miteinander in Frieden und Harmonie zu leben. Mehr und mehr würden sie versuchen, erfahren wir von Hochwürden, auf diesem Weg über ihr altes populäres Schattenspiel mit den Lederpuppen die Bevölkerung mit aktuellen Botschaften zu erreichen: wenn sie zum Beispiel vor Aids warnen, wenn sie Gewaltlosigkeit propagieren, Fragen der Umwelt behandeln, ja sogar ganz praktisch im Sinne von „Buddhism for Development" demonstrieren, wie die Lebensqualität in den Dörfern verbessert werden kann. Natürlich spielen sie ab und an auch *Ramayana*, mit allen 160 Figuren.

Der Platz neben der Pagode hat sich gefüllt. Die Menge ist begeistert bei der Sache. Wir haben noch lange beim Schattenspiel gesessen und den Stimmen und der Musik gelauscht – bis der Schluß-Tusch kam. Das Feuer war inzwischen auch heruntergebrannt.

Hilfe von außen

⸝ie Arbeit der Hilfsorganisationen
beim Aufbau Kambodschas

Ohne Hilfe von außen kann Kambodscha nicht überleben – eine brutale Feststellung. Und wer hilft? Ich habe gegenüber dem mir von früher her vertrauten Hotel Monorom Position bezogen. Auf dem Boulevard Monivong flutet der Verkehr vorbei, laut, fordernd, ungeduldig – auch Phnom Penh entwickelt sich zur Großstadt, trotz allem. Jeeps sind auszumachen, Landcruiser, Pickups – Aufschriften, Logos, Namen. Ich notiere: „Don Bosco Foundation of Cambodia" (sie kümmert sich um Kinder, habe ich nachgelesen); „Food for the Hungry", das spricht für sich selbst, genauso wie „Mines Advisory Group", die es wie einige andere Organisationen mit den immer noch fünf Millionen Landminen in Kambodscha aufgenommen hat; „Oxfam", „Japan International Volunteer Center", „Australian Catholic Relief" und dann die „Ohne Grenzen", die Médicins, die Pharmaciens, die Vétérinaires „Sans Frontières". Auch die Konrad-Adenauer-Stiftung ist vor Ort.

Ich habe mir das „Directory of International Humanitarian Assistance in Cambodia 1998" beschafft, eine Art Adreßbuch der Auslandshilfe , das von der Dachorganisation der NGOs, der Nicht-Regierungsorganisationen, vom „Cooperation Committee for Cambodia" (CCC) herausgegeben wird. Ich habe nachgezählt und bin, ohne Gewähr, auf 118 Namen gekommen – da waren die 14 Agenturen, die die Vereinten Nationen in Kambodscha laufen haben, und 26 „Sonstige" (wie etwa Weltbank, „Asian Development Bank", GTZ und die deutschen Stiftungen) noch nicht einmal mitgerechnet.

Wie diese Organisationen in Kambodscha arbeiten, wie das organisiert ist? Es gibt drei potentielle Schienen für die Hilfe: die bilaterale, die direkt von Regierung zu Regierung abgewickelt wird – die multilaterale, die von Regierungen über internationale Großverbände wie die UN-Agenturen (etwa WHO, UNDP, UNICEF) zur Verfügung gestellt wird – und drittens die freiwillige Hilfe durch die internationalen Nicht-Regierungsorganisationen (jene 118), die wiederum mit lokalen, kambodschanischen NGOs kooperieren, von denen es laut „Directory of Cambodian NGOs" 225 gibt – auch dies ohne Gewähr.

Ohne Hilfe von außen kann Kambodscha nicht überleben – eine düstere Prognose. Aber wie viel wird gebraucht und wie viel wird gezahlt? Da muß zuerst auf folgendes verwiesen werden: Jeweils 40 bis 45 Prozent der Staatsausgaben der „Königlichen Regierung" von Kambodscha wurde in den letzten Jahren vom Ausland aufgebracht. Das addierte sich entsprechend einem Report der Weltbank im Jahre 1997 auf 230 Millionen US-Dollar, die dem Regierungshaushalt direkt oder indirekt zugute kamen. Aber die Unterlagen sagten auch: 1997 wurden außerdem weitere 220 Millionen US-Dollar bereitgestellt, Gelder, die unmittelbar in Projekte der Geber-Organisationen flossen, ohne den Regierungsetat zu tangieren. Das wären für 1997 zusammengezählt 450 Millionen US-Dollar an auswärtiger Hilf gewesen. 1996 hatte die Gesamtsumme noch höher gelegen, bei 51 8Millionen US-Dollar, von denen, in welcher Form auch immer, Japan als Spitzenreiter 111 Millionen, die Europäische Union 57,6 Millionen, die USA 28,7 Millionen und die Bundesrepublik Deutschland 9,6 Millionen beigesteuert hatten – so war es dem offiziellen kambodschanischen „Development Cooperation Report" zu entnehmen. Die Berechnungen für die Zukunft sehen nicht anders aus. Es wird bei der jährlichen 500-Millionen-Ausschüttung wohl erst einmal bleiben müssen und die Internationale Gemeinschaft steht sicher auch bereit – vorausgesetzt es gibt nicht wieder politische Irritationen wi im Juli 1997, die einige Geberländer und Organisationen veranlaßten, Hilfsgelder zu streichen, zu kürzen oder einzufrieren, was sie schon vorher gern getan hatten, wenn ihnen ein Regime oder ein Regierungschef oder eine bestimmte Politik nicht genehm war.

Onesta Carpene kann sich richtig erregen, wenn das Gespräch auf dieses Thema kommt; dann schaut sie herausfordernd in die Runde, die Stimme klingt verärgert, ihre Hände durchschneiden die Luft, Wort für Wort begleitend. Kein Wunder, Onesta ist gebürtige Italienerin, und es klingt auch durchaus bedenkenswert, wenn sie sagt: „Die Internationale Gemeinschaft ist einseitig, sie sollte nicht immer nur auf einen hören."

Eva Mysliwiec wirkt da als gebürtige Polin kühler. Sie sitzt ruhig und äußert sich fast spröde, aber sie meint genau dasselbe wie ihre Kollegin: „Die Erwartungen der Internationalen Gemeinschaft sind unrealistisch; sie spielt immer noch das alte Spiel und die Menschen in Kambodscha leiden weiter – wie damals."

Damals, das war 1979/1980, als Eva Mysliwiec und Onesta Carpene nach Phnom Penh kamen, um zu helfen, jede für sich und im Auftrag einer humanitären Organisation, die eine für das „American Friends Service Committee" sowie für „Oxfam", die andere für das katholische „International Council for Economic and Social Development". Sie waren wohl die ersten hier, und sie sind bis heute Schreckensregime des Pol Pot außer Landes gejagt, die Menschen hungerten, Phnom Penh zählte nur 40.000 Einwohner (heute sind es fast zwei Millionen). Sie wohnten in einem der vergammelten Zimmer des Hotels Monorom am Monivong-Boulevard und versuchten irgendwie Hilfe anzukurbeln. Nicht viele im Land konnten sich unter NGO, dem englischen Kürzel für Nicht-Regierungsorganisation, etwas vorstellen. Die NGOs in Kambodscha hießen einfach Eva und Onesta – damals.

Wie sie in diesen ersten Jahren gearbeitet haben? Sie seien wie zum Shopping losgezogen: nehmen, was man kriegen konnte, woher auch immer, und an die Bedürftigen verteilen – reine Nothilfe; „Im besten Fall haben wir nach dem großen Holocaust einigen Menschen das Leben gerettet, mehr nicht." Mehr war ihnen und den anderen wenigen Organisationen in der Tat nicht möglich. Denn das seinerzeitige kambodschanische Regime, das sich „Volksrepublik Kampuchea" nannte und von den Vietnamesen ausgehalten wurde, war von der Internationalen Gemeinschaft geächtet, das heißt, es blieb rigoros isoliert. Zwar hatte diese Gemeinschaft mit den USA als Vorreiter nach der Wende in Kambodscha eine beispiellose großzügige Hilfsoperation mit fast 700 Millionen US-Dollar Verfügungsmasse gestartet, aber der überwiegende Teil der Gelder floß in die Flüchtlingslager an der thailändisch-kambodschanischen Grenze, in denen auch die abgetauchten Roten Khmer saßen. Den Menschen im Innern Kambodschas blieben nur Krumen. „Praktisch nichts wurde für den Wiederaufbau der zerstörten wirtschaftlichen und gesellschaftlichen Infrastruktur in Kambodscha verwandt," wie Kao Kim Hourn, der Direktor des „Cambodian Institute for Cooperation and Peace", vor kurzem noch beklagte.

Da war Hilfe ohne Zweifel als Instrument der Politik mißbraucht worden: Weil dem neuen Regime in Kambodscha (dem Marionetten-Regime der Vietnamesen, wie es nicht nur die Roten Khmer genannt haben) durch das Verdikt vor allem der USA mit den europäischen Staaten im Schlepptau international die Anerkennung versagt war, weil deshalb der „Volksrepublik Kampuchea", der Sitz in der UNO verweigert, dafür aber dem „Demokratischen Kampuchea" der Roten Khmer zugesprochen wurde, erhielten die Gegner dieses Regimes, will heißen die kambodschanischen Widerstandsgruppen, die Millionen aus internationaler Hilfe. Mehr noch: die westlichen Staaten verhängten außerdem eine wirtschaftliche Blockade über die geächtete „Volksrepublik Kampuchea", und die Vereinten Nationen schickten ein weiteres Verbot hinterher: keine Hilfe für Kambodscha – dies nicht ganz, denn „Humanitäre Hilfe für Menschen in Not in Kambodscha" durfte sein, aber *development aid*, weiterführende entwicklungsorientierte Hilfe war strikt verboten. Wie das zu verstehen ist? Man nehme die alte Spruchweisheit: „Gib dem Mann einen Fisch und er hat für einen Tag zu essen; gib dem Mann ein Fischernetz und er hat zu essen bis ans Ende seines Lebens" – der Fisch war erlaubt, das Netz nicht.

Das blieb die Politik der Internationalen Gemeinschaft bis 1989. Einen Hauch von Hilfe erhielten die Menschen in Kambodscha in diesen Jahren von den sogenannten sozialistischen Bruderstaaten, Sowjetunion, Vietnam – 100 Million US-Dollar pro Jahr. Das Häuflein der NGOs, die aus dem übrigen Ausland kamen und nicht von den großen Ländern und Agenturen gefüttert wurden, war zu der Zeit ziemlich auf sich allein gestellt. Was konnten sie mit ihren lumpigen zehn Millionen US-Dollar im Jahr mehr machen, als Hoffnung wecken. Das war in Zeiten der Isolation Kambodschas schon sehr viel. Ansonsten spielte die Not der Menschen hierzulande im internationalen Polit-Gerangel wirklich eine ganz untergeordnete Rolle.

Damals hat Eva Mysliwiec ihr Buch geschrieben – Titel *Punishing the Poor*. Was sich hinter dieser Formulierung verbirgt, hat ein kompetenter Insider, der frühere Unter-Generalsekretär und Chefberater bei den Vereinten Nationen, Sir Robert Jackson, im Vorwort zum Buch erklärt: „Nie in diesem Jahrhundert ist Hilfe so vollständig und so durchgehend von politischen Faktoren beeinflußt gewesen wie hier in Kambodscha – mit dem Ergebnis, daß Hunderttausende von Männern, Frauen und Kindern, die schon einmal unsäglichen

Schmerz, Qual und Verzweiflung durchlitten hatten, heute wieder
der elementaren Bedürfnisse des Lebens beraubt sind, und das nur
aufgrund der internationalen politischen Konfrontationen, deren
unschuldige Opfer diese Menschen sind." Es waren allein die Armen, die bestraft wurden.

Das sollte sich innerhalb von vier Jahren etwas geändert haben:
als die Vietnamesen aus Kambodscha abgezogen waren und die
Internationale Gemeinschaft damit ihr Lieblings-Feindbild verloren
hatte (1989), als der sogenannte Pariser Friedensvertrag unterzeichnet
war und die Welt frische Visionen für Kambodscha auflegte (1991),
als mit Hilfe der Vereinten Nationen die UNTAC-Wahlen abgehalten wurden und Kambodscha auf dem Weg zu anderen Ufern
schien (1993). Auf einmal waren sie wieder gefragt, wenn nicht gar
umworben, wie es aussah. Als hätte sich ein völlig neuer Hilfsschau-
platz aufgetan, den vorher keiner kannte – die Dämme internationaler
Vorbehalte waren gebrochen, die große Schar der guten Geister
spülte ins Land. Und alle waren da: die hochpotenten Organisationen wie Weltbank oder IWF, der Internationale Währungsfonds,
für die Kambodscha bis dahin eher ein weißer Fleck auf der Landkarte gewesen war – all die Staaten und auch die Vereinten Nationen,
die sich über zehn Jahre aus ideologisch-politischer Empfindsamkeit
gegenüber einem kommunistischen Regime, das überdies noch an
der Leine Vietnams lief, geziert hatten, das Leid in Kambodscha zur
Kenntnis zu nehmen – und in großen Zahlen die Aktivisten und
Idealisten der Nicht-Regierungsorganisationen, denen hier jetzt un-
gehinderter Eingang und Umgang möglich war. Ihr gemeinsames
Ziel: „Einen gescheiterten Staat in einen demokratischen Staat zu
verwandeln", wie sich US-Außenministerin Madeleine Albright 1993
auf dem Flugplatz Pochentong in Phnom Penh vor Journalisten aus-
drückte.

Für die Kambodschaner war das geradezu wie im Märchen. Die
Hilfsgelder flossen in diesen ersten Jahren ohne Unterlaß, „generös"
sei es gewesen, wie es sogar einmal geheißen hat: 2,3 Milliarden US-
Dollar wurden bis 1995 insgesamt als Entwicklungshilfe für das notleidende Land in Aussicht gestellt. Was auch die Regierung in
Phnom Penh an Prioritäten für die Ankurbelung der kambodschanischen Wirtschaft benannte, es wurde bereitwillig finanziert, wobei
sich der IWF und die Weltbank der Haushalts-Erfordernisse annah-

men, während etwa die „Asian Development Bank" oder das „UN Development Program" (UNDP) und erst recht das Riesenheer der Nicht-Regierungsorganisationen die anderen Felder beackerten, Projekte auflegten und nach und nach auch von der anfänglichen direkten Nothilfe auf eine entwicklungsorientierte Hilfe umstiegen. Kambodschas Wirtschaftsexperten scheuten sich nicht zu bestätigen, daß diese vielfältigen Anstrengungen der Internationalen Gemeinschaft mit zu der relativen Stabilität des Landes bis 1996 beigetragen hatten. Und auch den Armen, jener Mehrheit der Bevölkerung in den Dörfern, wurde endlich Aufmerksamkeit zuteil. Sie in erster Linie spürten, daß Kambodscha nicht länger politisch isoliert war.

Aber es gab auch, nachdem die Anfangs-Euphorie auf beiden Seiten verebbt war, berechtigte Kritik:

* zum Beispiel daß es zu viele „Köche" für den kambodschanischen „Brei" gibt, die wenig oder fast gar nicht miteinander kommunizieren oder zusammenarbeiten; daß die Hilfe insgesamt kaum koordiniert wird, was schon häufiger zu Doppel- oder Fehlprojekten geführt hat; daß Hilfsorganisationen einander schon mal den „Markt" abjagen;
* zum Beispiel daß viele Projekte nur als Einmal- oder Kurzzeit-Investitionen aufgelegt sind und das *follow-up*, die Weiterentwicklung unterbleibt – wenn etwa eine Schule gebaut und später versäumt wird, einen Lehrer für die Schule anzuheuern und zu bezahlen oder für den Transport der Kinder zur Schule zu sorgen;
* zum Beispiel daß unter Umständen eine gewisse Abhängigkeit von der auswärtigen Hilfe produziert wird, Kambodscha zu einer „Nation der Bettler" degeneriert, weil es den Menschen oft zu leicht gemacht wird, Hilfe zu erhalten, und nicht genügend Gewicht auf die Beteiligung der Menschen an den Projekten gelegt wird, nach dem Prinzip Hilfe zur Selbsthilfe.

Bleibt die Frage zu erörtern, ob und in welchem Umfang es hinzunehmen oder rechtens ist, wenn Geberländer oder Geber-Organisationen Bedingungen an die Vergabe der Hilfe knüpfen und politisches Wohlverhalten oder eine spezielle Handhabung der Politik erzwungen werden soll. „Ob wir Kambodschaner das mögen oder nicht", hat Kao Kim Hourn in seinem Essay „Kambodscha und die Internationale Gemeinschaft" beschwichtigt, „Länder oder Organisationen werden immer Bedingungen in der einen oder anderen Form stellen, die auch ihren außenpolitischen Anschauungen entsprechen. Dazu haben sie ein Recht. Allerdings sollten diese Geber in ihren Forderungen realitätsbezogen sein und [dem Hilfsempfänger] keine Bedingungen auferlegen, die rücksichtslos sind."

Als es im Juli 1997 zu jenen schon beschriebenen bewaffneten Auseinandersetzungen zwischen den verfeindeten Regierungsparteien kam, reagierte die Internationale Gemeinschaft prompt und hart: äußerste Zurückhaltung bei künftiger Hilfe, ja sogar Stopp von Geldern und Projekten. Das sollte wohl Ausdruck ihrer Mißbilligung für das sein, was allgemein als Staatsstreich bezeichnet wurde, und war sicher auch als Strafe für den vermeintlich Schuldigen gedacht. Zu den schärfsten Verweigerern zählten die Vereinigten Staaten und die Bundesrepublik Deutschland, deren Kürzungen und Streichungen in erster Linie Projekte im Erziehungs- und Gesundheitsbereich trafen, wie von kambodschanischer Seite beklagt wurde.

Von der Bundesrepublik, deren Hilfe bilateral als finanzielle Hilf eu.a. für die Sektoren Gesundheitswesen, Straßenbau und Fernmeldewesen sowie in Form von Projekten technischer Hilfe über die „Gesellschaft für Technische Zusammenarbeit" (GTZ) zum Tragen kam, wurden etwa 18 Millionen US-Dollar (31 Millionen DM) an finanzieller Hilfe ausgesetzt, Projekte verkleinert oder aufgeschoben – vor allem die von der GTZ betreuten Projekte hatten unter der Strafaktion zu leiden, darunter auch eine Medikamenten-Hilfe (Malaria, Tuberkulose, Aids) für das Gesundheitsministerium. „Die Hauptverlierer werden wieder die Armen sein", kommentierte lakonisch der zuständige Abteilungsleiter Chroeng Sokhan.

Die Vereinigten Staaten griffen sogar noch härter durch: „Jüngste politische Ereignisse in Kambodscha und die politischen Entscheidungen der US-Regierung im Anschluß an diese Ereignisse haben USAID dazu bewogen, ihre Hilfsleistungen zu beenden", wurde einigen NGOs brieflich mitgeteilt, die für USAID („United States Agency for International Development") tätig waren – unter ihnen CAPE, („Cambodian Assistance to Primary Education"), dessen Fünfjahresprojekt z.B. zur Ausbildung von Lehrern gerade in seinem ersten Jahr war.

Aber nicht nur die Vereinigten Staaten und die Bundesrepublik Deutschland verweigerten sich den Kambodschanern – einige mehr

Länder und Organisationen folgten ihrem Beispiel. Auch IWF und Weltbank stiegen aus.

Punishing the Poor. „Auch diesmal wurden nur wieder die Armen bestraft", erregt sich Onesta Carpene, die heute selbständig als Beraterin für Soziale Entwicklung arbeitet und mittlerweile die kambodschanische Staatsbürgerschaft hat. „Warum ist die Internationale Gemeinschaft nicht geduldig", fragt sie in unserem Gespräch; „Noch ist Kambodscha keine Demokratie." Eva Mysliwiec, das zweite Urgestein in Sachen Hilfe und auch eingebürgerte Kambodschanerin, ist inzwischen Leiterin des unabhängigen „Cambodia Development Resource Institute" geworden, das sich zusammen mit dem Ministerium für Planung um die soziale und wirtschaftliche Entwicklung im Land kümmert: „Die Menschen draußen, die Armen, die immer gestraft wurden, haben es verdient," sagt sie ganz sachlich, aber dann kommen doch noch Emotionen hoch: „Das Größte für mich während meiner ganzen Zeit hier in Kambodscha waren diese einfachen Menschen, die unbeirrt allen Widerwärtigkeiten, allen Nöten und allem Mißbrauch entgegengetreten sind und so überlebt haben."

Den Boulevard Norodom entlang und an den bewaffneten Wachposten vorbei, die die Straße 462 abriegeln (Chea Sim, der große Alte der CPP, soll hier wohnen); gleich nach dem Schlagbaum Eisentore und ein bekannter Slogan in auffälliger Größe: *Put down the Gun – Take up the Dharma.* Wir sind zu Besuch bei der Konrad-Adenauer-Stiftung in Phnom Penh – KAF heißt sie hier im Kürzel, das F steht für *Foundation.* Wer Peter Schier, den KAF-Repräsentanten in Kambodscha, über Entwicklungshilfe und die Rolle der Konrad-Adenauer-Stiftung im lokalen Zusammenhang befragen will, muß Geduld haben. Er bekommt erst einmal im Detail erklärt, wie Kompost hergestellt wird und warum Kompost für die Entwicklung in den Dörfern so nützlich ist. Er wird auch noch erfahren, daß *mouse deer* aus der Familie der Hirschferkel, die an Mini-Rehe erinnern und im Vorgarten grasen, besonders gern Hibiskus-Blüten fressen, und daß eine der besten Mango-Arten aus Thailand stammt. Peter Schier, ob seiner praktischen und volksnahen Arbeit mit den einfachen Menschen bekannt und beliebt als Mann für alle Fälle in ganz Kambodscha, aber in erster Linie kompetenter Sachwalter für Projekte, die mit Demokratie-Förderung in diesem demokratisch unterentwickelten Kambodscha zu tun haben. Das sind, entsprechend der Projekt-Darstellung, „Landesweite Maßnahmen mit dem Ziel, zur Befriedung des Landes durch Gewaltverzicht und nationale Aussöhnung [sowie] zum Aufbau eines demokratischen Rechtsstaats ... beizutragen". Peter Schier hat bei diesen Bemühungen zwei respektable und überall anerkannte einheimische Weggefährten: Heng Monychenda von der buddhistischen Erneuerungsbewegung „Buddhism for Development" in Battambang und Lao Mong Hay vom „Khmer Institute of Democracy" in Phnom Penh – Organisationen, die von der Konrad-Adenauer-Stiftung nachhaltig und erfolgreich mitfinanziert und unterstützt werden. Wir konnten beide besu hen. Peter Schier: „Maßnahmen zur moralisch-ethischen Erneuerung der kambodschanischen Gesellschaft sind von herausragender Bedeutung für die Zukunft des Landes, zumal auf diesem Gebiet weder von seiten der Regierung noch von seiten internationaler Geber das Notwendige getan wird." Recht hat er – nur manchmal geht es ihm nicht schnell genug voran mit dem Marsch der Kambodschaner ins Paradies namens Demokratie. Manchmal vergißt er im Überschwang der Gefühle, was viele durchaus ähnlich denkende Kambodschaner schon mal anmerken: daß es länger als über Nacht braucht, aus diesem so geschundenen Volk wieder eine Nation, eine intakte Gesellschaft und erst recht ein demokratisches Gemeinwesen zu machen. Umso mehr bedarf es weiterer intensiver Bemühungen.

Festzuhalten ist, daß sich Peter Schier und die Konrad-Adenauer-Stiftung im Verein mit anderen deutschen Institutionen und Geldgebern im Vorfeld der Wahlen 1998 (die uns noch beschäftigen werden) mit fachgerechter politischer Beratung auf allen Ebenen der gesellschaftlichen Hierarchie anerkannte Entwicklungsarbeit geleistet haben. Festzuhalten ist aber auch, daß Peter Schier vielen Kambodschanern, vor allem den armen Bauern draußen in den Dörfern, deren engen Kontakt er immer wieder gesucht hat, als der „Mann mit dem Kompost" in Erinnerung bleiben wird – eine wichtige Variante im sonstigen Hilfsauftrag der Stiftung. Irgendwann hat Peter Schier in Phnom Penh in einem Zeitungsinterview scherzhaft über seine Arbeit gesagt: „Ich bin mir nicht sicher, ob wir die Demokratie in Kambodscha gefördert haben, die Produktion von Kompost war auf jeden Fall ein voller Erfolg." Im Ernst: Kao Kim Hourn, der schon einmal zitiert wurde, hat klar und anerkennend bestätigt, und da ist die Konrad-Adenauer-Stiftung wohl direkt gemeint, daß „Kambodschas Demokratie durch die Anstrengungen der Internationalen Gemeinschaft gestärkt worden ist ... Noch hat Demokratie in unserem Land keine Wurzeln, umso mehr wird weitere Hilfe von außen wichtig sein, auf daß irgendwann Demokratie auch in unserem Land Realität wird."

Eigentlich sind das Worte wie geschaffen für eine Zusammenfassung inklusive Ausblick. Aber leider kommt in Kambodscha häufig etwas dazwischen. Zu berichten ist vom Prinzen Norodom Ranariddh und von Sam Rainsy, den Führern der Opposition im Land, die so gern selbst regieren möchten und, um das zu erreichen, auch alles versuchen. Sie haben die Internationale Gemeinschaft, genauer gesagt die „Asian Development Bank", aufgefordert, darauf hinzuwirken, daß die Hilfe für Kambodscha total eingestellt wird. Die Spekulation der beiden: Wenn die Hilfe von außen ausbleibt, wird es wirtschaftliche Schwierigkeiten im Land, wird es Unruhen geben; wenn es Unruhe gibt, wird die Regierung und der starke Mann Hun Sen stürzen. Politisches Kalkül – Prinz Ranariddh und Sam Rainsy schrecken auch davor nicht zurück: *Punishing the Poor*, da war die Feststellung plötzlich wieder akut. Nur waren es diesmal nicht die Internationalen, sondern Landsleute, die die Hilfe als politisches Druckmittel mißbrauchten, nicht zum erstenmal, immer wieder schon, seit 1996, wie verbrieft ist. „Das haben doch nur wieder die Armen zu erleiden", sagte der Unterstaatssekretär im Ministerium für Ländliche Entwicklung, Ngy Chanpal. Da wollte die Internationale Gemeinschaft nun doch nicht Komplize sein.

Mit neuer Hoffnung in die Zukunft

Wahlen in Kambodscha 1998

Man nehme als Einstieg ins Internet die Kenn-Adresse http://
www.cpp.com.kh und lasse sich überraschen: „Willkommen zur
Homepage der Cambodian People's Party. Hier sind Sie richtig", ist
zu lesen, 'und: „Wir sind uns darüber im klaren, daß die politische
Welt brutal und verwirrend sein kann. Dem wollen wir abhelfen und
Ihnen ein klares und intelligentes Bild von Kambodscha bieten."
Der *User* wird schon ahnen, was und wen er da in diesem Bild erwarten kann: natürlich die Altvorderen der CPP, Heng Samrin und
Chea Sim, und vor allem den Ministerpräsidenten Hun Sen. Es sei
gar nicht so leicht gewesen, ihn vorteilhaft ins Bild zu rücken, haben
die Gestalter der *website* erzählt, weil er auf den vorliegenden Fotos
selten freundlich ausschaue; das Manko sei behoben worden. Also
lacht Hun Sen, wenn er mit Dorffrauen leger zusammenhockt,
wenn er eine seiner viel beschriebenen „Hun Sen-Schulen" ein-
weiht oder sich Arm in Arm mit Frau Bun Rany ablichten läßt. Das
Image des autoritären *strongman* Hun Sen soll abgemildert und dafür
der Demokrat Hun Sen vorgestellt werden. Und auch mit dem Ruf
als Bösewicht möchte man Schluß machen, der von der Internationalen Gemeinschaft bevorzugt als Auszustoßender gehandelt und
persönlich mit allem Schlechten in Verbindung gebracht wird, was
in Kambodscha geschieht. Mehrere Breitseiten Propaganda – Internet
soll's richten. Es sind für 1998 Wahlen in Kambodscha angesagt.

Aber der Feind läßt nicht locker. Denn auch die „Khmer Nation
Party" des Sam Rainsy, die sich bald in „Sam Rainsy Party" (SRP)
umbenennen wird, ist per Homepage im Internet vertreten: zum
Beispiel mit einer blutverschmierten Landkarte Kambodschas und
dem Begleittext „Die Killing Fields; jetzt wieder in Kambodscha; in
der Hauptrolle Hun Sen & CPP" – zum Beispiel mit einer Steck-
brief-Montage, in der neben dem „Bruder Nummer Eins" Pol Pot
als Zweiter und „Wegen Massenmords gesucht" ein „Saddam Hun-
sen (sic!), oft in Vietnam gesehen" vertreten ist, und zusätzlich gibt
es noch den von den Roten Khmer gern benutzten Un-Spruch:
„Dich zu behalten, ist kein Gewinn, dich zu töten, kein Verlust."

Wer auf der Homepage weiterblättert, wird natürlich auch erfahren, daß Sam Rainsy überzeugter Demokrat ist; und passende Gebete, Gebete für den Frieden etwa, werden ebenfalls angeboten. Wie gesagt: in Kambodscha standen Wahlen ins Haus.

Der Dritte im Bunde, Prinz Norodom Ranariddh (FUNCIN-PEC), präsentierte sich eher bodenständig. In einem Interview mit der *Phnom Penh Post* entwarf er das Szenarium für derf Fall, daß Hun Sen sich durch Manipulation der Wahlen die Macht in Kambodscha aneigne: „Es wird keinerlei Anerkennung seiner Regierung geben. Der UNO-Sitz bleibt weiter vakant. Wir haben die Unterstützung der Vereinigten Staaten, die unerbittlich sind, wenn es um Demokratie geht. Hun Sen wird isoliert sein und arm und keine Hilfe bekommen, weder von der Weltbank noch vom IWF noch von der ADB [‚Asian Development Bank‘]. Und es wird auch wieder eine Widerstandsbewegung gegen ihn geben." Also auf in die Wahlen, die am 26. Juli 1998 stattfinden sollen.

Kambodscha, Frühjahr 1998. Da wurden schon bald die entscheidenden Runden im unerbittlichen innerkambodschanischen Catch-as-catch-can eingeläutet, in dem die Hauptrollen seit eh und je verteilt waren; und es gab nur Gut und Böse. Die Guten – als solche agierten wie üblich der Prinz Norodom Ranariddh und dessen Bündnis-Partner Sam Rainsy; so wurde ihnen geschmeichelt, so wollten weite Kreise der Internationalen Gemeinschaft sie sehen – was auch immer die beiden taten, war wohlgetan und untadelig und demokratisch. In der roten Ecke lauerte der Böse: Natürlich war es kein geringerer als der Genosse Hun Sen; nie war ihm eine andere Rolle zugesprochen worden, die Weltöffentlichkeit hatte sich darauf festgelegt, und dabei war es all die Zeit geblieben: Hun Sen, der Brutale, der Schreckliche, der Undemokratische. „Wenn wir so weitermachen und immer nur die *good guys* und die *bad guys* herauspicken, wird das kaum helfen, den 30 Jahre langen Krieg zwischen den Royalisten und den Alt-Kommunisten in Kambodscha zu beenden", versuchte zwar der frühere australische Botschafter in Phnom Penh, Tony Kevin, noch zu mahnen, aber der Kampf war erneut voll entbrannt. Und viele aus dem Lager der „Guten" mutmaßten, „Bösewicht" Hun Sen werde seiner angestammten Rolle schon gerecht werden – was auf die Wahlen bezogen nur bedeuten konnte, daß er vor nichts zurückschrecke, um seinen Erfolg zu sichern. So sei das ja auch bei den Wahlen 1993 und danach, z.E. im März 1997 gewesen; da habe man leidvoll erfahren, was bei ihm möglich ist.

Für Hun Sen und seine „Cambodian People's Party" (CPP) waren die jetzigen Wahlen in der Tat wohl die letzte Chance, endlich das zu erreichen, was ihnen von Anfang an, seit 1979, verwehrt war: sich als rechtmäßig in Kambodscha Regierende zu legitimieren, das heißt, die politischen Güte-Siegel „demokratisch gewählt" und „international anerkannt" zu erhalten. Und die Voraussetzung dafür, das wußte Hun Sen, wäre nur gegeben, wenn die Internationale Gemeinschaft ihm im Falle eines Sieges nach dem Wahlgang am 26. Juli auch bescheinigte, daß alles frei und fair und glaubwürdig abgelaufen sei.

Die Internationale Gemeinschaft – das war in diesem Zusammenhang Japan, das sich mit 9,2 Millionen US-Dollar beteiligen wollte, und in erster Linie die Europäische Union (EU), die der kambodschanischen Regierung für die Durchführung der Wahlen mehr als 12 Millionen US-Dollar zur Verfügung stellte und in Phnom Penh vornehmlich durch die Botschafter George Edgar (Großbritannien), Harald Loeschner (Deutschland) und Gildas LeLidec (Frankreich) sprach und verhandelte. Als Anfang des Jahres das Finanzierungs-„Abkommen über die Unterstützung eines demokratischen Wahlprozesses in Kambodscha" zwischen der EU und der „Königlichen Regierung" beschlossen war und auf dem Tisch lag, enthielt das Papier überwiegend technische und juristische Abmachungen (zum Beispiel über ein Nationales Wahlgesetz oder ein Parteiengesetz), aber keinerlei ausdrückliche politische Auflagen für die Regierung.

Da kam in der Ecke Ranariddh/Rainsy sofortiger Unmut auf. Selbst der König schloß sich der Kritik am Deal der Europäischen Union mit der kambodschanischen Regierung an: Ohne politische Vorbedingungen von seiten der geldgebenden Nationen sei nicht gesichert, daß die geplanten Wahlen nach demokratischen Regeln ablaufen, weshalb sie weder frei noch fair sein könnten. Es wurde auch der Verdacht gestreut, die EU habe die Neigung, Gewalt zu bagatellisiere nund die Augen zum Beispiel bei Einschüchterung der Wähler oder gar bei Wahlbetrug zu verschließen, wodurch auf jeden Fall Hun Sen begünstigt werde. Aus westlichen diplomatischen

Kreisen ist eine sehr deutliche Reaktion auf diese Spekulationen überliefert – angesprochen war da Prinz Norodom Ranariddh: „Er ist nicht demokratischer als Hun Sen, er ist nicht liberaler und nicht aufrichtiger; es ist nicht einmal sicher, ob er die Menschenrechte mehr als Hun Sen respektiert."

Die Frage war: Wahlen „Um jeden Preis"? Es hatte sich in den letzten Monaten bei der Internationalen Gemeinschaft in der Tat so etwas wie Verdrossenheit in Sachen Kambodscha abgezeichnet: Warum nicht endlich einen Schlußstrich unter das leidige Thema ziehen? Was wäre dagegen zu sagen, wenn Hun Sen die sehnlichst gewünschte Legitimierung zuerkannt bekäme und dem Land in der Folge politische Stabilität beschieden sei, die dann auch zu einem wirtschaftlichen Aufschwung führen würde? Das rechtfertige vielleicht sogar auch, daß gegebenenfalls einmal ein Auge zugedrückt wird.

Irgendwann teilten selbst die USA mit, sie wollten die Wahlen finanziell unterstützen: mit sieben Millionen US-Dollar, an die sie anfangs politische Bedingungen geknüpft hatten – es sei auf einen demokratischen Prozeß zu achten. Aber von denen war bald darauf auch nicht mehr die Rede.

Je näher die Wahlen kamen ... Die Schlagzeilen schreien es heraus und erhalten viel Aufmerksamkeit: Die politische Gewalt nimmt rapide zu, ist da gesagt; Menschen werden eingeschüchtert und bedroht, wenn sie Partei-Veranstaltungen besuchen; es wird geschossen, es gibt Tote. Ein „Regen von Menschenrechtsverletzungen" ist zu erwarten, warnen die Mitarbeiter der einschlägigen nationalen und internationalen Büros; und die Funktionäre der Oppositions-Parteien um Ranariddh (FUNCINPEC) und Rainsy (SRP) stimmen lauthals mit ein und wissen immer sofort, wer als Übeltäter in Frage kommt: Die da Angst und Schrecken und manchmal auch den Tod verbreiten, seien ausnahmslos Mitglieder der CPP, also Parteigänger des Bösewichts Hun Sen. Wie nicht anders zu erwarten war, ist auch zu hören: Man sehe, Hun Sen ist ausgezogen, seine Position im Land mit Gewalt zu verteidigen. „Die Jagd-Saison ist eröffnet", wird da schon mal zynisch formuliert. Das „UN Center for Human Rights" (UNCHR) in Phnom Penh hat gemeldete Menschenrechtsverletzungen während der Vor-Wahlzeit gesammelt und dokumentiert; es hat aufgelistet, wie viele Menschen getötet wurden, und sich bemüht herauszufinden, ob es politische Gewalttaten waren und wer sie mutmaßlich verübt hat. Ohne Zweifel, so das Resümée, seien die Täter überwiegend der CPP zuzurechnen und die Opfer Anhänger und Aktivisten der Opposition. Und immer neue negative Berichte. 150 sind in fünf Wochen beim UN-CHR eingegangen, „die die weitverbreitete politische Einschüchterung und Gewalt illustrieren", heißt es im Report. Das sind triftige Vorbehalte. Ob allerdings Geschichten wie die vom CPP-Aktivisten, der seinem FUNCINPEC-Widerpart gedroht haben soll, ihn „lebendig zu verspeisen", der Kategorie Menschenrechtsverletzungen zuzurechnen sind, wie geschrieben wurde, darf bezweifelt werden – das hat wohl eher mit Khmer-Mentalität und der Vorliebe der Kambodschaner für drastische Sprüche zu tun.

Ebenso ernst ist da zu nehmen, was Thomas Hammarberg, der oberste Sachwalter der Vereinten Nationen für Menschenrechte in Kambodscha, ebenfalls in diesen Vor-Wahltagen öffentlich bemängelt: „Die Führer der Opposition predigen Haß und Rassismus", und er attackiert namentlich Prinz Norodom Ranariddh und Sam Rainsy – beide hätten wiederholt während ihrer Wahlveranstaltungen gegen die vietnamesischen Bevölkerungsgruppen in Kambodscha gehetzt, daß diese sich illegal im Land aufhielten und deshalb entfernt werden müßten, und vor allem konsequent das rassistische Schimpfwort *yuon* (etwa Barbaren, Wilde) als Bezeichnung für die Vietnamesen eingesetzt. Das ist kein überraschender Vorwurf, denn beide Parteiführer haben die „Vietnamesische Karte" schon häufiger benutzt – FUNCINPEC systematisch, wie aus eigenen Kreisen bestätigt wird, schon 1993. Und auch diesmal schürte Ranariddh gezielt antivietnamesische Gefühle: „Wenn wir die richtige Partei wählen, werden die *yuon* abhauen; wenn wir die falsche Partei wählen, werden die *yuon* immer mehr" (Auszug aus einer Wahlrede in Pongror, Provinz Kampong Chhnang). Sam Rainsy zog im Wahlkampf sogar nach Pailin zu den Roten Khmer, den notorischen Vietnam-Hassern, und redete ihnen beflissen nach dem Mund: „Nur mit Hilfe der *yuon* hat die Regierung Hun Sen 20 Jahre lang regiert – diese Marionette nder *yuon* haben uns alle betrogen." Thomas Hammarberg faßte seine Vorwürfe mit Blick auf Ranariddh und Rainsy so zusammen :„Wer will, daß man ihn als jemanden sieht, der die Menschenrechte schützt, der darf den Grundsatz, daß auch Menschen anderen Ursprungs zu respektieren sind, nicht verletzen." Was das UNCHR bei beiden Oppositionsführern anmahnte, schien diese jedoch, wie auch in der Folge festzustellen war, nicht im geringsten zu interessieren.

Dafür aber waren die buddhistischen Friedensmarschierer wieder unterwegs. Der *Venerable* Maha Ghosananda führte sie diesmal von Takeo direkt nach Phnom Penh zum Königlichen Palast, wo sie alle für einen friedlichen Ausgang der Wahlen beten wollten. Unverhofft hatten sie schon vorher einen überaus prominenten Fürsprecher gefunden: „Jeder Bürger, gleich welche Partei er unterstützt, muß Würde zeigen", hatte der öffentlich gesagt, „Laßt uns der Lehre unseres Lord Buddha, dem *dharma*, folgen und Arroganz, Eigennutz, Mißgunst und Rache hintanstellen und alles vermeiden, was die Rechte und Freiheiten der Menschen verletzt, wenn sie bei der Wahl ihre politische Entscheidung treffen wollen." Es war der Alt-Kommunist Chea Sim, der da zum Gewaltverzicht aufrief, Parlamentspräsident und auch Präsident der CPP, der doch der Ruf anhing, die „Partei des Bösen" zu sein.

Der Wahltag: Sonntag, der 26. Juli 1998. Die Sonne strahlt. Schon früh um sieben strömen die Menschen, bilden sich Schlangen vor den Wahllokalen – einige werden fast gestürmt, als könne das Volk es gar nicht erwarten, seine Stimme abzugeben. 5,4 Millionen haben sich im Mai registrieren lassen; davon werden 93,7 Prozent heute zur Wahl gehen, was ein überaus positives Zeichen ist. Wie eine Trophäe präsentiert so mancher nach dem Votum seine schwarz eingefärbte Zeigefingerkuppe – unauslöschliche Tinte, damit jeder auch wirklich nur einmal wählt. Viele haben sich feingemacht, als sei heute ein besonderer Feiertag. Die Menge scheint ausgelassen, regelrecht euphorisch. Anfangs ist noch etwas Nervosität mit im Spiel gewesen, vor allem draußen in den Dörfern, war doch verbreitet worden (von wem auch immer), daß Gewaltaktionen zu befürchten sind (von wem auch immer). Aber der Tag vergeht und alles bleibt ruhig – nur aus der berüchtigten Rebellen-Hochburg Anlong Veng wird gemeldet, daß Horden der Roten Khmer eine Wahlstation angegriffen und neun oder zwölf Menschen getötet hätten.

Übers Land verteilt sind zu dieser Zeit 500 internationale Wahlbeobachter aus 35 Ländern und etwa sechs Organisationen sowie noch einmal 15.000 unabhängige einheimische Beobachter – sie sollen die „Wachhunde" sein und darauf achten, daß alles den Spielregeln einer demokratischen Wahl entsprechend vollzogen wird, und wenn nicht, Laut geben. Kambodschas starker Mann Hun Sen (CPP) wählt als einer der ersten in Takhmau in der Nähe seiner Residenz außerhalb von Phnom Penh. Seine beiden Haupt-Konkurrenten Prinz Norodom Ranariddh (FUNCINPEC) und Sam Rainsy („Sam Rainsy Party") sind in Kampong Cham zur Stimmabgabe angetreten und·nicht weniger siegesgewiß als Hun Sen. Sonntag, 26. Juli 1998.

Dann der Montag. Der Schiedsspruch kam am späten Abend und ließ kaum noch andere Meinungen zu: „Es ist [unser] Eindruck, da wir am Wahltag und·am Tag der Auszählung einen Prozeß beobachtet haben, der frei und fair war und der erlaubt zu sagen, daß der Wille des kambodschanischen Volkes glaubwürdig widergespiegelt wird." Die Arbeit in den 11.699 Wahllokalen bzw. 1.595 Gemeinden sei „ermutigend" gewesen, das Klima während der Wahl „friedlich und ruhig", und es habe so ausgesehen, als hätten die Leute „ohne Furcht vor Repressalien" gewählt – so etwas könne fast schon als „Demokratischer Standard" bezeichnet werden. Phnom Penh in der Straße 51, die auch Rue Vithei Pasteur heißt; der 27. Juli 1998, ein Tag nach dem denkwürdigen Ereignis. Auf einer Pressekonferenz sprach der Schwede Sven Linder, Leiter der „Joint International Observation Group" (JIOG) und Chef-Beobachter für die Europäische Union, die diese Wahlen besonders engagiert betrieben und mitfinanziert hatte. Was Linder sagte, sollte so und nicht anders verstanden werden: Die Nationalen Wahlen Kambodscha 1998 sind als Erfolg zu betrachten und Ermutigung für die Zukunft. Also war JIOG auch der Auffassung: „Alle Parteien sollten den Ausgang der Wahlen akzeptieren und respektieren, ohne zu versuchen, das ursprüngliche Ergebnis zu untergraben." Die Europäische Union in Gestalt ihrer Botschafter sah das alles genauso, Japan nickte Zustimmung, und selbst die Vereinigten Staaten zeigten sich zufrieden. Auf einer Pressekonferenz am 28. Juli nannte ihr Vertreter, der altgediente Kambodscha-Experte und ehemalige Kongreßabgeordnete Stephen Solarz das, was in Kambodscha gerade geschehen war, „Ein Wunder am Mekong".

Das amtliche Endergebnis in Zahlen: Stärkste Partei mit 41,4 Prozent der Wählerstimmen wurde die „Cambodian People's Party"

(CPP) und ihr Spitzenkandidat Hun Sen – das bedeutete 64 der insgesamt 122 Sitze in der Nationalversammlung. Die FUNCINPEC des Prinzen Ranariddh schaffte 31,7 Prozent gleich 43 Sitze und Sam Rainsy mit seiner gleichnamigen Partei 14,3 Prozent gleich 15 Sitze. Der Rest von 12,6 Prozent der Stimmen fiel auf die übrigen 36 Parteien.

Damit stand der Sieger von 1998 fest. Nach der Anerkennung der Wahlen durch die Internationale Gemeinschaft und deren Stempel „frei und fair" sowie „glaubwürdig" war Hun Sen wenn noch nicht in seinem Amt, so doch zumindest in seiner Machtposition bestätigt und seinem Ziel, mit einer von ihm geführten kambodschanischen Regierung weltweit legitimiert zu sein, so nah wie nie zuvor.

Aber bis zur Siegerehrung dauerte es noch etwas – genauer gesagt vier volle verwirrende Monate. Der einfache Grund: Die unterlegenen Parteien mit ihrem Duo Ranariddh und Rainsy mochten sich ihre Niederlage gegen Erzfeind Hun Sen nicht eingestehen, die sie ausschließlich auf Einschüchterung, auf Unterdrückung, auf Betrug und Manipulation zurückführten, begangen an ihnen vor allem durch jene „Bösen Kräfte" des Hun Sen (wobei sie mit einigem sicher auch richtig lagen). Daß diese beiden größten Oppositionsgruppen aber nicht in der Lage waren, vor den Wahlen Abwanderungen aus den eigenen Reihen zu unterbinden, was zur Bildung von sieben Splitter-Parteien führte, die alle für sich allein in die Wahl zogen und ohne Erfolg blieben (wie etwa der zeitweilige Erste FUNCINPEC-Ministerpräsident Ung Huot mit seinem Splitter „Reastr Niyum Party"), daß sie es darüber hinaus verabsäumt hatten, rechtzeitig ein aussichtsreiches Anti-Hun Sen-Bündnis zu knüpfen, das als Einheit mehr Chancen gehabt hätte – solche Überlegungen waren kaum Gegenstand ihrer Ursachen-Forschung.

Nachdem die Wahlen international abgesegnet waren und Einwände und Vorbehalte als mehr oder weniger Makulatur vom Tisch (auch ASEAN hatte sich inzwischen in die Befürworter-Schar eingereiht), ging es bei beiden Oppositionsparteien wohl ums blanke Überleben. Am Anfang stand die Verweigerung. Hun Sen hatte ihnen eine Dreier-Koalition 60-30-10 angeboten, aber „Selbst auf die Gefahr hin, eine Verfassungskrise heraufzubeschwören", lehnten Ranariddh und Rainsy Koalitionen mit dem Wahlsieger ab (der aber eine Koalition brauchte, wollte er eine Regierung bilden – denn die Verfassung schrieb dafür eine Zwei-Drittel-Mehrheit in der Nationalversammlung vor). Der philippinische Außenminister Domingo Siazon nannte die Verweigerung des Duos „höchst unmoralisch"; Frankreichs Staatspräsident Jacques Chirac und der Japaner Yasushi Akashi aus alten UNTAC-Zeiten befanden, daß Stabilität nur garantiert sei, wenn man sich auf eine Koalition verstünde. „Wie Kinder, die mit Streichhölzern im Heuhaufen spielen", würden sich die beiden großen R benehmen, hieß es in diesen Wochen immer öfter in Kambodscha, vor allem nachdem der Prinz Ranariddh sich auch noc von Rainsy hatte bereden lassen, der folgenden Brachial-Strategie zuzustimmen: Gespräche, Koalitionsgespräche nur, wenn die CPP Hun Sen als ihre Nummer Eins fallen läßt. „Unverantwortlich" nannte der philippinische Außenminister Siazon das Verfahren.

Hun Sen 1998. Manchmal ist über Internet hinaus ein direkter Blick in seinen privaten Bereich gestattet – dann lädt er Journalisten in sein Haus, werden Pressekonferenzen zelebriert. Das ist schon etwas außergewöhnlich. Aus seiner Villa am Boulevard Norodom in Phnom Penh in der Nähe des Unabhängigkeitsdenkmals ist er „Aus Sicherheitsgründen" ausgezogen und nach Takhmau in der Provinz Kandal ausgewichen – das liegt etwa 20 Kilometer südöstlich von Phnom Penh. Eine regelrechte Festung hat er sich da errichtet. Panzer sichern das weitläufige Gelände, die Bodyguards sind zur Stelle, es gibt einen Hubschrauber-Landeplatz. Mittendrin die Residenz, stuckverziert und pfirsichfarben; der Saal für öffentliche Angelegenheiten habe beim Stil Ludwigs XIV. Anleihe gemacht, berichten Besucher, auffallend sind die weißen geschwungenen Sitzmöbel, in denen der Hausherr zu thronen pflegt; dazu Kristall-Lüster und prächtige Teppiche und Marmorböden. Von der Terrasse aus geht der Blick auf Gärten, Fischteiche, Kokos-Haine – nicht immer ist das Bild frei von Panzern. Hier residiert der Hochwohlgeborene *Samdech* Hun Sen. Gerade eben hat Seine Majestät der König ihm den Orden *Moha Sirirath of the Kingdom of Cambodia* verliehen, der in Kambodscha die höchste Ehrung für Politiker und Zivilbeamte ist. Das erinnert wieder einmal an diese spezielle Wahlverwandtschaft zwischen Sihanouk und Hun Sen; irgendwann in einem Gespräch darüber fällt das Attribut „Kriegerische Intelligenz", die beiden zu eigen sei. Interessant ist festzustellen, daß Hun Sen sich inzwischen auch sonst dem König genähert hat: wenn er, wie bei seinen Auftritten zur Wahl zu besichtigen war, dieselben publikumswirksamen Gesten und Späße darbietet und damit seine Zuhörer fesselt wie das einst Norodom Sihanouk in Perfektion gepflegt hat. Vom Stichwort Macht muß erst gar nicht viel geredet werden. Hun Sen 1998.

Aber: „Dieser Mann muß weg", hat der Oppositionsführer Sam Rainsy als sein politisches Credo ausgegeben, und Prinz Norodom Ranariddh zögerte nicht, sich bei ihm unterzuhaken; das sei eine „Bedingung, über die nicht verhandelt werden kann", so Rainsy, sonst gebe es keine Gespräche, entweder-oder. Die Folge davon war, was sich in Phnom Penh zwischen dem 23. August und dem 12. September 1998 ereignet hat. Die vorherrschende und weltweit verbreitete Version: Eine spontane Demonstration von Sympathisanten der Opposition und ein anschließendes Sit-in sind von Hun Sen mit blutiger Gewalt zerschlagen worden. Neuauflage der Geschichte von den *good guys* und den *bad guys*.

Der Park hinter dem Gebäude der Nationalversammlung ist eine der vielen Grünflächen Phnom Penhs, die bei den Stadtbewohnern als Flanier-Meilen so beliebt sind. Zum Außenministerium ist es nicht weit, nur ein paar Straßen entfernt liegt das Hotel Sofitel Cambodiana mit dem kambodschanischen Hauptquartier der Vereinten Nationen, und im Fluß dahinter schaukelt Naga Resorts, das Spielkasino für die Reichen und Arrivierten im Land. Und dann gibt es noch das „Denkmal der kambodschanisch-vietnamesischen Freundschaft" in Erinnerung an die Vertreibung Pol Pots auf dem „Platz der Nationalversammlung". Während drei Wochen im August/September ist er als *Democracy Square*, „Platz der Demokratie" in die Schlagzeilen geraten.

Die Demonstration war für Sonntag, den 23. August beantragt, von den Behörden jedoch nur für den nächsten Tag genehmigt worden – dennoch hat alles schon am 23. begonnen. Ort der Handlung: das Olympia-Stadion in Phnom Penh; Veranstalter der Protestaktion: „Alle Kräfte, die Hun Sen hassen", wie ein Polizist zitiert wurde, in der Hauptsache Gefolgsleute der „Sam Rainsy Party" (SRP) und der FUNCINPEC. 5.000 Demonstranten hatten sich versammelt, viele trugen Transparente wie „Unsere Stimmen sind verkauft worden" – das war ja wohl auch als Protestgrund genannt, daß die Wahl von Hun Sen manipuliert worden sei. Anfangs verlief alles friedlich.

Aber Sam Rainsy prangerte in seiner Rede nicht nur Wahlbetrug an oder Korruption oder den Bösewicht Hun Sen, den es zu entmachten gelte, sehr schnell und immer häufiger fiel auch das bekannte antivietnamesische Schimpfwort *yuon* – und von der Menge kam es als Echo zum Redner zurück: *„Wai yuon, wai yuon"*, „Haut sie um, die Vietnamesen", hieß das. Ein alter Mann, der als *yuon* attackiert wurde, mußte von der Polizei in Sicherheit gebracht werden. Vom Olympia-Stadion zogen die Demonstranten Richtung Zentrum zum „Platz der Nationalversammlung", wo sie sich zu einem Sit-in niederließen. Das war weder beantragt noch genehmigt – wie alles, was danach von der Opposition veranstaltet wurde.

Zum Beispiel: Beim Sit-in auf dem Platz, der unter Demonstranten nur noch *Democracy Square* hieß, hielt Sam Rainsy einen Tag später eine weitere Rede – so verletzend sei er noch nie gewesen, sagten Kenner der Szene. Zitat Rainsy: „Ich wende mich an die Sicherheitskräfte, schießt nicht auf friedfertige Zivilisten, erhebt Euch und richtet die Gewehrläufe lieber auf Hun Sen und erschießt diesen Verräter der Nation." Und die Menge antwortete: „Vernichtet ihn, vernichtet Hun Sen, den Verräter, Hun Sen *khat cheath."* Irgendwann brachte er sogar ungefragt die USA ins dubiose Spiel, indem er diese aufforderte, „ihre Spezial-Flugzeuge mit den ferngesteuerten Raketen loszuschicken und [Hun Sens] Residenz zu beschießen", und während einer seiner Reden ließ er Handzettel an die Demonstranten verteilen, auf denen zu lesen war: „Ein amerikanischer Kongreßabgeordneter hält soeben ein Meeting ab, um die Zustimmung zu erwirken, Hun Sen und seine Untergebenen verhaften und sie wegen Kriegsverbrechen vor ein internationales Gericht stellen zu lassen ... Dann wird ein modernes Schiff mit modernen Waffen und modernen Flugzeugen, wie es Kambodscha noch nie gesehen hat, eine Spezialeinheit absetzen, die Hun Sen verhaftet", so hätten die USA das seinerzeit in Panama mit dem Diktator Manuel Noriega auch praktiziert, erklärte Rainsy in seiner Rede. Und immer wieder: nieder mit den *yuon* und Schlimmeres; dazu Plakate, die Hun Sen (auf dessen Kriegsverletzung am Auge anspielend) als einäugigen Hund und als *yuon* und als Marionette der *yuon* darstellten. Und einiges mehr.

Interessant ist, was der Direktor des angesehenen „Khmer Institute of Democracy" (KID) in Phnom Penh, Lao Mong Hay, in jenen

Tagen in einem Aufruf an die Adresse von Sam Rainsy formuliert hat: „KID bedauert sehr, daß dieser Khmer-Führer nach Gewalt ruft, wenn er sich mit seinem politischen Gegner auseinandersetzen will. Führer, die Gewalt anwenden oder beabsichtigen, sie anzuwenden, müssen damit rechnen, daß man sagt, sie hätten das Vertrauen der Menschen mißbraucht und deshalb auch selbst kein Vertrauen verdient, wenn sie das Land regieren wollten." Die besorgte Stimme des wahrhaftigen Demokraten Lao Mong Hay war jedoch unbeachtet im stärker werdenden Lärm der Auseinandersetzung verhallt.

Was auf ihrem „Platz der Demokratie" geschehe, verbreiteten derweil die Oppositionsparteien beflissen, spiegele alles „Volkes Wille". Aber längst waren Zweifel laut geworden: „Ist es wirklich ‚Volkes Wille‘ ", fragte di *Phnom Penh Post*, „oder ist es nicht eher ein organisierter und beabsichtigter Aufruhr, der mit Gefühlen spielt und diese aufputscht – ausschließlich zum Nutzen der politischen Führer?" Bestimmt war nicht alles „spontan" und „vom Volke ausgehend", wie R und R behaupteten. Daß die Vormänner der Demonstrationen mit Walkie-talkies bestückt waren, daß mobile Kommando-Posten die Aktionen koordinierten und Anti-Hun Sen-Flugblätter jeden Tag frisch aus der Presse kamen, ließ auf Fernsteuerung schließen. (Eines dieser Flugblätter war besonders übel: Hun Sens Polizei wurde als vietnamesisch beschimpft, sie habe „den Kopf eines *yuon* und den Körper eines Khmer" – wieder einmal machte sich Rainsy, wie früher schon, einen der menschenverachtenden Sprüche der Roten Khmer zu eigen). Die bange Frage kam auf: Wie lange würde sich die aufgeheizte Menge noch friedlich verhalten?

Bis zum 30. August dauerte es. Vom Olympia-Stadion aus war wieder einmal (unbefugt) ein Protestmarsch Richtung Nationalversammlung aufgebrochen. 15.000 sollen es gewesen sein. Um 10.25 Uh bestieg eine Gruppe jugendlicher Demonstranten das „Denkmal der kambodschanisch-vietnamesischen Freundschaft"; unter „wildem Beifall der Menge" wurden die drei Figuren mit Hämmern und Brechstangen zerstört und dann in Brand gesetzt – die Demonstranten jubelten: *yuon, yuon*, nieder mit ihnen. Es war exakt eingetreten, was Prinz Norodom Ranariddh später nonchalant so beschrieben hat: „Rainsy und ich haben ein Kind in die Welt gesetzt, das Kind ist gewachsen und hat sich selbständig gemacht ... Rainsy und ich sind nicht mehr in der Lage, dieses Kind zu kontrollieren.

So war es in der Tat. Und die Exzesse wurden drastischer. Als die Oppositionszeitungen *Samleng Yuvachun Khmer* und *Moneaksekar Khmer* am 3. September wahrheitswidrig verbreiteten, es seien *yuon*, Vietnamesen gewesen, die verantwortlich für den vergifteten Reiswein seien, der in letzter Zeit mehrfach in Phnom Penh aufgetaucht war, sprang der Haß über. Bei insgesamt elf gewalttätigen Übergriffen wurden vier Vietnamesen auf offener Straße vom Pöbel umgebracht – zwei von ihnen, Vinh Chan Houy und Veign Thimy, ein Ehepaar, waren direkt vor dem Eingang zum FUNCINPEC-Hauptquartier am Boulevard Monivong tot zu besichtigen. Mitarbeiter von Menschenrechtsgruppen bestätigten, daß es Zusammenhänge mit den Demonstrationen in der Stadt gebe. Und immer noch war kein Ende abzusehen. Dennoch ließ die Polizei die Protestler weitgehend gewähren. Die hatten sich mit ihrem Sit-in inzwischen in einem regelrechten Zeltlager gegenüber der Nationalversammlung verschanzt und trotzten dort den regelmäßigen Monsun-Güssen, wenn sie nicht mit weiteren Märschen durch die Innenstadt beschäftigt waren – mehr und mehr Mönche reihten sich ein; das gab dem Widerstand der Opposition eine neue Dimension. Von Hun Sen und seinen Ordnungskräften Mahnungen und Warnungen, aber sonst, direkt, keine Reaktion.

Die kam am 7. September. Da explodierten auf dem Grundstück seiner Stadtwohnung gegenüber dem Unabhängigkeitsdenkmal zwei Granaten, die von einem vorbeifahrenden Motorrad aus über die Außenmauer geschleudert worden waren. Sie verursachten zwar keinen großen Schaden, aber der Anschlag sei als weiterer Versuch zu werten, sagte Hun Sen auf einer Pressekonferenz, „Die augenblickliche Regierung zu stürzen" und „das Ergebnis der Wahl umzukehren". Folglich werde er jetzt den Demonstrationen ein Ende bereiten und Sam Rainsy verhaften und vor Gericht stellen lassen: wegen Anstiftung zu rassistischer Diskriminierung, wegen Anstiftung zur Begehung von Verbrechen und wegen Vandalismus in Zusammenhang mit Staatseigentum. Zu diesem Zeitpunkt saß Sam Rainsy bereits im Hotel Sofitel Cambodiana in den schützenden Räumen des Persönlichen Repräsentanten des UN-Generalsekretärs in Kambodscha, Lakhan Mehrotra aus Indien, zu dem er gegangen sei, um seine Unschuld beim Granaten-Anschlag auf Hun Sens Anwesen darzulegen, so Rainsys Erklärung später; er sei dann dort geblieben und habe sich (mit Frau Tioulong Saumura und seiner kleinen Tochter) unter die Obhut der Vereinten Nationen begeben, als er von der Arrest-Drohung Hun Sens gehört habe. Womit seine Demonstranten draußen am Square fortan ohne Führung waren, auf sich allein gestellt. Prompt kam es an diesem Abend vor dem Hotel Sofitel Cambodiana, in dem Sam Rainsy einsaß, zur ersten gewalttätigen Auseinandersetzung zwischen Rainsy-Sympathisanten und Ordnungshütern, als sich dort etwa tausend zusammenrotteten und nach Sam Rainsy verlangten, als Steine geworfen wurden, als die Polizei scharf schoß; ein Motorradfahrer geriet ins Kreuzfeuer und starb – für das UN-Menschenrechtszentrum hieß das Opfer Chen Pich, für das Innenministerium war es Houn Keo Davy.

Und es gab weitere Tote. Die Ereignisse überstürzten sich. Am 8. September wurde das Camp am sogenannten *Democracy Square* gewaltsam abgeräumt. Die Demonstrierenden wichen auf die Boulevards aus und lieferten sich dort mit Polizisten wilde Straßenschlachten – am *Psar Tmey*, dem Neuen Markt, am Wat Phnom, beim Hotel Le Royal, den Monivong-Boulevard rauf und runter: Steine, Flaschen, Molotow-Cocktails – Wasserwerfer, Elektro-Stöcke und Schußwaffen blank dagegen. Auch CPP-Sympathisanten demonstrierten und attackierten. Bilder, wie Mönche, die bei der Opposition mitmarschierten, von Polizisten gejagt und geschlagen wurden, gingen in diesen Tagen um die Welt. Auch von toten Mönchen war die Rede – kaum gesicherte Zahlen, viele Gerüchte, widersprüchliche Informationen; FUNCINPEC USA verstieg sich über Internet sogar zu der Meldung, daß von einer Gruppe von 700 Mönchen nur noch eine Handvoll am Leben sei. Und im Umkreis von Phnom Penh wurden in den Flüssen Leichen angespült, mehr als „in normalen Zeiten", wie Beobachter feststellten. Wer dafür verantwortlich gemacht wurde ... keine Frage, wenn die Spielregeln von *good guys* und *bad guys* zugrundegelegt werden.

Bis zum 14. September schlugen sich die von ihren Führern allein gelassenen Demonstranten ungebrochen durch die Stadt, dann versickerte ihr Protest. Erreicht hatten sie damit, politisch gesehen, gar nichts; das Duo, das sie angestiftet hatte, war inzwischen, weniger ungebrochen, ganz anderer Meinung als an jenem 23. August, an dem sie mit klaren Forderungen zum erstenmal zu ihrem „Platz der Demokratie" gezogen waren.

Danach folgte die Aufarbeitung. Eine Kette von kritischen Überlegungen: Rainsy und Ranariddh hätten das, was sie „Volkes Wille" nannten, manipuliert – strenger: beide hätten die Menschen fast drei Wochen lang für ihre persönlichen politischen Zwecke gebraucht und mißbraucht – ganz hart: sie hätten es bewußt darauf angelegt, in Phnom Penh Unordnung zu stiften und Hun Sen zu provozieren, damit dieser Truppen einsetze und Demonstranten töte, was dann politisch gegen ihn zu verwenden gewesen wäre – und schließlich: Sam Rainsy hätte Märtyrer schaffen wollen, warum sonst ließ er nach dem 7. September weiterdemonstrieren, als er selbst längst in Sicherheit abgetaucht war? Besonders angekreidet wurde dem Oppositions-Duo, daß es sich auch der Mönche bedient habe. „Die Anwesenheit von Mönchen in den Reihen des Protests war vielleicht die wirkungsvollste Taktik", urteilte die *Phnom Penh Post*, vor allem weil damit zusätzliche Aufmerksamkeit bei den Medien zu erwarten war und besondere Stimmung gegen Hun Sen gemacht werden konnte. Mönche, die in gutem Willen mitmarschierten, so die Kritik, fanden sich plötzlich in einer parteipolitischen und sogar gewalttätige nKonfrontation wieder, die der buddhistischen Lehre über Toleranz und Gewaltlosigkeit und politische Abstinenz widersprach. Der Aufruf *Put down the Gun – Take up the Dharma* war in vielen Momenten nur noch Worthülse.

Als wenn da nichts gewesen wäre ... Obwohl keine ihrer ursprünglichen Forderungen, derentwegen sie die Demonstrationen in Gang gesetzt hatten, erfüllt worden war, begannen Sam Rainsy und Prinz Norodom Ranariddh bald darauf die bis dahin abgelehnten Verhandlungen mit dem Erzfeind Hun Sen – natürlich ging es, wie schon ganz am Anfang, um die ungeliebten Koalitionen. Auszug aus einem Interview der *Phnom Penh Post* mit dem Prinzen am 14. September: Frage *Post*: „FUNCINPEC und Sam Rainsy haben die ganze Zeit die Gefühle des Volkes [mit Parolen] aufgeputscht und plötzlich sind Sie bereit, mit dem Mann zu verhandeln, dessen Rücktritt Sie noch vor ein paar Tagen forderten; wie können Sie da Ihren Anhängern ins Gesicht sehen?" – Antwort Ranariddh: „Jede politische Aktion hat einen Ausweg ... Ich glaube, wir müssen vernünftig sein."

Von außen, aus dem kalifornischen Long Beach wurde unvermindert weiter gegen Hun Sen geschossen. Dort saß nämlich jener Kongreßabgeordnete Dana Rohrabacher, der sich schon die ganzen

Jahre als grimmiger Widersacher des Kambodschaners hervorgetan hatte und kurz zuvor in jenem ominösen Flugblatt der Opposition (Ein Kriegsschiff wird kommen ...) erwähnt war. Am 8. September hatte Dana Rohrabacher seinen Präsidenten William J. Clinton per Brief animiert: „Hun Sen muß klargemacht werden, daß es Konsequenzen für seine Handlungen geben wird ... Jeder kennt seinen Ruf als Gewalttäter. Es wird nie Frieden und Stabilität in Kambodscha geben, solange dieser Mann an der Macht bleibt." Und um das zu verhindern, schob er eine Resolution für den amerikanischen Kongreß nach, die später als *House Resolution 533* bekannt werden sollte und darauf abzielte, „Hun Sen wegen Völkermord und Verbrechen gegen die Menschlichkeit vor einem internationalen Tribunal anzuklagen". Wenn auch Experten längst verbindlich festgestellt hatten, daß „Aufrufe, Hun Sen wegen Völkermord und Kriegsverbrechen anzuklagen, weder im Tatsächlichen noch im Legalen eine Grundlage haben" und daß „noch kein glaubwürdiges Dokument oder mündliches Zeugnis entdeckt worden ist, um solche Anklagen zu beweisen" – Rainsy und Ranariddh gaben der Resolution vollinhaltlich ihren Segen. FUNCINPEC hatte gegen Hun Sen sogar frisch nachgelegt: „Er tötet Mönche" (Ranariddhs Kabinettschef Kong Vibol). Sie hatten ihre Hoffnung, ihn irgendwie abzuservieren, immer noch nicht aufgegeben; da nahmen sie sogar Umwege über Amerika in Kauf.

Die Internationale Gemeinschaft, die viele Jahre lang solch strengen Formulierungen nicht ungern geglaubt hatte, war inzwischen im Verlauf der Wahl 1998 und deren Nachwehen zu anderen, realistischen Einsichten gekommen – zumal die beiden R zuletzt an Glaubwürdigkeit verloren hatten. Das neue Motto: Hun Sen eine Chance geben. Da hatte sie jetzt sogar einen sehr potenten Verbündeten: Seine Majestät König Norodom Sihanouk.

Zum 24. September waren die frisch gewählten Volksvertreter vom König zur konstituierenden Sitzung der Nationalversammlung nach Siem Reap gebeten; dort residierte Sihanouk zwischenzeitlich, weil er den Querelen in Phnom Penh ausweichen wollte. Fast wäre der feierliche Akt noch geplatzt: Hauptdarsteller Hun Sen hatte sich um neun Uhr am Morgen mit seiner Autokolonne zur Königlichen Villa nahe dem Zentrum von Siem Reap aufgemacht. Nicht weit davon, auf einem belebten Straßenstück, wurde per Fernzündung eine

B-40 Rakete auf seinen Wagen abgefeuert. Hun Sen entkam unverletzt, ein 15jähriger Junge wurde tödlich getroffen.

Wenig später vor der großartigen Kulisse von Angkor Wat: Orient-Teppiche waren im Freien ausgelegt; im offiziellen Weiß und Schwarz, dem kambodschanischen Outfit für besonders feierliche Angelegenheiten, hatten sich die 122 Abgeordneten (wenn sie denn vollständig vertreten waren) vor ihrem König aufgereiht, um den Eid auf die Verfassung abzulegen: Chea Sim als Noch-Parlamentspräsident und somit nach dem König zweiter Mann im Staat stand in der Mitte der ersten Reihe, neben ihm links Prinz Ranariddh und rechts, noch mitgenommen vom Attentat, Hun Sen – etwas abseits gestellt Sam Rainsy. „Was für eine Komödie", befand dieser, er wäre weggeblieben, wenn er gekonnt hätte. Und auch aus Reihen der FUNCINPEC war zu hören, daß sie diesem Festakt nur widerstrebend zugestimmt hatten – eine Verweigerung wäre für den König ein schlimmer Gesichtsverlust gewesen. Ranariddhs Stoßseufzer: „Es ist schwierig, der leibliche Sohn des Königs zu sein. Als Adoptivsohn hat es Hun Sen da leichter, er hat das Recht, nicht auf den König zu hören; ich kann das nicht tun." Nur: Hun Sen hatte zu der Zeit gar keinen Grund, sich dem König irgendwie zu verweigern.

Der König in Zeiten des Chaos – krank in Beijing, verzweifelt in Siem Reap, mutlos in Phnom Penh, wohin er am 5. Oktober wieder zurückgekehrt war. Natürlich glaubte Norodom Sihanouk immer noch fest, wie es das Leitmotiv seines Lebens war, daß er der einzige ist, der Kambodscha aus dem Dunkel ins Licht führen könne. Aber manchmal schien es so, als leide er unter seiner abgehobenen Position als König in einer Konstitutionellen Monarchie, die es ihm unmöglich machte, direkt auf politische Entscheidungen Einfluß zu nehmen. Daß er abdanken wolle, drohte er so oft, bis die Drohung als Waffe auch nichts mehr taugte. Oft war vom wehleidigen König zu hören, daß er gute Tage in Kambodscha wohl nicht mehr erleben werde und es besser sei zu sterben. Es blieb ihm nur Hoffen und Mahnen, wie gerade erst bei der Vereidigung der Abgeordneten vor den Tempeln von Angkor Wat, als er in seiner Rede gesagt hatte: „Ich ersuche die neue Nationalversammlung darauf zu achten, daß eine ‚Königliche Regierung' in Kambodscha zustandekommt, die Symbol nationaler Aussöhnung, Einheit und Solidarität ist ..., so daß sich unser Land schnell aus dem Zustand der Unterentwicklung erhebt. Mögen unsere hochgeschätzten Volksvertreter nicht aus den Augen verlieren, daß das Volk zu allererst Frieden und Freiheit wünscht." Kaum hatte der König das gesagt, setzten sich 23 FUNCINPEC-Abgeordnete inklusive Prinz Ranariddh und sämtliche 15 Abgeordnete von der „Sam Rainsy-Party" ins Ausland ab, weil sie sich von Hun Sen bedroht fühlten und um ihr Leben bangten, wie sie als Begründung für ihre „Flucht" mitteilten. Das war wohl eher als taktisches Exil gedacht, weil ohne diese Vertreter der Opposition die Nationalversammlung nicht tagen und ohne sie auch keine neue Regierung wählen konnte.

Der König hatte sich allmählich dazu durchgerungen (und Königin Monique soll dabei mitgeholfen haben, wie berichtet wird), eine Koalition aus CPP und FUNCINPEC zu befürworten, natürlich mit Hun Sen als alleinigem Ministerpräsidenten. Auch hier das Motto: Hun Sen eine Chance geben. Das Hemmnis auf dem Weg dahin war der eigene Sohn Ranariddh, der sich weigerte, unter Hun Sen in einer abermaligen Koalitionsregierung zu arbeiten, was zu verstehen war, der aber auch nicht einfacher Abgeordneter sein mochte, was ihm bei seiner königlichen Abstammung vielleicht zugestanden werden konnte. Es ist König Norodom Sihanouk zu bescheinigen, daß er in dieser kniffligen Situation nach dem 24. September nicht in seiner Entscheidung schwankend geworden ist, wie so häufig vorher in seinem turbulenten Leben, und im Rahmen der ihm von der Verfassung übertragenen Rechte hartnäckig blieb, das heißt daß er die verfeindeten Parteien schließlich an den Verhandlungstisch gebracht hatte.

Seinen 76. Geburtstag am 31. Oktober beging König Norodom Sihanouk im historischen Palast in Phnom Penh noch ohne Enthusiasmus – dann konnte gefeiert werden: 23. November 1998. In den Räumen des „Council of Ministers" wird mit Champagner angestoßen: Prinz Norodom Ranariddh hat der Koalition CPP/FUNCINPEC nach langem Zieren endlich zugestimmt. Hun Sen wird Ministerpräsident und Ranariddh Präsident der Nationalversammlung (was er ganz am Anfang strikt abgelehnt hatte), während der vorherige Parlamentspräsident, der CPP-Althierarch Chea Sim als Senatspräsident ausgelobt wurde (auch wenn es die Institution Senat in Kambodscha noch gar nicht gab). Außerdem gehörte, als Hun Sens Gegen-

Kambodschas Spitzenpolitiker heute: König Norodom Sihanouk (rechts) mit Ministerpräsident Hun Sen – im Hintergrund Königin Monique (Foto: Königliches Archiv)

Kambodschas Spitzenpolitiker heute: Ministerpräsident Hun Sen (rechts) mit dem jetzigen Parlamentspräsidenten Prinz Norodom Ranariddh (Foto: Königliches Archiv)

leistung sozusagen, zum Koalitions-Deal: All seine alten Widersacher im Exil, die angeblichen Putschisten der Jahre 94/95, Prinz Norodom Sirivudh, Prinz Norodom Chakrapong und General Sin Song wurden auf Hun Sens Vorschlag vom König begnadigt und durften heimkehren. Selbst dem unbotmäßigen General Nhek Bun Chhay, der seit jenem Schwarzen Juli 1997 mit einigen tausend FUNCINPEC-Soldaten im Dschungel von O'Smach im nordwestlichen Kambodscha gesessen und unbeirrt weiter für Ranariddh und gegen Hun Sen Krieg geführt hatte, widerfuhr Gnade. Und dann ist noch das anzumerken: Auch der konfiszierte Hubschrauber des Prinzen Ranariddh vom Typ *Dauphin*, Marktpreis eine Million US-Dollar, wird dem zukünftigen Parlamentspräsidenten wieder zur Verfügung stehen. Koalition auf kambodschanisch.

Die Chronologie der weiteren Ereignisse: Am 25. November findet die erste ordentliche Sitzung der Nationalversammlung statt, Prinz Norodom Ranariddh wird zu deren Präsident gewählt. Hun Sen ist am 30. November an der Reihe. Das Haus bestätigt ihn mit einer klaren Zwei-Drittel-Mehrheit von 99:13 als Ministerpräsident. In seiner Antrittsrede stellt er die Grundzüge seiner zukünftigen Regierungspoliti kvor: Wiedererneuerung der Wirtschaft vor allem, Kampf gegen Korruption, Reformen in der Verwaltung, im Rechtswesen, bei den Streitkräften und der Polizei – diese sollten in Zukunft zuverlässig und moralisch, sauber und diszipliniert sein und dem Volk dienen. Auch den Menschenrechten fühlt er sich verpflichtet ,er nennt die Pressefreiheit. Sein Kabinett verzeichnet 13 Minister von der CPP (in Ministerien, die Geld kontrollieren) und 12 von FUNCINPEC (in Ministerien, die für soziale Bereiche zuständig sind); Innen- und Verteidigungsministerium arbeiten, wie bisher schon, mit Doppel-Minister. Alle, so schien es, waren zufrieden. Und Sam Rainsy und seine 14 Getreuen? Zum erstenmal hat Kambodscha eine veritable parlamentarische Opposition – die startete aber ihre Arbeit nach bekanntem Muster, indem sie die Medien mit Presseerklärungen überschwemmte. Tenor: Hun Sen ist ein Diktator, unter anderem.

Dessen Lächeln sei breiter als der Mekong gewesen, schrieb die *Phnom Penh Post* über Hun Sen, den Sieger. Der hatte in der Tat das bekommen, was er haben wollte, und noch einiges mehr. Endlich war Kambodschas Regierung, eine Regierung unter seiner Führung, international hoffähig und damit der Sitz in der UNO und die Mitgliedschaf tbei ASEAN Realität. Nicht länger drohten im Land bewaffnete Konflikte zwischen zerstrittenen Lagern und Ideologien. Es konnte wieder damit gerechnet werden, daß die Hilfe von außen nicht weiter eingeschränkt bleibt. Selbst die Chance auf ein gemeinsames, einvernehmliches Wirken der Koalitionspartner zum Wohle auch des Volkes schien gegeben. Und zum erstenmal war, trotz vielem, was im Umfeld der Wahlen irritiert hatte, auch die Internationale Gemeinschaft bereit, in Hun Sen nicht nur den *bad guy*, den Bösewicht zu sehen.

Also mit neuer Hoffnung in die Zukunft? Da mag es, so löcken viele in Kambodscha wider den Stachel, ein besserer, weil pragmatischer Einstieg in kambodschanische Denkungsart und Politik sein, wenn man in Stabilität ein gediegeneres Erfolgsrezept für Wachstum und Entwicklung des Landes sieht als in dem, was im Westen gemeinhin mit Demokratie beschrieben ist. Aber wer weiß, vielleicht entpuppt sich selbst Hun Sen irgendwann doch noch als wahrhafter Demokrat.

Bleiben nur noch die Sorgen mit den Roten Khmer.

Countdown im Dschungel

Das Ende der Roten Khmer

Die Stimme klang schrill und ungeduldig: *„No ceremony. Just burn. Burn."* Keine Chance für Mea Son und ihre Tochter, sich vom Toten gebührend zu verabschieden; der Offizier der thailändischen Armee wollte die Sache hinter sich bringen: Der Scheiterhaufen wurde gezündet und brannte bald lichterloh. Allerdings sah das eher wie ein Haufen Sperrmüll aus, der da in Flammen aufging, zuunterst ausgediente Autoreifen, darüber eine Matratze, ein alter Stuhl und Holzreste, noch einmal ein paar Reifen – wenn da nicht diese Kiste gewesen wäre, grob zusammengenagelt, mit dem Toten darin, der ortsüblich eingeäschert werden sollte.

Bleibende Erinnerungen an ein grausames Regime: die Reste der Opfer der Pol Pot-Herrschaft werden als Mahnung aufbewahrt (Foto: Manfred Rohde)

Das Ende des Pol Pot – gestorben am 15. August 1998 um 23.15 Uhr. Ehefrau Mea Son hatte ihn tot aufgefunden, als sie ein Moskitonetz über ihn ausbreiten wollte. Ein Haus nahe Anlong Veng, dem letzten Versteck der Roten Khmer, direkt am Sa-gham-Paß, über den es nach Thailand hineinging – hier hatte das berüchtigte Oberhaupt der

Roten Khmer seine Bleibe gehabt, seit seine eigenen Kader ihren all-gewaltigen „Bruder Nummer Eins" vor neun Monaten entmachtet und zu lebenslanger Absperrung verurteilt hatten. „Pol Pot ist tot; ich bin sehr glücklich", posierte der offizielle Arrest-Wart Non Nou am 16. April vor Journalisten, die er selbst kurz zuvor von Thailand aus zum Schauplatz gekarrt hatte – zur Besichtigung der Leiche und quasi zur „Beurkundung" des Todes. Pol Pot sei an Herzversagen und Ersticken gestorben, wurde eilig mitgeteilt. Eine Autopsie durfte jedoch nicht sein, weshalb auch viele nicht an die angebotene Todes-Ursache glauben wollten – der Verdacht kam auf und ist bis heute nicht schlüssig widerlegt worden, man habe ihn umgebracht und ihn dann möglichst schnell beiseite geräumt.

Man – damit war die zwielichtige Schar der Alt-Genossen gemeint, die wie Pol Pot in den Dschungel von Anlong Veng abgetaucht waren und ihren verderbenbringenden Kampf zur Durchsetzung ihrer politischen Utopien immer noch nicht aufgegeben hatten, aber in-zwischen insgeheim (Mitte 1997) schon einmal anfingen, darüber nachzudenken, wie sie sich aus der Mit-Schuld am Völkermord stehlen könnten – was wohl unmöglich sein würde, solange sie noch mit Pol Pot verbändelt waren: Ta Mok, Nuon Chea, Son Sen, Khieu Samphan, das gesamte Grusel-Kabinett der Roten Khmer.

Der Machtkampf in Anlong Veng, den so mancher Insider schon als Endkampf bezeichnete, tobte offensichtlich im Juni 1997 los (etwa zur selben Zeit als Prinz Norodom Ranariddh seinen gefährlichen Pakt mit den Roten Khmer schließen wollte). Wer damals mit wem gegen wen kämpfte und taktierte, wer wen abseits zu stellen versuchte, um für sich selbst Vorteile zu ergattern, ist nie schlüssig ermittelt worden. Sicher ist nur, daß es zwei Verlierer gab. Der erste war der mutmaßliche „Bruder Nummer Vier" in der Hierarchie der Unmen-schen, Verteidigungsminister Son Sen, der als Geheimdienstchef des Regimes zwischen 1975 und 1979 auch verantwortlich für die Er-mordung von 12.000 war – „Der stille Henker" ist er auch schon genann tworden. Zusammen mit seiner Frau Yun Yat und zehn Familienmitgliedern wurde Son Sen brutal umgebracht – als seien alte Zeiten wieder auferstanden; auch diesmal wurden Fotos genom-men. Einmal hieß es, Pol Pot selbst habe das Gemetzel angeordnet, dann wurde Ta Mok als Drahtzieher genannt; Khieu Samphan war es, der über *Radio Khmer Rouge* kundtat, Son Sen und Frau hätten ein

„Größeres Spionage-Netz" für das kommunistische Vietnam und dessen Verbündeten Hun Sen aufgebaut – auch das hörte sich wie früher an.

Der zweite Verlierer war Pol Pot selbst. Erst wurde er, ebenfalls über *Radio KR*, als „Verräter" tituliert. Wie „Eine dunkle Wolke hat Pol Pots diktatorisches Regime Kambodschas Geschichte seit 1975 bedeckt", womit jetzt Schluß sein werde, hieß es da scheinheilig aus dem Kreis der Verschwörer, als hätten diese mit jenem Regime nie etwas zu tun gehabt (18. Juni). Fünf Wochen später (25. Juli) folgte, was bei ihnen Volksgericht, *People's Tribunal*, hieß, ein Schauprozeß, zu dem der amerikanische Journalist Nate Thayer als auswärtiger Beobachter geladen war. Seine Bilder und Berichte von damals sind noch präsent: das Dschungeldorf, die Bevölkerung am Rande einer Lichtung, die geifernden Redner, Vertreter der Bauern, der Streitkräfte und der Intellektuellen – geballte Fäuste, die im Takt der Schreie zuckten: *„Crush, crush, crush Pol Pot"*, zerquetscht ihn, sollte das heißen. Mittendrin bleich, müde, mit leerem Blick der Angeklagte: Pol Pot. Gnadenlos wie seine Ideologie während jener unsäglichen drei Jahre, acht Monate, 20 Tage war auch das Tribunal, das seine einstigen Anhänger und Mitstreiter regelrecht zelebrierten: Pol Pot,

Rückblick auf die Zeit der „Killing Fields": eine der Darstellungen, wie unter Pol Pot gemordet wurde (Foto: Manfred Rohde)

der Architekt der „Killing Fields", wurde in öffentlicher Sitzung vom „Volk" für schuldig befunden, im weiteren Kampf der Roten Khmer versagt und zuletzt ein Komplott gegen die Mit-Führer Ta Mok und Nuon Chea geschmiedet zu haben, mit dem Ziel, diese zu töten und deren neue „Politik der Nationalen Aussöhnung zu zerstören". Das Urteil lautete lebenslänglich. Er soll um sein Leben gebettelt haben, wurde berichtet. Gestützt auf zwei Soldaten schleppte sich Pol Pot zu einem Fahrzeug, das ihn dann in sein Haus am Paß Sa-gham brachte. Über dem Platz verhallte der Sprechgesang der Menge: *„Long live, long live the new strategy"* – die neue Strategie soll leben, tönte es.

Darum war es ihnen wohl bei diesem Schauprozeß gegangen: „Unser Ziel ist es, der Internationalen Gemeinschaft klarzumachen, daß es ab sofort die Roten Khmer nicht mehr gibt, weil wir uns von Pol Pot gelöst, weil wir ihn vernichtet haben", wurde der General Khem Nguon, der Organisator des Schaustücks und einer der neuen militärischen Befehlshaber der Rest-Roten Khmer, zitiert. Das schien letztlich das Entscheidende für die Fossilien der Bewegung zu sein, für Khieu Samphan, Nuon Chea, Ta Mok, daß sie sagen konnten, sie hätten mit Pol Pot nichts mehr zu tun und eigentlich auch nie etwas zu tun gehabt. Er allein habe alles bestimmt, er allein habe sich die Hände mit Blut besudelt; deshalb seien sie sich auch keiner Schuld bewußt. Ta Mok, der oft auch als „Der Schlächter" bezeichnet wird, sieht das so: „Nur einer hat blutige Hände."

Als dieser eine, Pol Pot, dann im April 1998 in Anlong Veng tot auf seiner Pritsche lag, formalingetränkt der Konservierung wegen, und die Journalisten ihre Fotos machen durften, boten die Roten Khmer noch einmal ein Schaustück für die Weltöffentlichkeit. Die Fratze des Mörders, gefletschte Zähne, halbgeöffnete Augen, die Nase mit Watte verstopft; unter der grünen Plastik-Plane, die dem Körper untergeschoben war, verlief das Eis und tropfte in den Raum. Irgendwann, kurz bevor die Holzkiste mit dem Toten zum Scheiterhaufen getragen wurde, gab es eine Girlande aus Fuchsien-Blüten – keiner hatte es gesehen, aber vielleicht war sie von Mea Son gebracht worden, die Pol Pot noch 1987 geheiratet und mit der er die Tochter Sith hatte. Sogar ein letzter, ganz und gar sentimentaler Wunsch des grausamen Despoten ist kolportiert worden, daß man seine Asche an drei Plätzen in Kambodscha ausstreue: in den Wäldern der Ost-Provinz Rattanakiri, in denen er in den fünfziger Jahren als Revolutionär im Untergrund begonnen hatte, über dem See Tonle Sap und im Dangrek-Gebirge, in dem er in Anlong Veng die letzten Jahre verbracht hatte. Aber wen interessierte schon, was mit der Asche geschieht – wo doch die alten Weggefährten alle „sehr glücklich" waren, wie der Kerkermeister Non Nou den Journalisten verriet, daß sie den „Bruder Nummer Eins" abhaken konnten. Zumindest das Kapitel Pol Pot war zu Ende.

Aber da gab es in Anlong Veng, auf dem nur 250 Quadratkilometer großen Dschungelgürtel der Rebellen an der nördlichen Landesgrenze, immer noch einige Unbeugsame und vor allem jene drei Alt-Häuptlinge der Roten Khmer, die einzigen aus der ursprünglichen ruchlosen Führungsmannschaft um Pol Pot, die noch lebten und von ihrem verbohrten, aussichtslosen Kampf um die Macht in Kambodscha nicht lassen mochten:

- Nuon Chea, geboren 1927, der „Bruder Nummer Zwei" in der Partei-Hierarchie der Roten Khmer, Stellvertreter Pol Pots und Chefideologe der unmenschlichen Bewegung. Er sei ein „Mann ohne Gesicht", ist gesagt worden, weil er sich immer im Hintergrund hielt, aber einer der kältesten und skrupellosesten.

- Ta Mok, geboren 1926, der „Bruder Nummer Fünf" in der internen Rangfolge, der als der Oberbefehlshaber der Pol Potschen Streitkräfte bezeichnet wird und schon 1983 in Anlong Veng untergetaucht war. Der einbeinige General sei der grausamste von allen: bei der radikalen Säuberung unter den eigenen Kadern 1978 in der östlichen Verwaltungszone des „Demokratischen Kampuchea" habe er rücksichtslos gewütet, was ihm jenen Beinamen „Der Schlächter" eingebracht hat.

- Khieu Samphan, geboren 1931, das „Menschliche Gesicht" der Roten Khmer, wie er vielfach beschrieben wurde, weshalb das Regime ihn auch seit Jahren schon der Außenwelt unter Umgehung von Pol Pot als seinen politischen Führer präsentiert hatte nachdem er von 1975 bis 1979 schon Staatsoberhaupt gewesen war. Aber Historiker verwiesen auch darauf, daß er so unbefleckt, wie er sich gebe, nicht sei, weil er seinerzeit dem gefürchteten „Büro 870" des „Bruders Nummer Eins" vorgestanden habe, das als das Verwaltungszentrum der Pol Potschen Todesfabrik galt.

Was konnte das Triumvirat in Anlong Veng für sich noch erwarten? Militärische Chancen hatten die Roten Khmer längst nicht mehr. Die wenigen Hundertschaften Guerilleros, über die sie noch in ihren Camps an der Grenze verfügten, stellten kaum noch eine Bedrohung dar; sie waren eher des permanenten Krieges müde. Und die letzten vagen politischen Hoffnungen, die sie gehegt hatten, waren zerplatzt, als ihr Manöver, jener Schulterschluß mit dem koalitionswillige nPrinz Norodom Ranariddh nicht zum Tragen kam. Außerdem drohte Ta Mok, Nuon Chea und Khieu Samphan eine Anklage vor einem Internationalen Tribunal. Was ihnen da als kurzfristige Lösung vorschwebte, wurde von der Regierung allerdings verweigert. Sie hatten sich schon mit ihren Resttruppen den Königlichen Streitkräften ergeben wollen, dafür aber persönlich Begnadigung gefordert – und auch das strebten sie an: Anlong Veng sollte so werden wie Pailin.

Da gehen die Gedanken zurück an meinen Besuch in Pailin, an die trostlose Dschungelstadt an der Westgrenze Kambodschas, die einst Hochburg der Roten Khmer war und heute „autonome" Wirtschaftszone ist, die die Regierung in Phnom Penh den alten Kämpfern zugestanden hat und in der sie jetzt ihre eigenen Herren sind. Ihr Gouverneur Ee Chhean war einst ein gefürchteter General in der Untergrund-Armee und die Graue Eminenz in Pailin, Ieng Sary, sogar der „Bruder Nummer Drei" und Außenminister in Pol Pots Schreckenskabinett. Die beiden waren, wie schon erwähnt, 1996 die ersten hochrangigen Fahnenflüchtigen gewesen und bei der damaligen Doppelkopf-Regierung Ranariddh/Hun Sen im Zeichen der neu aufgelegten „Politik der Nationalen Aussöhnung" deshal höchst willkommen, weil sie fast die Hälfte der Truppen der Roten Khmer (3.900 Mann) inklusive Waffen und Ausrüstung der Regierung zugeführt hatten (über die sie aber weiter verfügen dürfen). Damals war der Oberbefehlshabende Ta Mok von Anlong Veng aus vorstellig geworden, um den Aderlaß zu verhindern, was aber ohne Erfolg blieb. Und dann erhielt der Genosse Ieng Sary auch noch die Königliche und buddhistische Absolution für seine Schandtaten, die er ohnehin leugnete, und gründete zusammen mit Ee Chhean eine politische Gruppierung, die „Democratic National United Movement" (DNUM), die für ein neues demokratisches Image sorgen sollte. Pailin, das gelobte Land für Rote Khmer. Hierher soll sich der schreckliche Kaing Kek Ieu, genannt Duch, verkrochen haben, der der Direktor des Folter-Gefängnisses Tuol Sleng/S-21 war, und es heißt auch, daß Khieu Ponnary in der Gegend von Pailin verborgen gehalten werde, die erste, inzwischen mental kranke Frau Pol Pots und Schwester von Ieng Sarys Frau Thirith, die beide hohe Ränge im Regime der Roten Khmer bekleideten. Pailin hat Platz für alle.

Und alle waren sie dort willkommen, wenn sie Anlong Veng den Rücken gekehrt hatten, keinen Sinn mehr in ihrem Kampf sahen und sich vom Trio der Uneinsichtigen lösen wollten. Das war wie ein Countdown. Die erste Gruppe setzte sich im März 1998 ab. Der Divisionskommandeur Yim Phanna war darunter, der sogar noch versucht hatte, Ta Mok gewaltsam zu entmachten, dessen Rebellion aber verraten worden war. Pich Chheang gehörte dazu, der einmal Botschafter des Pol Pot-Regimes in China gewesen war, und außerdem ein ganz Prominenter, der „Bruder Nummer 12" General Ke Pauk. Es gibt (außer Ta Mok) keinen Schlimmeren, keinen, der mehr Blut vergossen hat, der grausamer war als dieser Ke Pauk, haben die Historiker festgehalten; 1978 bei den mörderischen Säuberungen in der Verwaltungszone Ost sei er der Partner Ta Moks gewesen. „Ich weiß nur, daß es Pol Pot war, der all die Menschen getötet hat", pflegt er in diesem Zusammenhang unschuldig zu sagen. Ministerpräsident Hun Sen ließ es sich nicht nehmen, Ke Pauk am 25. April 1998 im Olympia-Stadion von Phnom Penh in seine Arme zu schließen – an diesem Abend feierten sie hier den „Tag des Friedens". Dann zog sich Ke Pauk nach Pailin zurück.

Die zweite Gruppe Überläufer folgte im Juni. Aus ihr ist der Genosse Thiounn Thioeunn hervorzuheben. Er sei mit 78 Jahren der mutmaßlich älteste aktive Rote Khmer und als Mediziner zuständig für das Gesundheitswesen unter Pol Pot gewesen, was immer das bedeutet haben mag. Mit ihm kamen vier weitere sogenannte Intellektuelle, die im Verbrecherregime hohe Posten innegehabt hatten – „Wir wissen gar nichts", sagten sie unisono während der Interviews, die in ihrem neuen Aufenthaltsort Pailin stattfanden.

Bald nach dieser Flucht aus Anlong Veng, kurz nachdem der Ort selbst von Regierungstruppen erobert und der harte Kern der Roten Khmer mit den drei Chefrevolutionären in andere Dschungel-Verstecke getrieben worden war, wurde in Anlong Veng ausgiebig gefeiert – 5. Juni 1998. Das nannte sich hochtrabend *National Reconcilia-*

tion Party – Aussöhnung und Integration lauteten die Schlagworte. 150 „Würdenträger" hatten sich versammelt, Diplomaten, Militär-Attachés, Minister und natürlich die Medienvertreter, die berichteten, wie ihnen allen eine Stadtbesichtigung von Anlong Veng geboten wurde – auch das Haus des verjagten Ta Mok stand auf dem Programm. 700 Überläufer der Roten Khmer, die sich für den Jubelakt schnell noch ihrer grünen chinesischen Uniformen entledigt und die offiziellen kambodschanischen Tarn-Anzüge übergestreift hatten, wurden mit allen Ehren wieder in die Gesellschaft aufgenommen. Jede Menge chinesischen *Tsingtao*-Bieres habe es gegeben, wurde erzählt; als die Diplomaten sich entfernt hatten, war Disco angesagt.

Dann der 4. Dezember 1998. Vor dem alten Angkor-Tempel in Preah Vihear, nur 60 Kilometer von der ehemaligen Feste Anlong Veng entfernt, hatte sich im Halbkreis eine gemischte Gesellschaft zum Gruppenbild zusammengefunden, um von den Fotografen ein Ereignis dokumentieren zu lassen, das schnell als historisch bezeichnet wurde: Jetzt sei auch das Kapitel Rote Khmer geschlossen. Da standen also, zusammen mit den Oberen der Regierungsstreitkräfte, die Führer der wohl letzten Überläufer-Schar; ein bunter Haufen, blauer Drillich, grüner Kampfanzug – einige sahen in ihren karierten Hemden und weißen Blousons fast wie Touristen beim Tempelbesuch aus. Alte Bekannte präsentierten sich: Non Nou, der wendige Gefängnis-Aufseher und Leichenbestatter Pol Pots, der zuletzt außer Ta Moks Assistent vor allem als Finanzverwalter der Rest-Revolutionäre fungierte, und General Khem Nguon, der der Generalstabschef der geschrumpften Rebellen-Armee war und vor allem als Zeremonienmeister beim Schauprozeß gegen den damaligen „Bruder Nummer Eins" auf sich aufmerksam gemacht hatte. Beide waren soeben mit der Bitte an die „Königliche Regierung" vorstellig geworden, ihnen und ihren tausend Soldaten „zu erlauben, uns wieder in die [kambodschanische] Gesellschaft und Armee einzugliedern".

Das hieß im Klartext Kapitulation. Es sei exakt nachmittags zwei Uhr gewesen, so General Khem Nguon, und Non Nou ergänzte: „Der Krieg in unserem Land ist beendet", jetzt könne die Regierung ja das Geld, das sie sonst zum Kampf gegen die Roten Khmer gebraucht hätte, für die Entwicklung des Landes und für die Bekämpfung der wirtschaftlichen Krise in Kambodscha ausgeben. Und sie ließen es sich gutgehen, schwätzten und lachten und posaunten es mit ihren Handies in die Welt hinaus, daß sie sich ergeben hätten – als sei das alles nur ein Spaß, als hätte es nie einen Völkermord im Namen ihrer Ideologie gegeben.

Fehlten nur noch die drei Hauptakteure der Roten Khmer: Ta Mok, Nuon Chea, Khieu Samphan. Die saßen immer noch, freiwillig oder auch nicht, wie gemunkelt wurde, irgendwo in den Wäldern um Anlong Veng, vielleicht sogar in Thailand, und warteten auf ihren Auftritt.

Womit sie rechnen können und was die Internationale Gemeinschaft zumindest versuchen wird, hatte US-Präsident Bill Clinton schon gleich nach dem Tod von Pol Pot in einem Statement des Weißen Hauses klargestellt: „Auch wenn die Gelegenheit, Pol Pot für seine ungeheuerlichen Verbrechen zur Verantwortung zu ziehen, nicht mehr gegeben ist – hochrangige Rote Khmer, die von 1975 bis 1979 in der Führung des Regimes waren, sind noch auf freiem Fuß und teilen die Verantwortung für die gräßlichen Menschenrechtsverletzungen während dieser Zeit." Da war von Clinton nichts anderes gemeint als ein Internationales Tribunal, vor das die großen Drei gestellt werden sollten; aber auch andere Hierarchen der Roten Khmer befanden sich auf der Wunschliste der Anzuklagenden: Ieng Sary, Ke Pauk, Duch und die Schwestern Thirith und Ponnary. Daß sich die USA da zum Fürsprecher solch eines Prozesses gemacht und sogar einen Planungsentwurf an den UN-Sicherheitsrat geleitet hatten, wo sie selbst doch zu Zeiten des Kalten Krieges jahrelang großzügiger Förderer der Roten Khmer gewesen waren, kam in dieser Entschiedenheit überraschend. Thailand, damals ebenfalls enger Geschäftspartner der kambodschanischen Rebellen, signalisierte Zustimmung zum Tribunal – nur der dritte Gönner, die Chinesen zeigten sich „nicht enthusiastisch". Aber die Vereinten Nationen wurden aktiv und entsandten (während der Countdown in Anlong Veng lief) ein Dreimann-Team nach Kambodscha und Thailand – Auftrag: „Das vorhandene Beweismaterial zu bewerten und festzustellen, ob es durchführbar ist, die Führer der Roten Khmer vor Gericht zu stellen". Nach Abschluß intensiver Forschungen teilte Team-Leiter Sir Ninian Stephen, ehemaliger Generalgouverneur von Australien, vor der Presse mit, sie hätten „bisher keine Hindernisse" für einen Prozeß gefunden, auch Kambodschas Ministerpräsident wolle „voll kooperieren". Diese Zusage hat allerdings geringe Bedeutung, weil nicht zu erwarten ist, daß Hun Sen sich frühzeitig festlegt. Er hat durchblicken lassen, daß er einen lokalen Prozeß in Kambodscha, durchaus mit internationaler Unterstützung, einem rein Internationalen Tribunal vorzieht.

Aber ist es nicht ein Widerspruch, so lautete in diesem Zusammenhang die Frage vieler an Hun Sen, auf der einen Seite zu versichern, daß er die Übeltäter der Justiz überstellen werde, alle Schuldigen, auch Ieng Sary und Ke Pauk, wie das UN-Team es als Absichtserklärun gHun Sens verbreitet hatte, – und auf der anderen Seite dieselben Figuren mit offenen Armen zu empfangen, wie er es bisher praktizierte, und sie dann ziehen zu lassen, ihnen zu erlauben, sich zum Beispiel wieder alle in Pailin zusammenzurotten, dem neuen Lehnswesen der Roten Khmer – selbst auf die Gefahr hin, daß dort eine spätere Verhaftung nicht mehr möglich ist? Hun Sen hat diese Frage nie schlüssig beantwortet. Mittlerweile war auch durchgesickert, daß der Ministerpräsident sich in der Weihnachtszeit 1998 telephonisch sogar mit Khieu Samphan und Nuon Chea verständigt hatte: er sei bereit, den beiden treuesten Paladinen Pol Pots' die Rückkehr in die kambodschanische Gesellschaft zu ermöglichen – mit Wohnsitz in Pailin natürlich.

Kurz darauf waren sie da. Wie Geister tauchten sie auf aus dem Dunkel, in dem sie solange verborgen waren: Nuon Chea und Khieu Samphan, die Könige der „Killing Fields", wie sie manchmal hießen; zum Schluß hatten sie sich noch, um die eigene Haut zu retten, vom „Schlächter" Ta Mok losgesagt und diesen Unbeugsamsten von allen einfach zurückgelassen, wo auch immer. „Dies ist ein wichtiges Ereignis", bemühte sich der Vormann der kambodschanischen Alt-Kommunisten Chea Sim aus gegebenem Anlaß um Einordnung, „Damit geht der Krieg definitiv zu Ende" – jetzt sei „Frieden und nationale Einheit in Kambodscha" oberste Priorität. Und Hun Sen erklärte: „Das Ziel meiner Strategie war, die politische und militärische Organisation der Roten Khmer zu zerstören. Hätten wir das nicht gemacht, wäre der Krieg nie beendet worden."

Am 29. Dezember 1998 durften die beiden Überläufer beim Erzfeind Hun Sen in der guten Louis XIV.-Stube in Takhmau sitzen – Hun Sen, die „Marionette der Vietnamesen", wie es die Sprachregelung der Roten Khmer 20 Jahre lang verfügt hatte, beim Fototermin in der Mitte, zu seiner Rechten Khieu Samphan im lockeren Tropenanzug und zur Linken im lässigen Outfit der „Bruder Nummer Zwei" Nuon Chea – alle strahlten; auch Bun Rany, die Frau des Hausherrn, gab sich die Ehre. Bevor sie sich ins sichere Pailin zurückzogen, Sightseeing auf Kosten der Regierung: Silvester verbrachte das Duo nebst Frauen und Kindern am Strand von Sihanoukville. Am 2. Januar 1999 wurden sie in Siem Reap vor den Tempeln von Angkor Wat gesichtet: Khieu Samphan zog es vor, im Auto zu bleiben, weil er sich wohl der Reaktion der Menschen nicht sicher war, wenn sie ihn denn erkennen sollten. Nuon Chea, getarnt mit Sonnenbrille, wagte den Rundgang im Außenbezirk von Angkor Wat – es ist überliefert, daß er hier die Hauptstadt des großen Reiches der Roten Khmer bauen lassen wollte. Als ihn Journalisten erkannten, flüchtete er Richtung Auto und verschwand. „Die Revolution ist vorüber – laßt uns Ferien machen", titelte die *Phnom Penh Post.*

Eine Pressekonferenz hat es auch gegeben, Schauplatz das Hotel Royal Phnom Penh in der Hauptstadt. Schuldgefühle wären bei beiden nicht zu erkennen gewesen, haben Teilnehmer berichtet. Nuon Chea, arrogantes Dauer-Lächeln, eiskalter Blick „Wie ein Laser-Strahl", ließ den in solchen Treffen geübteren Khieu Samphan antworten. Der war kaum zu erkennen: Er hatte sich das allen bekannte weiße Haupthaar modisch dunkel einfärben lassen. „Laßt uns die Vergangenheit vergessen", versuchte er sich den Journalisten anzubiedern. Zwangsläufig fiel das Stichwort Völkermord und Schuld, war die blutige Unterdrückung während jener auch von ihnen mitverantworteten drei Jahre, acht Monate und 20 Tage ihrer Herrschaft das Thema. „Es tut mir leid", sagte da ohne jede Gefühlsregung der eine, Khieu Samphan, „Es tut mir sehr leid", und der andere, Nuon Chea, ergänzte zynisch, fast wäre es zu einem Tumult ob der Formulierung gekommen: „Auch mir tut es leid, besonders wegen all der Tiere, deren Leben während des Krieges in Gefahr war."

Das Grauen hat einen Namen – Choeung Ek. Ich bin bei meinem letzten Besuch in Kambodscha, Abschied nehmend, noch einmal draußen gewesen an jenem scheußlichen Ort, der trotz allem so lieblich scheint mit den grünsprießenden Reisfeldern und den majestätischen Zuckerpalmen. Es hat sich einiges geändert seit meinem

Das Massengrab Nr. 5 von Choeung Ek – mehr als hundert Frauen und Kinder wurden in ihm gefunden (Foto: Manfred Rohde)

ersten Besuch vor 13 Jahren. Die rohen Holzgestelle sind verschwunden, in denen die gebleichten Schädel der Opfer und andere Knochenteile gestapelt waren. Dafür ist eine Stupa errichtet worden, ein Turm als Tempel, vor dem man jetzt beten kann – eine Stätte des Innehaltens. Den Bauern Mean Man habe ich auch nicht mehr gefunden; ich erinnere mich wieder, wie er mich begrüßte: „Willkommen im Haus derer, die überlebt haben." Die Riesentafeln am Ortseingang, die gemalten Dokumente der Scheußlichkeiten aus jener unglückseligen Zeit, existieren ebenfalls nicht mehr. Sie sind 1993, nach der damaligen Wahl und dem Wahlerfolg der Nicht-Kommunisten, entfernt worden. Auch der 20. Mai als „Nationaler Tag des Hasses", mit dem seit 1979 der Greuel der Roten Khmer gedacht werden sollte, ist damals abgeschafft worden. Ich erfahre auch, daß in den Schulen und selbst an der Universität Phnom Penh im Studienfach Geschichte jene Schreckensjahre 1975 bis 1979 heut ausgespart bleiben.

Da stehe ich in Choeung Ek wie beim erstenmal, erschüttert. Ich lese das alte Schild mit dem Versprechen der damaligen Regierung, die auch schon Hun Sen verstand: „Wir sind unbedingt entschlossen, nicht zuzulassen, daß dieses Völkermord-Regime noch einmal in Kambodscha die Macht übernimmt" – das scheint ja nun gesichert zu sein. Ich denke an die fast zwei Millionen Toten. Ich schaue über das Feld mit den Gruben, in denen Wasser steht. Das „Documentation Centre of Cambodia", das die Verbrechen des Pol Pot-Regimes sammelt und archiviert, hat soeben Statistiken aus 15 Provinzen veröffentlicht, die „Killing Fields" als Landkarte, 4.000 Massengräber mit 250.711 Opfern – und noch immer haben sie nicht alles vollständig erfaßt. Ich denke darüber nach, daß gesagt wird, die Roten Khmer sind tot wie Pol Pot, sie haben kapituliert, ihre Führer sich ergeben – und wer weiß und wenn Hun Sen will, werden sie irgendwann hoffentlich vor Gericht stehen und sich für ihre Missetaten verantworten müssen, was rechtens ist und womit alles beendet wäre. Aber sie werden dennoch weiterleben, in den Erinnerungen und erst recht in den Träumen, den Alpträumen all derer, die jene dunkle Zeit erlebt und überlebt haben.

Ich stehe in Choeung Ek und nehme Abschied von den „Killing Fields". Aber die Gräber bleiben offen.

Nachsatz

„Er sagte, ‚Ich habe es von einem gehört, der es von einem anderen gehört hat' ". Zitat Hun Sen über das Procedere, wie er von Prinz Norodom Ranariddh erfahren hat, was mit Pol Pot geschehen ist. Kambodschanische Realität: unbestätigte Informationen, ausgeschmückte Zitate, angebliche Beweise – von einem zum anderen weitergereicht.

Ich bin froh, daß ich für meine Studie verläßlichere Quellen hatte, für die ich mich hiermit bedanken möchte. Zuerst zu nennen ist Peter Schier, der Repräsentant der Konrad-Adenauer-Stiftung in Phnom Penh bis 1999, der über (fast) alles aus Gegenwart und Vergangenheit des Landes Bescheid weiß, der über vieles geschrieben hat, was mir auch vorlag, und der sich außerdem bei meinem Besuch 1998 als Organisator und Reiseleiter verdient machte. Ihm zur Seite standen der KAS-Mitarbeiter Ros Than San und Heng Monychenda von „Buddhism for Development". Von großem Nutzen war der Beistand von Dr. Lao Mong Hay vom „Khmer Institute of Democracy" sowie von Onesta Carpene und Eva Mysliwiec, die über internationale Hilfe für Kambodscha referierten. Die Berichte und Untersuchungen nationaler und internationaler Nicht-Regierungsorganisationen haben ebenfalls sehr geholfen.

Michael Hayes und sein Stab von der *Phnom Penh Post* waren so großzügig und haben mir die Archive ihrer Zeitung geöffnet; auch Chris Dechert von *The Cambodia Daily* zeigte sich kooperativ.

Last but not least: Ich habe mit Anerkennung auf die alte Garde der Historiker und Zeitgeschichtler in Sachen Kambodscha zu verweisen, deren Arbeiten Standardwerke für jeden an Kambodscha Interessierten sind – vor allem auf David Chandler (*A History of Cambodia, Facing the Cambodian Past, Brother Number One*), Milton Osborne (*Sihanouk*), Nayan Chanda (*Brother Enemy*), Michael Vickery (*Cambodia: 1975–1982*), Elizabeth Becker (*When the War was Over*) und William Shawcross (*The Quality of Mercy*).

Und dann muß noch meine Frau Barbara genannt werden, die mich zwischen 1985 und 1998 auf einigen meiner Reisen nach Kambodscha begleitet hat. Ohne sie wäre gar nichts gegangen.